JN135583

学校英語教育のコミュニケーション論

学校英語教育のコミュニケーション論

「教室で英語を学ぶ」ことの教育言語人類学試論

榎本剛士 著

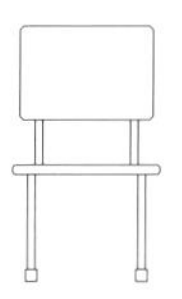

Linguistic Anthropology of
EFL Education

大阪大学出版会

目次

図・表リスト

【図のリスト】

【表のリスト】

文字化記号一覧

記号	意味
-	急な中断
?	上り調子
.	下がり調子
__	強調
(1.8)	沈黙（秒数）
[	オーバーラップ
=	末尾にこの記号を付した発話と冒頭にこの記号を付した発話との間に間隙が感じられないことを示す
[ ]	筆者による説明・補足
:	引き伸ばされた音
,	短いポーズ・息継ぎ
(hh)	発話の途中／前後に起こる笑い

序章

0.1　本書の問題設定を生み出すいくつかの前提

「教室で英語を学ぶ」とは、そもそもいかなる実践なのか？ 「教室」という（特殊な）場で学ばれる「英語」とは、一体、何なのか？ このような問いに端を発する本書は、教室で実際に起こったコミュニケーション出来事から出発し、実際に使われる言語が持つ「再帰性」という特徴を導きの糸としながら、教室内で・教室外へ展開するメタ・コミュニケーション（コミュニケーションについてのコミュニケーション）の連鎖を辿ることで、「教室で英語を学ぶ」という社会・文化的実践の多層性を明らかにするとともに、そのような研究や分析を行う際に参照できる「発見的枠組み（heuristic framework）」を構築することを目指すものである。

全体の序となる本章では、上に示したような問題設定そのものを可能にしているいくつかの前提を簡潔に提示することを通じて、本書の基本スタンスを定め、本書が向かおうとするところを明確にする。

0.1.1 「教室」という場所

そもそも「教室」とは、どのような特徴・性格を有する場所なのだろうか。本書は、「教室で実際に起こったコミュニケーション」を特定の視点から分析することを通じて、「教室で英語を学ぶ」ことに関する何らかの洞察を導き出すことを目指すものである。したがって、ここで前提とされる、「教室」（あるいは、「学校」）についての基本的な視座を確認することから、論を立ち上げていくことにしたい。

何らかの正課の活動が行われている「教室」を思い浮かべる際には、1人の教師が前に立ち、20人から40人程度の児童生徒が席についている「一斉授業」を想起することが（日本においてはいまだ）一般的であると思われる[1]。このような形式の原型は、18世紀末から19世紀初頭のイギリスにおいてベルとランカスターによって考案された、「モニトリアル・システム」に求めることができる[2]。当時、産業革命を通じて生み出された都市貧民の道徳的・知的状態が、博愛主義者の伝道者、英国国教会、空想的社会主義者、急進的社会主義者たちの共通の懸念となっていた。こうした状況下で、コストをかけずに貧民街の子どもたちを囲い込みつつ、彼らを次世代の労働力として形成するための道徳的な教育装置として発明・導入されたのが、「モニトリアル・システム」である（ジョーンズ，1999；寺崎，1995；柳，2005）。

このシステムにおいては、教師が生徒の中から比較的優秀な、あるいは年長の者を選び出し、まず彼らに「読み書き計算」にあたる3R's（reading, writing, arithmetic）を授ける。そして、教師から3R'sを教わった生徒は、今度は「モニター」となり、教わった内容を10人ほどの生徒のグループに教える。つまり、「モニトリアル・システム」は、教師がすべての生徒に直接教えるのではなく、生徒が生徒に教えることによって、多数の生徒に3R'sを安価で教授することを可能にする「技術」であった。

「モニター」は、読み方と計算の能力で分けられた各クラスに配置され、3R'sを教える他に、クラスの道徳、成績、秩序、清潔さの維持にも責任を負った。生徒が生徒に教えるのであるから、秩序の維持と教授のシステムは極力単純化され、生徒の着席時の姿勢、石版を立てる時の姿勢、起立時の姿勢、帽子をかぶる時の姿勢などが細かくマニュアル化された。このように、今日、我々の多くが経験する「一斉授業」の原型は、産業革命が生み出した都市の労働者階級の子どもたちに対する「規律・訓練システム」として誕生したのである（同上[3]）。

では、このような歴史的起源を押さえたうえで、現代の「教室」での生活は、どのように特徴づけられるのだろうか。ジャクソン（Philip W. Jackson）による著作、*Life in Classrooms*（Jackson, 1990）では、「大勢（crowds）」「称賛（praise）」「力（power）」の三つのキーワードが挙げられている。学校での活動のほとんどは、他者とともに、他者がいるところで行われる。よって、「教室で過ごすことができるようになる」ということはすなわち、大勢の中で、他者とともに過ごす方法を学び、それに熟達していくことを意味する。また、学校は基本的に、「評価」を伴う場所である。したがって、学校や教室での生活に適応するためには、生徒は自分が言うこと・為すことについて、教師やクラスメートからの評価を受け（続け）ることに慣れていく必要がある。さらに、学校は「強い者」と「弱い者」との間に線が引かれる（両者が区別される）ところでもある。例えば、「（特に授業中の）教室で起きることを司る」という側面において、教師は生徒よりも明らかに強く、力を持った存在である。教室で過ごす生徒は、このような明確な「力の差」にも対処しなければならない（ibid., p. 10）。

大勢の生徒が一緒に過ごす教室では、教師が全ての生徒に同時に、等しく対応することは不可能である。また、授業の開始・終了時間も定められ、活動の内容もあらかじめ決められていることが多い。このような環境においては、生徒はしばしば、自分の「順番」を待たなければならないことがある（delay）。また、挙手をしても当ててもらえなかったり、質問をしても取り合ってもらえなかったりした場合、生徒は自分の希望や要望が否定・却下される経験をすることになる（denial of desire）。授業中に無駄話をしたり、不適切な振舞いをしたりする特定の生徒を教師が注意する時などは、他の生徒は（自分に非がないにもかかわらず）授業の中断（interruptions）を否応なく受け容れなければならないし、個人で行う活動の際には、それぞれの生徒は自分の作業に集中し、他の生徒に対しては、邪魔をせずに放っておくことが求められる。こうして、生徒が「教室」でうまくやっていくためには、「教科のカリキュラム内容（"official" curriculum）」に加えて、「教室」という場所が要請する行動様式を体得しなければならないが、ジャクソンは、後者に関わるカリキュラムを「隠れたカリキュラム（a hidden curriculum）」と呼んだ（ibid., pp. 33-35）。

さらに興味深いことに、「教室」や「学校」の「隠れたカリキュラム」は、上記の要素にとどまらない。日本における「卒業式」の歴史を辿った有本（2013）は、標準化された「式次第」や歌の「斉唱」を通じて、卒業式が「涙」と結びつけられ、「感情の共同体」を作動させる「感情教育儀式」となっていった過程を明らかにしている。このことに鑑みるならば、「教室」や「学校」は、生徒に身体的な規律・訓練を施し、大勢の他者と過ごすこと・評価を受けること・「強い者」と「弱い者」との間の区別に適応することを要請するだけでなく、「慣行化された感情」の内面化を迫る場所ですらある。このような特徴・性格を有する「学校」こそ、アルチュセール（2010, p. 176）が下記のように記述される「国家のイデオロギー装置」を列挙する際に、最初に挙げたものである。

> 一つの〈国家のイデオロギー装置〉は、諸制度の、諸組織の、そしてそれらに対する特定の諸実践の一つのシステムである。このシステムの諸制度、諸組織、そして諸実践のなかで、〈国家のイデオロギー〉の全体または部分（一般的にはいくつかの要素の典型的な組み合わせ）が現実化される。AIE[4]のなかで現実化されたイデオロギーは、このイデオロギーだけでは説明できないが、しかしイデオロギーの「支え」となるそれぞれのAIEに固有な物質的諸機能のなかに「深く根を下ろしていること」にもとづいて、そのシステムの統一を確保するのである。（傍点ママ）

ここまでの記述を踏まえるならば、生徒が「教室」あるいは「学校」で行っていることを「教科のカリキュラム内容」（ジャクソンが言うところの“official” curriculum）の学習に還元することには、大きな無理（そして、誤認）があるように思われる。デュルケム（2010, p. 27）が喝破する通り、そもそも「教育」というものが、「個人およびその利益をもって、唯一もしくは主要な目的としているのではまったくなく」、「何よりもまず、社会が、固有の存在条件を不断に更新するための手段」であり、「若い世代を組織的に社会化すること」

であるとするならば、「教室」や「学校」で起きていることはまずもって、「個人の問題」ではなく、特定のコミュニティや社会集団をベースとし、そこで共有されている規範やイデオロギーと密接に関わった、「社会的な問題」として捉えられねばならない。

0.1.2 基点としての「コミュニケーション」

前項では、本書における問題設定そのものを可能にする一つ目の前提として、「教室」(および、「学校」)で起きていることを「個人の問題」ではなく、「社会的な問題」としてまずもって捉える立場を明示した。次に提示する二つ目の前提は、「教室」で起きていることを「社会的な問題」として捉える際に何を見るか(どこを基点とするか)に関わる。

端的に言うと、本書において、それは「コミュニケーション出来事(communicative events)」である。教育を通じて社会が「固有の存在条件を不断に更新する」時、それはどのようなプロセスを経て起こり得るのか。また、教師が生徒に彼/女らが住まう社会に固有の存在条件となっているような知識や規範、社会構造などを明示的・非明示的に教える(示す)時、それはいかにして可能となるのか。我々が言語・表情・身振りなど、何らかの経験可能な媒体に依拠することなく何かを伝え合うことができない以上、「誰か(A)が何か(X)を知っている」ことを我々が知り得るのは、A が従事するコミュニケーション(行為)を通じて、X があらわになる(指し示される)ことによってのみである。また、B が A から何かを「学ぶ」「教わる」時、それは、A が B に何かを「コミュニケート」することによってのみ、換言すれば、A の記号的な行為が B の知識の状態や行為に何らかの変化を生み出すことによってのみ、もたらされ得る。すなわち、本書において、「教室」で起きていることを「社会的な問題」として捉える際、根底にある基点は常に、記号的行為としての「コミュニケーション」が、コミュニケーション参加者の知識を含むコンテクストの状態を前提的に指し示すとともに、さらなる知識を含む新たなコンテクストの状態を結果として指し示す、という出来事のプロセスである(Silverstein,

2007, pp. 31-32)。

この意味において、より厳密に言い直すならば、本書では、「教室」で起きていることが「社会的な問題」であることを前提としたうえで、さらにそれを「社会的な実践・コミュニケーションの問題」として捉える。そして、このような視座に基づく探究を行う際に重要な糸口となるのが、「言語」である。ほぼ全ての学校教育は、言語（および、それに代わる何らかの記号）を媒介として行われるが、前項の前提も踏まえるならば、そこでは重要な社会的諸関係が言語の使用を通じて生み出されていると考えられる。教育の場で使用される「教育的な言語使用」を構成する言語的・パラ言語的記号は、「言及指示的」な（言われていることに関する）意味と、「関係的」な（権力関係やアイデンティティに関する）意味の両方を持つ。つまり、教師や生徒が何かを話したり、書いたりする際、彼／女らは「教科のカリキュラム内容」に関する何かだけでなく、特定の社会集団への所属（帰属）に関する何かも指し示し合っており、後者が前者に大きな影響を与えることもある（Wortham, 2008a, 2008b）。例えば、Cazden, John, & Hymes（1972）によって編まれた教育言語人類学の初期の論文集では、非メインストリームのコミュニティに属する生徒が、自身のコミュニティで共有されているコミュニケーションの「適切さ」に関する規範を「学校」に持ち込んだ結果、規範の間に齟齬が生じ、メインストリームに属する教師によって「不適切なコミュニケーション」「無学（uneducated）」などといった評価を被ってしまう事例が報告されている[5]。

「教室」や「学校」で起きていることを「社会的な問題」として捉える時、その「社会的な問題」が実際に経験可能なものとして現れるところは、「コミュニケーション出来事」である。そして、コミュニケーション出来事を通じて生み出される社会的諸関係を読み解く鍵は、そこで使われる「言語」をはじめとする様々な「記号」である。これが、本書の問題設定を生み出す二つ目の前提である。

0.1.3 社会的プロセスとしての第二言語習得

上記を受け、本項ではさらに、「英語を学ぶ」ことに特に関わる三つ目の前提を、「第二言語習得（second language acquisition；以下 SLA）」研究の最近の流れを参照しながら示したい。

SLA 研究においては、チョムスキー言語学の影響を強く受けた「認知的」アプローチからの研究が長らく主流であった。「認知的」アプローチにおいて、（第二）言語の習得は本質的に、脳内（あるいは、"mind" の中）で起こる情報処理プロセスとして捉えられる傾向が強い。Larsen-Freeman（2007, p. 780）、および、義永（2009, p. 19）に基づいて「認知主義（者）（cognitivist）」の SLA 研究を特徴づける要素を挙げると、以下のようになる。

1. コンテクストの役割：社会的コンテクストは、L2 の習得が起こる場ではあるが、コンテクストが変わっても、習得のプロセスは変化しない。ゴールは、個人的なコンテクストを超えた普遍性の追求である。
2. 言語の本質：言語は心的な構築物（a mental construct）である。
3. 学習の本質：心的状態の変化（change in mental state）。
4. 研究の主要な焦点：言語の習得（人がどのように言語を学習するかであって、どのように使用するかではない）。知識の表象、処理、想起に関わる認知的要素が重要となる。
5. 言語に焦点を当てた調査の目的：学習者による言語構造のコントロール、および、言語構造の複雑さの総和とその増加。
6. 調査参加者のアイデンティティ：調査参加者の最も際立ったアイデンティティは、学習者としてのアイデンティティである。
7. 学習者の発達を評価する観点：目標となっている熟達度（proficiency）に向かう過程のどこにいるか（このことは、学習者の言語運用によって示される）によって、発達の度合いが測られる。
8. 発達が終わった状態：学習者言語と目標言語が一致した時、または学習者言語が固定化・化石化した時に発達が終わる。

9. 哲学的志向性：科学的、価値観に左右されない探究。近代的。
10. 研究が行われる場所：自然な状況、実験的な状況など、様々である。
11. リサーチの概念化に関する重要なレヴェル：マクロ・レヴェルの理想化、すなわち、母語話者、学習者。
12. SLA 理論の受容に関する態度：一つの理論が他に勝る。どの理論かは経験主義的に決まる。実証主義的。

このような、「使用」や「コンテクスト」を捨象する特徴を顕著に示す「認知的」アプローチが主流となっていた中、Firth & Wagner（1997, pp. 286, 296）は、SLA 研究が「認知的」アプローチに偏り過ぎていることを指摘した。また、こうした「アンバランス」を是正するため、SLA 研究においては、(a) 言語使用におけるコンテクスト的・相互行為的次元に対する認識を大きく改めるとともに、(b)（相互行為の参加者に関連した）イーミックな（内側の）視点への感受性を高め、(c) 既存のデータベースを（コンテクストにおける）自然な相互行為に拡張する必要があることが提唱された。このような、「相互行為を通じた習得」の中で言語がどのように使用されるか、実際のコンテクストの中で、言語がコミュニケーションのリソースとしてどのように巧みに使われるか、といった側面に目を向けることを促す Firth と Wagner の主張は、外国語や第二言語の話者を「不完全な話者」として位置づけてしまう「母語話者」「学習者」「中間言語」といった概念に対して大きな疑問符を投げかけるものであった（cf. Block, 2003）。

さて、前項までに、本書の問題設定を可能にする前提として、(1)「教室」で起きていることは、「個人の問題」ではなく、まずもって「社会的な問題」である、という前提、(2) そのような「社会的な問題」が経験可能なものとして現れるのは、記号的行為としての「コミュニケーション出来事」であり、そこで社会的諸関係が生み出されるプロセスにおいては、「言語」を含む「記号」の使用が大きな役割を果たしている、という前提を示した。上記、最近の SLA 研究の潮流を踏まえ、これら二つの前提に (3)「教室で英語を学ぶ」ことそれ自体も、コンテクストにおけるコミュニケーション出来事に根ざしたプロセスとして捉えることが可能であり、そのように捉えることが適切である、という前提を加える。

0.1.4 コミュニケーションの実際と言語使用の再帰性

第２項で提示した二つ目の前提において、「教室」で起きていることはそもそも「社会的な問題」であり、その「社会的な問題」が実際に経験可能なものとして現れるのは「コミュニケーション出来事」であるとした。また、コミュニケーション出来事で生み出される社会的諸関係を読み解く鍵は、そこで使われる「言語」をはじめとする様々な「記号」であるとした。本書の問題設定を支える四つ目の前提は、コミュニケーション出来事で使用される「言語」をはじめとする様々な「記号」を通じてなぜ、社会的諸関係を読み解くことができるのか、という問題に関する前提である。

これもまず端的に表すと、上記のような「解読」が可能となるのは、コミュニケーション出来事で使用される「言語」をはじめとする様々な「記号」(の配置)の中に、コミュニケーション出来事それ自体を特徴づけたり、コミュニケーション参加者のアイデンティティや参加者間の権力関係を指し示したり、コミュニケーション出来事に不在の人や出来事を関連づけたりする様々な要素が埋め込まれているからである。以下、①〜③の例を使いながら、このことを具体的に示す。

① ここに、第○○回全国高等学校野球選手権大会の開会を、宣言する。
② きのう、「あなたが嫌いです」と言ったのは、冗談だよ。
③ (ある生徒が、担任の先生の真似をしながら、同じクラスの別の生徒に向けて) ダメです、やり直しです。

まず①は、「開会式」などの特定の場で、(毎年繰り返される「型」を含む)特定の手続きに則り、特定の権限が与えられた者によって言われると、「言われていること」とそれが言われているまさにその場（「今・ここ」）で実際に「為されていること」とが一致し、現実世界の変容（「宣言」の成就による「大会の開会」）がもたらされるような言語使用である。②は、②の発話が為されたその日を基点として、その前日に為された「あなた（＝メッセージの受け手）が嫌いです」という発話について、それが「冗談」という特定の性格を帯びたもの（として解釈されるべき）であることを、当該の発話をそのまま引用しながら述べている。加えて、②の代わりに「昨日、「お前が嫌いだ」と申したのは、冗談ですよ」が使われる可能性が高い状況と比較すれば、②の発話は、送り手と受け手との間に存在する特定の親疎・上下関係や、発話が為される場のフォーマリティの度合いも同時に指し示していることが分かる。そして③は、その場に居合わせる者にとって認識可能な特定の人物の「真似」をすることで、その場に不在の「声の主」を喚起し、特定のアイデンティティや権力関係（クラスメート、担任の先生 vs. 生徒）をその場で発現させるような効果を持つ発話であると考えられる。

これらの例において、コミュニケーション出来事で生み出されている社会的諸関係や、「今・ここで何が起きているか」を読み解くことができるのは、そこで使われる「言語」をはじめとする様々な共起する「記号」が、言語使用をその一部として含む行為・出来事それ自体、すなわち、「今・ここ／あの時・あの場所で、何が為されている／いたか」に関する何らかの局面を明示的・非明示的に指し示すとともに、我々自身がそのような指示を解釈することができるからである。

このような、コミュニケーション出来事が前提とする時間・空間的関係、コミュニケーション出来事それ自体やそこで言及・引用されている発話の社会的性格・価値づけ、メッセージの送り手・受け手などのコミュニケーション参加者が担う社会的役割や権力関係、コミュニケーション出来事に不在ではあるが関連がある人・出来事といった、コミュニケーションの行為・出来事としての意味の生成に関与する諸要素に関するコミュニケーションは、それが「コミュニケーションについてのコミュニケーション」であることから、「メタ・コミュニケーション」(Bateson, 2000［1972］, pp. 177-193) と呼ばれる。「メタ・コミュニケーション」は、その性格上、それが指示するコミュニケーションを何らかの形で統制したり、規定したりする機能を果たし、特定のコミュニケーションに一定の「枠組み」を与えるように作用する[6] (Silverstein, 1993, pp. 33, 36-37)。

こうして、実際に使用される言語、および、それと共起するその他の記号には、コミュニケーション出来事自体の性格・機能を前提としたり (presuppose)、それに構造を与えたり (structure)、それを表(象)したり (represent) する特徴が看取される。これが、実際に使われる言語が持つ「再帰性」という特徴であり (Lucy, 1993a, pp. 9-11, 2001, p. 208)、本書の問題設定を根底で支える四つ目の前提である。

0.2　本書が目指すところ

ここまで、本書の問題設定を可能にしている前提を四つ、提示してきた。それらを簡潔に再提示すると、以下のようになる。

(1)「教室」で起きていることは、「個人の問題」ではなく、まずもって「社会的な問題」である。

(2)「教室」で起きていることの「社会的な問題」としての側面が経験可能なものとして現れるところは、記号的行為としての「コミュニケーション出来事」である。そして、そこで社会的諸関係が生み出されるプロセスにおいては、「言語」を含む「記号」の使用が大きな役割を果たしている。

(3)「教室で英語を学ぶ」ことそれ自体も、コンテクストにおけるコミュニケーション出来事に根ざしたプロセスとして捉えることが可能であり、そのように捉えることが適切である。

(4) コミュニケーション出来事の「行為としての意味」や、それを通じて生み出される社会的諸関係は、そこで使われる「言語」をはじめとする様々な記号の「メタ・コミュニケーション」機能、すなわち、「再帰性」という特徴を通じて浮かび上がる。

これらの前提を踏まえて、本書が向かうところを整理する。本書の目的は、教室で実際に起こったコミュニケーション出来事から出発し、教師や生徒が使用する言語の様々な「再帰性」に着目しながら、教室内で・教室外へ展開するメタ・コミュニケーションの連鎖を辿ることで、「教室で英語を学ぶ」という社会・文化的実践の多層性、および、そのような実践（の多層性）を通じて浮かび上がるものとしての「英語」の内実を明らかにすることである。また、そのことを通じて、同様の研究や分析を遂行する際に参照できる「発見的枠組み」を構築することである。

本書が提示する、上記のような目的を有する営為には、学術的・社会的両面において、一定以上の意義があると考えられる。まず、学術的な意義であるが、本書が提示する視座は主として、（教育）言語人類学と特に「社会的」アプローチからのSLA研究の交点に位置する（後述）。上述の通り、特に2000年以降のSLA研究の分野では、「社会的」アプローチの認知度が高まっており、2011年には *Alternative Approaches to Second Language Acquisition* と題された論文集が、分野を牽引する研究者の1人であるアトキンソン（Dwight Atkinson）によって編まれた（Atkinson, 2011）。この論文集には、様々な“alternative approaches”を代表する研究者が、それぞれのアプローチの研究方法や他のアプローチとの違い・相補性を紹介する論考を寄稿しているが、管見の及ぶ限り、（教育）言語人類学の最新の動向を組み入れた「社会的」アプローチからの研究、特に「コンテクスト化」のプロセスの複雑性・多層性・流動性と言語習得・社会化との関係に関する研究は緒に就いたばかりであり（cf. Canagarajah & De Costa, 2016）、本書はそのような研究の進展に貢献できるものである。

次に、本書の社会的意義は、特に日本の「英語教育」に対するものである。本書が日本の「英語教育」に対して持つ最大の意義は、確固たる「コミュニケーション論」に依拠した、教室談話の経験的（データに即した）分析に基づいて、

「教室で英語を学ぶ」ことに関する知見を提示していることである。文部科学省から出される英語教育関連の文書には、しばしば「コミュニケーション」の文言が見られるが、どれを見ても、「コミュニケーション」に関する原理的な説明は無い。「教える内容」としての「コミュニケーション」に関する原理的理解が欠如しているのみならず、教室で起きていることに関する「コミュニケーション論」的把握・理解も全く為されないまま、「コミュニケーション」という言葉だけがスローガン的に、時に「4 技能」に歪んで矮小化・還元された形で、独り歩きしているのが現状であるように見える。また、日本においては「言語人類学」自体がまだあまり知られていない（周辺的である）こともあり、学界においても、英語教育の言語人類学的研究は極めて数が少ない。本書では、言語人類学の「コミュニケーション論」を援用し、「教室で実際に起こったコミュニケーション」から分析を立ち上げ、そこから一般的な理論的考察を導く（措定する）形をとっている。このことにより、本書は、教室で実際に起きていることを分析・理解するための更新可能な「発見的枠組み」（の叩き台）として機能することができるのみならず、「英語教育」そのものを「社会的な実践・コミュニケーションの問題」として捉えて批判、構想、実践、（再）構築していくためのきっかけを、「英語教育」学界、教育現場、政策策定者に示すことができる。

0.3　本書の構成

以上、全体への序となる本章では、本書の問題設定を可能にしている四つの前提を示し、本書が目指すところを定めた。そこへ向けて、本書は、以下に示す道程を辿っていく。

本章に続く第 1 章「記号論的出来事としての「コミュニケーション」と言語使用のコンテクスト指標性：言語人類学の一般コミュニケーション論」では、本書が理論的枠組みとして援用する「言語人類学」の一般コミュニケーション論を提示する。まず、この「一般コミュニケーション論」の原初的な形であるヤコブソンとハイムズによるコミュニケーション論の要点を押さえたうえで、言語人類学の一般コミュニケーション論において鍵となる諸概念、および、「メタ語用」的機能を果たす諸記号を体系的に論じ、本書を貫く原理（世界観）を明示する。

第２章「「教育言語人類学」という視座」では、本書を学術的に特徴づける「教育言語人類学（linguistic anthropology of education）」という学問領域の視点を示す。この領域について、学術的な流れ、何が問題とされてきたか、どのような事象が研究の対象となってきたか、といった点を中心とした記述を行いながら、「教育言語人類学」の潮流の中に本書のアプローチを位置づける。その上で、本書の基盤となったフィールドワーク先である埼玉県の某単位制公立高校、分析対象となった「英会話」の授業と教師・生徒たち、および、データについて記し、本章の最後では、第１章を踏まえながら、第３章以降の分析で援用する分析概念を簡潔に確認する。

そして、第３章から第６章で、メタ・コミュニケーションの連鎖が織り成す、「教室で英語を学ぶ」ことの多層性を描き出していく。第３章「生徒は「ネイティヴ・スピーカー」にいかに出会ったか：教室における「邂逅」のポエティックス」では、Cathy 先生（仮名；以下、同様）の弟・Ryan が「スペシャルゲスト」として教室を訪れた１学期最初の「英会話」の授業を分析する。そして、この授業における生徒と Ryan の「出会い」が、⑴ アイデンティティの対照ペアを駆使したお膳立て、⑵「IRE 構造」の反復を含む、相互行為の展開と参加枠組みの強固な「詩的構造化」、そして ⑶ 教師の「メタ語用的操作」を通じた「教育の場に不適切な内容」の締め出し、以上を特徴とするコミュニケーション出来事の堆積を通じて生み出された「相互行為のテクスト」であったことを明らかにする。同時に、上記のような「相互行為のテクスト」が生み出される傍らで、生徒が互いの「質問」や Ryan の「答え」などにまつわる「メタ・コミュニケーション」を行っていた事実を掬い取り、本章で整合的に示すことができた「相互行為のテクスト」とは全く別の「相互行為のテクスト」が、生徒の間で生み出されていた可能性を指摘する。

第4章「IREとその分身：生徒のメタ語用的言語使用から迫るもう一つの現実」では、2学期最初の「英会話」の授業で、新任ALT・Mr. Loperを交えて行われた、同様の「インタヴュー」を含むアクティヴィティを取り上げる。特に、特定の女子生徒4名が「グループ」で質問を考える際に生起した「メタ・コミュニケーション」に焦点を当て、「メイン・アクティヴィティ」における彼女らの「ボーナス・クエスチョン」をめぐる相互行為の展開を、教室全体に共有されている談話と、彼女らのみによって共有されている談話の両者を突き合わせながら分析する。このような分析を通じて、"Have you ever eaten tarako?" という彼女らの「質問」が、「授業に正当な手続きで参加する」、「新任のALTを試しながら、教師・他のクラスメートとの間の距離感や関係、および、この授業の位置づけとそこへの参加の仕方を操作・調整する」という二つの異なる「行為の枠組み（フレーム）」を同時に維持していることを詳らかにする。そして、これらのことから、(1) 教室においては複数の「行為の意味」が同時に、多層的に生み出されていること、(2) そのような複数の「行為の意味」が多層的にもたらされることそのものが、教室で生徒が使う「英語」の多機能性を指し示していること、(3) この教室には「授業」に還元され得ない、もう一つの「現実」が存在すること、以上を結論づける。さらに、授業中の教室に同時に存在する「現実」はこれら二つだけか、という第3章と同様の問いを発することにより、さらに異なる「相互行為のテクスト」が生まれている可能性を確認する。

第5章「「出来事」と「出来事」が入り組むところ：間ディスコース性、ジャンル、クロノトポス」では、第3章と第4章で明らかになったこと、および、それらの相対化を引き受け、「間ディスコース性」「ジャンル」「クロノトポス」の分析概念を組み合わせた「発見的枠組み」を整備し、教室における「現実」の複数性が「メタ・コミュニケーション」を通じてどのように生み出されている（編成されている）のか、具体的、かつ原理的な考究を行う。「間ディスコース性」を通じて互いに指し示し合う「ジャンル化」された実践を教室の中から特定し、「詩的な時間が刻む教育的非日常」である「授業」のクロノトポス、「点が刻み込んでいく「表」の異世界」である「課題・試験と成績」のクロノトポス、「「学校」における諸活動と高校生との間の政治的日常」である「学校生活」のクロノトポス、以上の極めて性格を異にする少なくとも三つのクロノトポスが、授業時間中の教室に、コミュニケーション出来事を通じて併存していることを示す。さらに、このような「クロノトポスの併存」を基礎とし、「パフォーマンス」の補助線を引くことで、「「英語」が媒介する、複数の「ジャンル」・「クロノトポス」の間における「メタ・レヴェル」を巡る運動」として、「教室で英語を学ぶ」ことのクロノトポスを措定する。しかし、この結論も、「ジャンル」が実際に起きている「出来事」と常に直截に一対一対応せず、異なるコンテクスト的要素を指し示す他の記号と多層的に絡み合いながらその場での行為・出来事の意味を立ち上げている、というコミュニケーション論的事実によって相対化され得る。ここから、(1) コミュニケーション出来事の立ち上げに貢献する多様な「コンテクスト化」の過程が「ジャンル化」のプロセスに不可避的に入り込むことで、「ジャンル」とその他のコンテクスト的要素との間に相互作用が生まれること、(2) 学校や教室が「社会」の中に存在する限り、授業時間中の教室で起こるコミュニケーション出来事に関連づけられるコンテクスト的要素を、学校、特に教室の中だけに求めることはできないこと、以上のことを認め、教室から「外」へ向かう契機を導く。

第6章「「特定の「学び」を結果としてもたらす出来事の連続性」を見出すために」では、第3章から第5章を通じて経験的、原理的、批判的に積み上げてきた視座をさらに引き受け、最終的な考察を展開する。本章では、最近の社会言語学・言語人類学においてコンテクスト（化）の「複雑性」を描出する際にしばしば援用される「スケール」概念を導入し、「教室」および「学校」の外にあるコンテクストを招き入れつつ、コンテクスト化のプロセスの階層性や流動性も視野に入れることで、前章までに示してきた「複数の「現実」が併存（競存）する授業時間中の教室」をより広い、かつダイナミックな「コミュニケーション論的全体」の中に置くことを試みる。第5章で示した三つのクロノトポスを、教室外、学校外のコンテクスト的要素とともに「スケール」の階層に組み入れながら、最終的に、「「メタ・コミュニケーションの「オリゴ」」に投錨された「相互行為のテクスト」としての「英語」」という結論を導出する。このことによって、他の「教室で英語を学ぶ」実践を分析する際にも使用可能な、発見的枠組みを提示する。

終章となる第7章、「結論と展望：「コミュニケーション論」が切り拓く「英語教育」の可能性」では、本書の記述全体を基盤として、「教室で英語を学ぶ」ことをどのように見立てることができるか、総括的な結論を提示し、そのうえで、本書で提示した視点の限界、および、本書の内容を踏まえた時に拓けてくる学問的展望を指し示す。また、ここでは敢えて一般向けの言説を形成し、本書が「日本の英語教育」というやや「スケール」の大きな語りの資源にもなるようにすることを目指す。

では、次章において本書の「世界観」を提示することから、上にその梗概を示した、「教室で英語を学ぶ」ことの基盤となっている「メタ・コミュニケーション」の諸相へ向かう旅を始める。

注

1 近年では、教師主導の一方向的な講義ではなく、学習者の能動的な参加を取り入れた「アクティブ・ラーニング」にシフトする方針が取られている（文部科学省，2016）。

2 「モニトリアル・システム」もその一部である、「クラス」「カリキュラム」「クラスルーム」「一斉教授」といった学校教育（教室）制度のより詳細な歴史については、ハミルトン（1998）を参照。

3 加えて、フーコー（1977）も参照。

4 “Appareils idéologiques d’État”の略。

5 このような「誤解」や「評価」が起こるところもまた、「コミュニケーション出来事」である。

6 手持ちの（アクセスできる）「枠組み」が少なすぎる場合、「今・ここで何が起きているか」に関する解釈が不可能（不安定）となってしまうことに注意されたい。その場合は、「文」の意味が分かったとしても、「わけがわからない」「どのように反応したらよいか分からない」ような状態が生まれることが予想される。

第１章
記号論的出来事としての「コミュニケーション」と言語使用のコンテクスト指標性：言語人類学の一般コミュニケーション論

序章では、以下の四つの前提を示しながら、本書の問題設定を支える基本的な視座を提示し、本書が向かうところを明確にした。

(1)「教室」で起きていることは、「個人の問題」ではなく、まずもって「社会的な問題」である。
(2)「教室」で起きていることの「社会的な問題」としての側面が経験可能なものとして現れるところは、記号的行為としての「コミュニケーション出来事」である。そして、そこで社会的諸関係が生み出されるプロセスにおいては、「言語」を含む「記号」の使用が大きな役割を果たしている。
(3)「教室で英語を学ぶ」ことそれ自体も、コンテクストにおけるコミュニケーション出来事に根ざしたプロセスとして捉えることが可能であり、そのように捉えることが適切である。
(4) コミュニケーション出来事の「行為としての意味」や、それを通じて生み出される社会的諸関係は、そこで使われる「言語」をはじめとする様々な記号の「メタ・コミュニケーション」機能、すなわち、「再帰性」という特徴を通じて浮かび上がる。

本章では、本書が援用する言語人類学の一般コミュニケーション論を体系的、かつ、できるだけ平易に示し、本書における全ての記述に通底する理論的枠組み（世界観）を敷く[1]。

1.1 「指標性」のコミュニケーション論序説：ヤコブソンとハイムズ

1.1.1 ヤコブソンの記号論的文法範疇と6機能モデル

次節において言語人類学の一般コミュニケーション論を提示するにあたり、本節ではまず、その原初的な形として位置づけられる、ヤコブソンとハイムズによるコミュニケーション論を押さえる。なお、両者に共通する記号論的鍵概念は、「指標性（indexicality）」（後述）である。

ヤコブソン（Roman Jakobson）は、アメリカ・ハーヴァード大学においてパースの記号論（特に、「類像記号（icon）」「指標記号（index）」「象徴記号（symbol）」という記号の三分類）に出会い、これらを基盤として、言語研究と詩学の両者を体系的に扱うことができる枠組みを築いた人物である。また、ヤコブソンの「転換子」論文（Jakobson, 1971［1957］）は、「語られる出来事（narrated event）」と「発話出来事（speech event）」とを区別し、両者の関係において文法範疇を定義していることで知られている[2]（小山，2008，pp. 159-161）。

「転換子」論文において、ヤコブソンは、文法範疇を分類するために、まず（1）発話それ自体（^{s}）とそこで語られる内容（^{n}）、（2）出来事（E）とその参加者（P）、以上を区別する[3]。そして、二つの項からなる（1）と、同じく二つの項からなる（2）とを交差させ、四つの項目、すなわち、語られる出来事（E^{n}）、発話出来事（E^{s}）、語られる出来事の参加者（P^{n}）、そして、発話出来事の参加者（P^{s}）を設定し、それらの関係を基盤として、gender（性）、number（数）（以上、P^{n}）、voice（態）（$P^{n}E^{n}$）、status（様態）、aspect（相）（以上、E^{n}）、taxis（タクシス）（$E^{n}\,E^{n}$）、person（人称）（P^{n}/P^{s}）、mood（法）（$P^{n}\,E^{n}/P^{s}$）、tense（時制）（E^{n}/E^{s}）、evidential（証言性）（$E^{n}E^{ns}/E^{s}$）という文法範疇の分類を導き出した（Jakobson, 1971［1957］, pp. 133-143）。

ヤコブソンがこのように示した文法範疇は、「語られる出来事」、「語られる出来事の参加者」、「発話出来事」、「発話出来事の参加者」といった「コミュニケーション出来事の要素」、換言すれば、言語を使用したコミュニケーション出来事において前提とされるカテゴリー（語用論的範疇）に基づいた、「コミュニケーション出来事」に投錨された範疇といえる。

ここで、本章において提示するすべてのコミュニケーション論が共有する記号論的原理である「指標性（indexicality）」に言及したい。パース記号論において、ある記号（a）が、それが指す対象（b）を「指標的」に指示するとき、（a）は（b）を「近接性」の原理に基づいて指示するとされる（Peirce, 1932）。言い換えると、指標的指示とは、隣接関係にある事物の間で成立し、指示という出来事が起こる場（コンテクスト）において、指示するものと指示されるものは、直截に影響し合う。

言語を例にとると、here/there、now/then、一人称・二人称代名詞などの直示詞（ダイクシス）は、それが発話された場（コンテクスト）において、指示するもの（＝ダイクシス）と指示されるもの（特定の場所や時、人）が、何らかの形で隣接していなければ、何が指されているかが特定できない。したがって、ダイクシスは「指標記号」となる。また、発話そのものや、発話が為された時・場を指し示す機能を果たす文法範疇、例えば、発話が為されている時（speech event）と、そこで言われている内容（narrated event）が起きた時との間の関係に関わる時制（tense）、発話において為されていることに関わる法（mood）などは、発話の場、コミュニケーションの場において、指示するもの（＝これらの範疇）と指示されるもの（話者や聞き手、特定の時、特定の行為）が隣接している（つながっている、重なっている）状態にあることを要請する点において、指標記号である（cf. 小山，2008，pp. 42-44）[4]。

すなわち、上記、ヤコブソンによる文法範疇の分類において行われていたことは、「発話出来事」および「発話出来事の参加者」からの近接性、重なり、つまり、「指標性」の原理に基づく分類、ということになる（「人称」、「法」、「時制」といった範疇がすべて、「/E^s」「/P^s」という形で、「発話出来事」とのつ

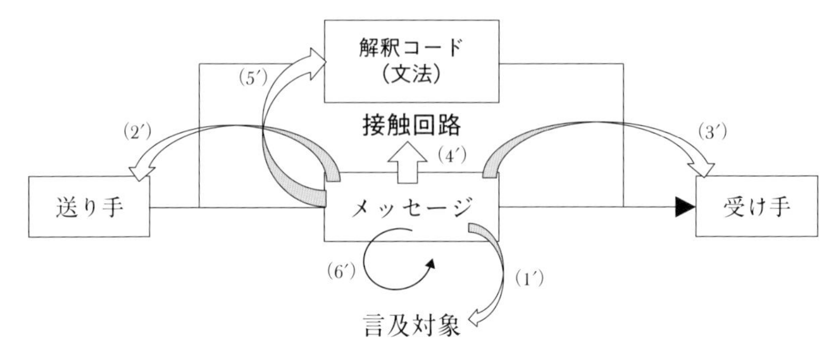

（1′）言及指示的機能（REFERENTIAL function）　（2′）表出的機能（EMOTIVE function）
（3′）動能的機能（CONATIVE function）　（4′）交話的機能（PHATIC function）
（5′）メタ言語的機能（METALINGUAL function）　（6′）詩的機能（POETIC function）

図 1.1　ヤコブソンの 6 機能モデル

ながりにおいて特徴づけられていたことに注意）。

このように、「指標性」の原理に基づき、「コミュニケーション出来事」に投錨された形で文法範疇を分類したヤコブソンは、「言語学と詩学」（Jakobson, 1960）において、同じく、語用論的範疇（言語を使用したコミュニケーション出来事において前提とされるカテゴリー）に投錨された、コミュニケーションのモデル（図 1.1）を提示した。

「言語は、それが持つ様々な機能に基づいて研究されねばならない」とするヤコブソンはまず、言語を使用したコミュニケーション出来事を構成する六つの要素を特定する。具体的には、（1）言及対象（context）、（2）送り手（addresser）、（3）受け手（addressee）、（4）接触回路（contact）、（5）（解釈のための）コード（code）、（6）メッセージ（message）、の六つである。そして、「メッセージ」がこれらのどの要素を志向する（焦点化する、注意を向けさせる）かに応じて、メッセージ（を構成する言語的要素）は、（1′）言及指示的機能（REFERENTIAL function）、（2′）表出的機能（EMOTIVE function）、（3′）動能的機能（CONATIVE function）、（4′）交話的機能（PHATIC function）、（5′）メタ言語的機能（METALINGUAL function）、そして、（6′）詩的機能（POETIC function）を果たす。

つまり、この「6機能モデル」は、「メッセージ」を中心とし、「メッセージ」がそれ自体を含むコンテクスト的要素を指し示す（焦点化する）プロセス（図1.1では矢印で示されている）を射程に収めたモデルである。このプロセスにおいて、「言及指示」はその一部を担っているに過ぎない。さらに、このモデルには、メッセージがメッセージ自体を焦点化する「再帰的」な機能（序章で示した四つ目の前提を想起）も含まれているが、このことを通じて、「メッセージ」それ自体も所与のものではなく、**コミュニケーションを通じて作られるもの**である、という視野が開ける。

こうして、ヤコブソンは、「指標性」という記号論的原理、および、言語を使用したコミュニケーション出来事において前提とされる語用論的範疇に則して、文法範疇（言語学）とコミュニケーション・モデルを確立することに成功した。このことは、「言語」や「コミュニケーション」を、それを取り巻き包含するコンテクストの中で捉えようとする言語人類学の研究と文法の研究とを直接的に連続させる契機となる。そして、ヤコブソンの記号論・言語学を十全に引き継ぎ、「発話出来事（speech event）」を軸に、ヤコブソン言語学と言語人類学の社会・文化研究とを接合した人物が、次節で扱うハイムズである。

1.1.2　ハイムズの“communicative competence”とSPEAKINGグリッド

前項では、言語人類学の一般コミュニケーション論の原初的な形として位置づけられる、ヤコブソンによる文法範疇の分類とコミュニケーション・モデルを見た。繰り返すが、ここでの鍵は、「指標性」（コンテクスト依存性、コミュニケーション出来事との近接性）という記号論的原理と、言語を使用したコミュニケーション出来事において前提とされる「語用論的範疇」が、ヤコブソンの理論化の基盤となっていたことである。

このようなヤコブソンの記号論を十全に引き継ぎ、ヤコブソン言語学と（言語）人類学の社会・文化研究とを接合した人物が、ハイムズ（Dell Hymes）である。彼は、1960年代から1970年代初頭にかけて、「コミュニケーションの民族誌」（ethnography of communication；当初はethnography of speaking）という文化人類学的研究プログラムをガンパーズ（John J. Gumperz）らとともに率いた人物として広く知られている。

ハイムズのコミュニケーション・モデルの基盤ともなっているため、ここで、「コミュニケーションの民族誌」について簡潔に述べておく。「コミュニケーションの民族誌」では、言語学（linguistics）、心理学（psychology）、社会学（sociology）、民族学（ethnology）などの分野において、別々に（コンテクストから取り）出された調査結果を「所与のもの」とするのではなく、これらの研究がとりこぼしてしまうような、「コンテクストにおける言語使用」に焦点が当てられる。そしてそこから、言語使用という実践に特有のパターンを明らかにすることが、研究の主たる目的とされる。つまり、「コミュニケーションの民族誌」においては、ある社会・文化（コミュニティ）において何が「コミュニケーション出来事」としてみなされ、また、何がコミュニケーション出来事の要素となる（なり得る）のかを、思索ではなく、フィールドワーク（経験的調査）に基づいて把握しながら、当該のコミュニティにおける「コミュニケーション的習慣／活動の全体（communicative habits/activities as a whole, communicative habits of a community in their totality）」を明らかにすることが目指される。したがって、そこでは当然ながら、「言語」ではなく、「コミュニケーション」が中心に据えられ、（言語学が扱うような）「言語」は、コミュニケーションの一部（に過ぎないもの）として位置づけられる。（無論、このことは、「言語」が重要でないことを意味しない。）

言い換えるならば、「コミュニケーションの民族誌」における参照枠（frame of reference）は、「言語（学）」ではなく、「コミュニケーション出来事」であり、言語は、社会・文化の中に存在する限りにおいて、記述される（Hymes, 1964a, pp. 2-3, 13, 1974, p. 4）。また、言語を社会や文化の中において記述するとはすなわち、言語をコードや意味の体系としてではなく、実践、プロセス、出来事として見ることを意味し、そのような言語研究は、様々な階級、ジェンダー、民族性などといった、力とアイデンティティが絡み合う社会・文化的、歴史的なコミュニケーションの場を基本的な分析の単位とする（小山，2008，pp.

76-77；Duranti, 1997, pp. 289-294)。

このように、「コミュニケーションの民族誌」では、「言語」ではなく、「コミュニケーション出来事」が中心に据えられるが、コミュニケーション出来事を基点として研究を行うためには、上述の通り、何がコミュニケーション出来事としてみなされるのか、また、何がコミュニケーション出来事に関連するコンテクスト的要素なのか、という問題に取り組むための枠組みが必要となる。このような枠組みを、ハイムズは、ヤコブソンのコミュニケーション・モデルにおける発話出来事の要素を精緻化（elaborate）する形で設定した。ハイムズが特定した要素は、(1, 12) コミュニケーションの参加者（participants)、(3) 接触回路とその使用様式（channels and their modes of use)、(4) コード（codes)、(5) コミュニケーションが起こる状況・環境（setting)、(6) メッセージの形態とそのジャンル（the forms of messages, and their genres)、(7) メッセージの内容（topics and comments, attitudes and contents)、(8) 出来事自体（the events themselves)、以上の八つである（Hymes, 1964a, p. 13, 1974, p. 10)。

これらの発話出来事の要素を基盤とし、ハイムズは、言語使用者、および言語使用に関する理論を構築する。当時は、チョムスキーを中心とした形式主義言語学が隆盛を極めていた時代である。チョムスキーは、“competence”（言語（＝文法）に関する知識）と“performance”（具体的な状況における実際の言語使用）とを区別し（Chomsky, 1965, p. 4)、言語研究の対象を前者のみに厳密化したが、ハイムズは、“There are rules of use without which the rules of grammar would be useless”（Hymes, 2001［1972], p. 60）と述べ、チョムスキーが提示した（同質的な言語共同体に属するとされる、理想化された話し手と聞き手が持つ）文法の知識に特化した“competence”を不十分とした。そして、「言語のモデル化は、コミュニケーション行為と社会生活に基礎づけられた形で遂行されねばならない」と説いたハイムズは（Hymes, 2001［1972], p. 60)、「言語使用者、および言語使用に関する十全な理論を構築する場合、その判断（基準）は実際のところ、（文法性（grammaticality）と容認可能性（acceptability）の）2種類ではなく、4種類あるものとされねばならないと思われる」（Hymes,

1971, p. 12, 2001［1972］, p. 63）と明言する。そのうえで、言語理論とコミュニケーション・文化に関する理論の両者を統合した形で「コミュニケーション能力（communicative competence）」を体系化するための一般的枠組みとして、以下の四つの問いを定めた（ibid.）。

1. Whether（and to what degree）something is formally *possible*;
2. Whether（and to what degree）something is *feasible* in virtue of the means of implementation available;
3. Whether（and to what degree）something is *appropriate*（adequate, happy, successful）in relation to a context in which it is used and evaluated;
4. Whether（and to what degree）something is in fact done, actually *performed*, and what its doing entails.

上記の問いは、順に、(a) 形式的な可能性、(b) 物理的・物質的な実行可能性、(c) コンテクストに対する適切性、そして (d) 出来事としての実際の生起とそれがもたらす帰結に関するものである。これらの「問い」の要素と、

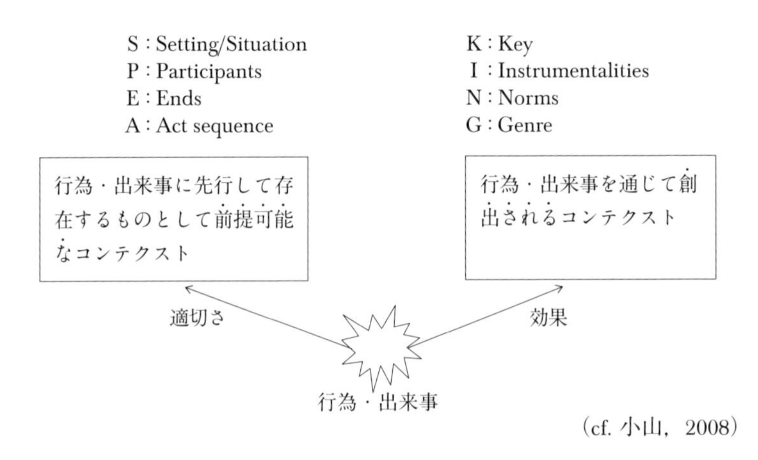

図 1.2　ハイムズによる「コンテクスト」の精緻化と「出来事」への視座

上述の「コミュニケーション出来事」の要素とを比べると、(a) は (4) に、(b) は (3) と (5) に、(c) は (1-3, 5-7) に、そして (d) は (8) に、概ね対応していることが分かる。こうして、「コミュニケーション能力 (communicative competence)」を体系化するための一般的枠組みとしてハイムズが設定した「四つの問い」は、ヤコブソンの「6 機能モデル」同様、「発話出来事 (speech event)」の要素に投錨されているが、「形式」、「物質的コンテクスト」、「適切さ」、「出来事自体」という分類は明らかに、発話出来事との近接性の度合い、すなわち、「指標性」の原理を基盤としている (榎本, 2009a, 2009b)。

「形式」は、発話出来事から抽象されたものであるため、発話出来事からの近接性は極めて低くなる (指標性が低くなる)。つぎに、(脳のみならず、山、岩、木といった「自然種」と呼ばれるものを含む)「物質的コンテクスト」は、抽象的な「形式」とは異なり、発話出来事と同じ次元に属するもので、出来事の生起を物理的に可能にしたり制限したりするものであるが、発話出来事からそれだけを取り出すことができるものである。他方、「適切さ」は、コンテクストとの関連において決定されるため、コンテクストから取り出して考察することはできない。そして、「出来事自体」は、文字どおり、発話出来事と重なる。

このように、ヤコブソンのコミュニケーション・モデルにおける発話出来事の要素を精緻化する形で発話出来事の要素を設定し、「指標性」(発話出来事からの近接性) という記号論的原理に基づいて、コミュニケーション行為と社会生活に基礎づけられた形で、言語使用者・言語使用に関する理論を構築することを目指したハイムズは、後に、コミュニケーション出来事の要素を「発見的 (heuristic) モデル」としてさらに詳細にし、フィールドワーカーたちの意識にも容易にのぼりやすいよう、それらを SPEAKING グリッド (＝Setting /Situation (場面・状況)、Participants (参加者)、Ends (目的)、Act sequence (行為の連鎖)、Key (調子)、Instrumentalities (メディア・媒体)、Norms (行為者・記述者・解釈者の規範)、Genre (ジャンル)) として提示するに至る (Hymes, 1986 [1972])。

1.2 言語人類学の一般コミュニケーション論

ここまで、言語人類学の一般コミュニケーション論の原初的な形として位置づけられる、ヤコブソンとハイムズによるコミュニケーション論を見てきた。これらを十全に踏まえ、本節では、鍵概念の説明、メタ語用的機能を果たす諸記号の説明、見取図、以上の順に従って、言語人類学の一般コミュニケーション論を導入する。

1.2.1 「オリゴ」と指標性

ヤコブソンとハイムズによるコミュニケーション論、そして、本節で導入する言語人類学の一般コミュニケーション論、すべてにおいて「指標性」の記号論的原理が鍵となるが、「オリゴ」はこのことに大きく関わるものである。

まず、単純に言ってしまえば、「オリゴ」とは、「コミュニケーション出来事の今・ここ」のことである。しかし、この説明では分かりにくいため、いくつかの例とともに、「オリゴ」（この掴みどころのないもの）の説明を試みる（cf. 小山，2009，pp. 25-26; Silverstein, 2007）。

まず、「新聞どこ？」と聞いた夫に対し、妻が「あっち」と答えたとする。この時、夫は、妻が（または、夫が）いる場所からみて「あっち」に新聞がある、と理解するだろう。また、「じゃ、明日」という挨拶で別れた友人たちがいたとして、この友人たちが理解する「明日」とは、挨拶が為されたその時からみて、「明日」であろう。「オリゴ」とは、このような指示の基点となる「今・ここ」のことである。

もちろん、「オリゴ」は、「明日」「昨日」や「あちら」「こちら」など、時間や空間だけに関係するものではない。例えば、教師：「あなたがやったの？」、生徒A：「私じゃない」、生徒B：「私も、違う」、教師：「（生徒Cに）じゃ、あなた？」、生徒C：「（生徒Dに）あなたでしょ！」、という一連のやりとりを考えてみると、「私」はメッセージの送り手、「あなた」はメッセージの受け手を指すことに変わりはない。しかし、「私」と「あなた」が実際に指す人は、それぞれの発話で激しく変化している。この変化がまさに、コミュニケーションの「オリゴ」が移っていることを指し示している。すなわち、「私」や「あなた」は「オリゴ」の変化・推移に敏感に反応する、「オリゴ」の在り処を指し示す（メタ語用的透明性が高い）名詞句の範疇である[5]。

また、一つの発話において、「オリゴ」は重ねられたり、飛ばされたりすることも可能である。例えば、「あいつ、喜んでたよ」と、「あいつ、「めちゃめちゃ嬉しすぎるっしょ」って」という、二つの報告を比べると、前者の発話に表れている「オリゴ」は当該の報告が為されている「今・ここ」のみであるが、後者においては、「あいつ」が「めちゃめちゃ嬉しすぎるっしょ」という発話を行っていた「今・ここ」と、（直接引用を使って）報告が為されている「今・ここ」の二つの「オリゴ」が、単一の発話に重ねられている。

さらに、「オリゴ」との関係を操作することで、コミュニケーションにおける特定の効果を生み出すこともできる。その典型例は、「太陽は東から昇る」のような真理が「無時制」で語られること、裁判官や女王陛下がそれぞれ「あなたの名誉（Your Honor）」「彼女の威厳（Her Majesty）」と呼ばれることなどである。前者における、太陽が東から昇ることの「真理さ」、後者における、裁判官や女王陛下の「権威」は、「オリゴ」との関係が示されないことや、（"you" とは異なり）「オリゴ」から遠くに置かれた対象を指す「抽象名詞」で呼ぶことが社会・文化的慣習になっていることに（一部）依拠している（裁判官（your）と女王陛下（her）で、「人称」のオリゴからの距離が異なることにも注意されたい）（cf. Silverstein, 1987）。

このように、「オリゴ」は、「コミュニケーション出来事の今・ここ」であるが、それは単なる時間・空間的な意味での「今・ここ」ではなく、「コミュニケーション出来事」における記号論的プロセス（指し示しのプロセス）全体の投錨点・基点である。よって、抽象的な存在に過ぎない「文」は、「オリゴ」に投錨され、コミュニケーション出来事に関連づけられることで初めて、実際の効果を生み出し得ると理解できる。

1.2.2 言語の「言及指示的機能」と「社会指標的機能」

「オリゴ」に続いて、言語の「言及指示的機能」と「社会指標的機能」という区別を導入する。一般に「コミュニケーション」は、「ある個人と別の個人との間で行われる情報伝達」として捉えられることが多い。そこでは、伝達されるべき「情報」が送り手の頭の中にまずあり、それが一定のルール（コード）に基づいて、メッセージに変換される。言語的メッセージ（必ずしも言語を用いない「信号」などもあるが、ここでは便宜的に、言語的メッセージとする）が受け手に送られる時、その意味は「言語」の中、つまり、「言われていること」の中にあり、受け手は、送り手とコードを共有して（さえ）いれば、メッセージを解読し、もともと送り手の頭の中にあった「情報」を自らの頭の中に再現することができるとされる。ところが、このような「導管メタファー」（cf. Reddy, 1979）に基づく理解・モデルでは説明がつかないコミュニケーションがある。卑近な例では、「挨拶」や「呼びかけ」がこれにあたる。

「卑近」の意味を『広辞苑 第七版』で調べると、「てぢかでたやすいこと。ありふれたこと。高尚でないこと。」とある。上記の「卑近な例」を「手近でたやすい例」「ありふれた例」と言い換えたとしても、それが伝える内容が大きく変化することはないと思われる。同様に、「さようなら」や「もしもし」を調べると、前者に関しては「別れの挨拶語。」、後者に関しては「人に呼びかける時にいう語。」「電話で、相手に呼びかけ、また、答える語。」とある。しかし、「さようなら」や「もしもし」と言うことが適切な状況で、「別れの挨拶語」や「人に呼びかける時にいう語」「電話で、相手に呼びかける語」などと言うことはできない。つまり、「さようなら」や「もしもし」は、「言い換え」という手段が利かず、言語の外にある要素を参照し、「いつ、どのように使われるか」といったコンテクスト的用途・機能、すなわち、この表現の「使用の規則性」の観点を採ることではじめて、説明することができる。さらに、以下の三つの発話の意味について考えてみる。

a．みんな、でら、腹減っとる。

b．全員、超、ハラペコ。

c．すべての者が、大変、空腹状態にあります。

上記 a.～c. は、特定の人の集団について、そこにいる人、あるいは、その集団に属する人の全てがとてもお腹が空いている、ということを言っている。つまり、「何が言われているか」という点に限っていえば、これらはほぼ同じ内容であると考えられる。しかし、「何が言われているか」ではなく、「どのような人が言っているか」「どのような場で言われているか」「送り手と受け手はどのような社会的関係にあるか」という視点に立つと、a.～c. すべてがほぼ同じ内容を言っているにもかかわらず、それぞれが異なる人や場、関係を想起させる。

a.、b. ともに、どちらかと言えば、あまり形式的でない場所での発話であり、比較的対等な、あるいは、親密な者同士の間で交わされる発話であると想像できる。また、a. を通じて、送り手の出身地域、b. を通じて、送り手の世代などを窺い知ることもできる。c. の発話が為されている場は、a. と b. に比べればかなり形式的で、送り手についても、アナウンサーやニュースのレポーター、上司・上官へ報告する部下の姿などが目に浮かぶ[6]。すなわち、a.～c. は、「何か・誰かを取り立てて（言及）、それについて何かを述べる（述定）」という点においてはほぼ同じ意味だが、「発話が為される状況・コンテクストに関する何かを指示する」という点においては、意味が大きく異なる。このことをさらに言い換えると、我々は言語（という記号）を使って、「何かについて、何かを述べる」（言及指示行為に従事する）ことができると同時に、自らのアイデンティティや、発話に関わる者の間の上下・親疎関係、発話が為される場の性格についても、（しばしば非言及指示的に）指示することができる。本書では、前者に関わる言語の機能を「言及指示的機能」、後者に関わる機能を「社会指標的機能」として区別する（Agha, 2007; Hanks, 1996）。

1.2.3 「前提的（presupposing）指標」と「創出的（entailing）指標」

言語人類学のコミュニケーション論に基づけば、言語使用を含むあらゆるコミュニケーションは、それを取り巻き包含する「コンテクスト」の中で生起する。したがって、言語使用という「出来事」がもたらす社会的な効果は、根本的に、コンテクストに強く結びついている（context-bound）（Agha, 2007, p. 14）。では、「出来事」と「コンテクスト」との間には、そもそもどのような関係が成立しているのか。

最も基底のレヴェルにおいて、コミュニケーション出来事は、出来事に先立って存在するコンテクストを「前提」とし、新たなコンテクストを「生み出す」。より精確に言えば、コミュニケーション出来事は、（1）先行するコンテクストを前提的（presupposing）に指し示し（指標し）、（2）新たなコンテクストを帰結として創出的（entailing）に指し示し（指標し）ながら生起している。出来事からコンテクストに向かって、「前提」と「創出」の二つの指標の矢が伸びており、矢がつなぎ留められているところが「オリゴ」である、とイメージできるだろう（Silverstein, 1992, p. 55, 1993, p. 36）。

言語使用をその一部として含むコミュニケーション出来事を取り巻き包含する「コンテクスト」は、理論上は、無限に存在する。しかし、特定のコミュニケーション出来事を「社会・文化的に認識可能」にしているコンテクストは、ある程度、有限化することができる。例えば、前節で示した、ヤコブソンによる六つの語用論的範疇、ハイムズが示したSPEAKINGグリッドはまさに、「コミュニケーション出来事」において社会・文化的に意味のあるコンテクスト的要素を特定する試みである。

ここまでに述べたことをまとめると、まず、「オリゴ」を基点とした、言語使用を含むコミュニケーション出来事には、「言及指示的機能」と「社会指標的機能」の二面が存在する。言語の使用を含むコミュニケーション出来事は、「オリゴ」を指標の矢の基点として、例えば、ヤコブソンが特定した六つの語用論的範疇、ハイムズが提示したSPEAKINGグリッドに含まれるようなコンテクストを前提的に指し示しながら、新たなコンテクストを創出的に指し示し、コンテクストを変容させていく。換言すれば、「コミュニケーション」とは、出来事とそれを取り巻き包含するコンテクストとの間の相互作用のプロセスの謂いである。

1.2.4 「コンテクスト化」と「テクスト化」

前項では、コミュニケーション出来事の最も基底のレヴェルにおいて作用している「前提的指標」と「創出的指標」という二つの記号過程を示した。コミュニケーション出来事は、出来事に先立って存在するコンテクストを前提的に指し示し、新たなコンテクストを創出的に指し示すプロセスであり、そのような「コンテクスト」には例えば、ヤコブソンが特定した六つの語用論的範疇、ハイムズが提示したSPEAKINGグリッドに含まれるような要素がある。しかし、当然ながら、「コンテクスト」はこれらに収まりきるものではない。また、社会・文化的に認識可能であるとはいえ、コミュニケーション出来事は常に規則的に、予測可能な形で起きているわけではない。

このことについて、「授業」を例に考えてみたい。授業中の教室で起きていること、あるいは、それを取り巻き包含するコンテクストのすべてを記述しようとすると、その先には途方もない作業が待ち構えている。「カリキュラム」のみならず、生徒と教師のありとあらゆる動作・行動・発話（発声）が含まれるのは当然である。他にも、消しゴムのカスが床に落ちる、シャープペンシルの芯が折れる、チョークの粉が舞う、壁の掲示物が風で揺れる、窓から虫が入ってくる、太陽の位置が変わる（地球が自転している）、などのリストが延々と続くことだろう。また、「前回」の授業、「次回」の授業、同じ時限に隣の教室（同じ学年の別のクラス）で行われている授業、その隣の教室で行われている授業、真上の階の教室（別の学年の別のクラス）で行われている授業、他の校舎で行われている授業、運動場で行われている授業、他の学校で行われている授業もコンテクストである。厳密に考えた場合、一つの「授業」から時間的・空間的に広がっていくコンテクストは無限にあり、出来事も至るところで、偶発的に、無数に起きている。

前項において、コミュニケーションを「出来事とそれを取り巻き包含するコンテクストとの間の相互作用のプロセス」とする理解を提示したが、もし、「授業」という出来事の達成（成立）が、上記のような出来事すべてに依存し、あらゆるコンテクスト間の相互作用を要請するならば、そもそもそこに「授業」なるものは実際には成立しえず、そこに参加する者が経験するのは単なる「混沌（カオス）」となるだろう。コンテクストは理論的には無限に存在するのだが、言語使用を含む社会・文化的に認識可能なコミュニケーション出来事（および、その解釈）は、すべてのコンテクストと相互作用しなければ達成され得ない、というわけではない。ここから、「コンテクスト」はコミュニケーション出来事から独立して客観的に存在するのではなく、コミュニケーション出来事に関連づけられる（made relevant）ことで現れる、という理解が導かれる（Bauman & Briggs, 1990, pp. 66-72）。

この視点に立つと、コミュニケーション出来事とコンテクストとの間には、「前提的指標」と「創出的指標」に加えて、さらに二つの方向のプロセスが生まれることになる。一つは、コミュニケーション出来事が特定のコンテクストを「関連があるコンテクスト」として指し示す過程である。こうした、特定のコンテクストがコミュニケーション出来事に関連づけられる（コンテクストになる）過程は「コンテクスト化」と呼ばれる（Gumperz, 1982; Silverstein, 1992; 小山，2008）。

「コンテクスト化」が起こると、関連づけられたコンテクストが、コミュニケーション出来事自体を指し示す（指標の矢が再帰的に戻ってくる）過程が生まれる。この過程を通じて、コミュニケーション出来事には、特定のコンテクストとのつながりや別のコミュニケーション出来事との連鎖の中にあるもの、特定の「解釈枠組みが与えられたもの」、あるいは、特定のパターンやモデル（型）の「具体的な現れ」としての形が投影され、その結果、社会・文化的に認識可能な「ユニット」が浮かび上がる。このような、「コンテクスト化」を通じてコミュニケーション出来事が「ユニット」となるプロセスを、「テクスト化」と呼び、当該のユニットのことを「テクスト」と呼ぶ（Silverstein &

Urban, 1996a）。

コミュニケーション出来事とコンテクストとの間の相互作用の基底には、「前提的指標」と「創出的指標」という指し示しの関係がある。この基盤のうえで、理論的には無数に存在するコンテクストのうち、特定のコンテクスト的要素が「関連するコンテクスト」として指し示され（コンテクスト化され）、そのことを通じて、コミュニケーション出来事に具体的な形が付与される（テクスト化が起こる）。すなわち、「コンテクスト化」と「テクスト化」のプロセスとは、理論的には無限のコンテクストが有限化され、根本的に無秩序で偶発的に生起している出来事に「社会・文化的に認識・経験可能」な秩序や形が付与される表裏一体の過程である。

1.2.5 「語用」と「メタ語用」

まず、ここまで段階的に述べてきたことを確認する。言語使用を含む、あらゆるコミュニケーション出来事は、それを取り巻き包含する「コンテクスト」の中で起こる。「オリゴ」を基点とした「コミュニケーション出来事」と「コンテクスト」との間の基本的な関係は、「前提的指標」と「創出的指標」の二つである。そして、コミュニケーション出来事を取り巻き包含するコンテクストとして、例えば、ヤコブソンが特定した六つの語用論的範疇、ハイムズが提示したSPEAKINGグリッドに含まれる要素などがあるが、厳密には、コンテクストは無数にあり、出来事も至るところで、それ自体構造化されることなく、次から次へと偶発的に起きている。しかし、コミュニケーション出来事は、(1)特定のコンテクストが関連づけられる「コンテクスト化」のプロセスと、(2)「コンテクスト化」を通じてコミュニケーション出来事に「つながり」や「まとまり」が付与された結果、コミュニケーション出来事自体が社会・文化的に認識可能な「ユニット」として浮かびあがる「テクスト化」のプロセスを経ることで、「混沌」ではなく、何らかの秩序を伴った出来事として理解・経験される。

ここで鍵となるのが、コミュニケーション出来事における「語用」と「メタ語用」という二つの次元の存在である。「語用」の次元は、オリゴからコンテクストへの指標の矢が縦横無尽に飛び交っている次元である。比喩的な表現を使えば、この次元においては、「指標の矢の交通整理」が行われておらず、様々な方向に向かって指標の矢が出ている。この状態から、特定のコンテクスト的要素がコミュニケーション出来事に関連するコンテクストとして指し示される「コンテクスト化」が起こるのだが、それが起こるためには、縦横無尽に飛び交っている指標の矢が特定のコンテクストを指し示すよう、語用の次元が統制されなければ（つまり、指標の矢の「的」が定められなければ）ならない。この「語用の次元を統制する次元」が、「メタ語用」の次元である。

非常に抽象的な記述であるため、ここまでに示した、オリゴ、言語の言及指示的機能と社会指標的機能、コミュニケーション出来事における前提的指標と創出的指標、コンテクスト化とテクスト化のプロセスも交えて、「メタ語用」を具体的に整理したい。

① ここに、第○○回全国高等学校野球選手権大会の開会を、宣言する。
② きのう、「あなたが嫌いです」と言ったのは、冗談だよ。
③ （ある生徒が、担任の先生の真似をしながら、同じクラスの別の生徒に向けて）ダメです、やり直しです。

上記①〜③は、序章でも示した例である。①〜③の発話が為された時、それを取り巻き包含するコンテクストは無数にあり、これらと同時に起こっている出来事も、無数にある。このことを踏まえて、各々において語用の次元を統制している「メタ語用」をどのように理解することができるだろうか。

まず挙げられるのが、①〜③のコミュニケーション出来事の参加者が持って（共有して）いる、「今・ここで何が起きているか」「自分も含む参与者は、このコミュニケーション出来事にどのように関わっている（関わるべき）か」に関するモデル・理解である。①では来賓、選手、司会者、観客、係員などの役割に就いた者たちがそれぞれ異なる仕方で進行を担う「開会式」、②と③では、例えば、クラスメートや同僚などとの「おしゃべり」となろう。さらに、それぞれの発話には、それに先行する発話や行為によって生み出されてきた「流れ」や「歴史」とでも呼べるものがある。これらを共有し、また、それらに同調する（あるいは、共有せず、同調しない）ことが、①〜③の発話が実際にもたらす効果の実現・成就を大きく規定していることは明白である。

次に、日本語に関する知識である。日本語を全く解しない者にとって、①〜③の発話は、単なる音の連続に過ぎない。（もしその者が（日本語以外の）何らかの言語を使用できる者であれば、「何かの言語が使われているようだ」という推測には至るかもしれない。また、例えば①について、「開会式」（および、それに相当するような儀礼）を持つ社会・文化の出身者であれば、日本語を解（介）さなくとも、「開会式（に似たような出来事）」が起きている、という理解が共有されることは十分に考え得る。）①〜③で「言われている内容」を理解できるということは、その者が日本語の文法や語彙に関する知識を持っていることの証左である。この場合、上記の「今・ここで何が起きているか」に関する理解と併せて、「日本語」の体系的な知識が、音（声）の連続に過ぎない物理的な現象から「言及指示に関わるテクスト（言及指示的テクスト）」を生み出す形で、メタ語用的機能を果たしている。

「オリゴ」（上述）との関連で①〜③を見てみると、特定の言語使用を通じたさらなるメタ語用的統制の諸側面を見て取ることができる。まず、前章でも言及した通り、①には、「言われていること」がその場で「為されていること」を指している、という際立った特徴がある[7]。この「宣言」の成就によって実際に「大会の開会」がもたらされる（創出される）限り、この発話には「言われている内容」を「オリゴ」に強く引き寄せる効果がある。もちろん、この効果が十全に発揮されるためには、「誰が、どのような権限に基づいて、いつ言うか」など、諸々のコンテクスト的な条件（felicity conditions）が整っていなければならない（Austin, 1962; Searle, 1969）。また、①の言い方が、様々な「開会式」などにおいて繰り返し、典型的に見られる「定型表現」であることも重要である。このような、特定の場において反復的に使われる言語（使用の型）

が、「開会式」という儀礼的な場の立ち上げに一層、メタ語用的に貢献している。

②では、「あなたが嫌いです」が「直接引用」されているが、この「再現」を通じて、②の発話が前提としているコンテクスト（前日の特定の発言、および、それが為された場やそこに居合わせた人）が明確に関連づけられている。さらに、「昨日」や「言った」という言語使用を通じて、引用部分を含む「言われている内容」が、②の発話が為されている「オリゴ」との関係で（時間的に）どこに置かれるかが示されている（もちろん、引用部分では、引用されている発話が為された時点での「今・ここ」（オリゴ）も再現されている）。さらに、これも前章で言及した通り、②の発話では、二重の意味で、発話を通じて「為されていること」が指し示されている。まず、引用されている発話（＝オリゴの遠方に置かれている発話）については、それが「冗談」という特定の性格を帯びたものであることが明示的に言及され、解釈の枠組みが提供されている。また、「昨日為された発話について、今・ここで為されている発話」（＝オリゴの近くに置かれている発話）については、引用部分の「です」とは対照的に、「よ」という特定の助詞が使用されることで、それが前提としている送り手と受け手との間の社会的関係や、その場のインフォーマルな性格が非明示的に指し示されている。もちろん、この発話が実際に「誤解の解消」などの帰結を実際にもたらす（新たなコンテクストを創出する）かどうかは、②の発話が為されたその時点では分からない。

そして③は、例えば、文化祭の準備をクラスメートが一緒に行っている状況を想定すると、メタ語用的な効果を理解しやすい。その場に居合わせる者にとって認識可能な特定の人物の「真似」は、行為レヴェルでの「引用」であるともいえる。③の「送り手」は、「担任の先生」という「声の主」（特定のコンテクスト）を「真似」を通じて喚起することで、特定のアイデンティティや権威を纏う（謂わば、オリゴ付近に降臨させる）ことができる。また、そのことを通じて、③の発話が向けられている相手に対して何らかの「評価」を行うことを許容するコンテクストをその場で立ち上げることもできるだろう。ここで重要なことは、これがあくまで「真似」である、ということである。「真似」である限り、例えば、特定の特徴を過度に際立たせることで、その特徴を面白がることもできる。つまり、ここでの「真似」は、担任の先生に対する生徒の認識・立場も指し示しており、これがどのように共有される／されないか（笑いを誘うか、シラケてしまうか、など）は、教師や各生徒のクラス内での関係や位置づけ（「真似」が為されるコンテクスト）にも大きく影響される。

このように、①～③は、特定のコミュニケーション出来事の「流れ」や「連鎖」（に関する理解）というメタ語用的なモデルが共有されているところで為される限り、その「流れ」「連鎖」を前提的に指標しながらコンテクスト化し、そのことを通じて、特定の解釈が施された「テクスト」となる。そして、このテクスト化を通じて、大会の開会、誤解の解消・仲直り、クラスメートとしての一体感や互いの「キャラ」の（再）確認など、新たなコンテクストが創出的に指標される。また、①～③の中には、関連するコンテクスト、「今・ここで為されていること」（の解釈）を枠づけるコンテクストを特定することに貢献する要素が散りばめられていたことに注意したい。これらの要素が共起し、「メタ語用」的機能を果たすことで、コミュニケーション出来事におけるコンテクスト化の過程に特定の指向性が与えられる。本書で行う「メタ・コミュニケーション（の連鎖）」に着目した「教室で英語を学ぶ」ことの多層性の分析とは、厳密に言い直せばつまり、コミュニケーション出来事においてメタ語用的機能を果たす要素の階梯に焦点を当てた、「教室で英語を学ぶ」ことに関わる「コンテクスト化」と「テクスト化」のプロセスの多層性に関する分析である。

1.3　メタ語用的機能を果たす諸記号

言語使用を含むあらゆるコミュニケーション出来事は「オリゴ」を基点とし、それを取り巻き包含する「コンテクスト」の中で起こる。コミュニケーション出来事とコンテクストとの間の基本的な関係は、「前提的指標」と「創出的指標」の二つである。そして、コミュニケーション出来事を取り巻き包含するコンテクストとして、例えば、ヤコブソンが特定した六つの語用論的範疇、ハイムズが提示したSPEAKINGグリッドに含まれる要素などがあるが、厳密には、コンテクストは無数にあり、出来事も至るところで、それ自体構造化されることなく、次から次へと偶発的に起きている。しかし、コミュニケーション出来事は、(1) 特定のコンテクストが関連づけられる「コンテクスト化」のプロセスと、(2)「コンテクスト化」を通じてコミュニケーション出来事に「つながり」や「まとまり」が付与された結果、コミュニケーション出来事自体が社会・文化的に認識可能な「ユニット」として浮かび上がる「テクスト化」のプロセスを経ることによって、「混沌」ではなく、何らかの秩序を伴った出来事として理解され、経験される。さらに、「コンテクスト化」の過程においては、縦横無尽に飛び交っている指標の矢が特定のコンテクストを指し示すよう、語用の次元を統制する（指標の矢の「的」を定める）「メタ語用」の次元が決定的に重要な役割を果たしている。以上が、ここまでに述べてきた言語人類学の一般コミュニケーション論の「世界観」である。

さて、本章で提示したコミュニケーション論においては、コンテクスト依存性、「オリゴ」との近接性を示す「指標性」の記号論的原理が一貫して重要であるが、「指標」の次元を統制する次元が「メタ語用」の次元であるとするならば、言語人類学の一般コミュニケーション論においては、「メタ語用」的機能を果たす記号が極めて重要となることは言うまでもない。本節では、そのような機能を果たす諸記号をいくつか取り上げて、それらに関する説明を付す。

1.3.1 「詩的機能（構造）」

まず、ヤコブソンの「6機能モデル」における機能の一つである「詩的機能」、および、詩的機能によって作り出される「詩的構造」を挙げる。

「詩的機能」の根本原理は、「反復」である。ヤコブソン（Jakobson, 1960, p. 358）の定義によれば、詩的機能は、等価の原理を（類像性に基づく）選択の軸から（指標性に基づく）結合の軸に投射する[8]（also cf. 小山, 2008, pp.

214-219；Silverstein, 2007；Caton, 1990)。また、「類像性」と「指標性」の記号論的原理に基づく「反復」を基盤とする詩的機能は、前節で示したとおり、メッセージがメッセージそれ自体に焦点を当てる・注意を向けさせる機能である。例えば、「詩」などの「韻文」(下記、1.)や「キャッチフレーズ」では、「散文」(下記、2.)よりもかなり顕著に「詩的機能」が看取されるが、そのことを通じて、「詩」や「キャッチフレーズ」それ自体がより強固なテクスト性を獲得し、周りのコンテクストからより浮き立つ、触知可能性(palpability)の高いユニット(フィギュア)となっている。

1. [かっぱかっぱらった](谷川俊太郎「かっぱ」より)
2. 河童が人目を盗んで物を掠め取った。

詩的機能は、物の次元にも現れることができる。例えば、人為的に作られた並木道や横断歩道を想像すると分かりやすい。前者では似た形・サイズの木が、後者では同じ形・サイズの線が、ほぼ等間隔で配置される(本書の各ページも同様である)。ここでも、類似したものが繰り返し、反復して現れることにより、その部分が周囲のコンテクストから浮き立つ「ユニット」となっている。

さらに、詩的機能は、「相互行為」においても重要な役割を担っている。詩的機能が顕著に見られる「韻文」に対応する「相互行為」は「儀礼」であるが、例えば、近所の人と毎日交わす「挨拶」、学校で毎週繰り返される「時間割」、会話の中に現れる情報の「対称性(A：僕、金沢出身。B：へえ。私は愛知。)」など、行為・出来事の次元に(緩く)現れる詩的機能は、人間関係や集団、場所、会話の「まとまり」や「結束性」を生み出し、社会的なユニットを創出することに貢献する(Goffman, 1967; Halliday & Hasan, 1976; Silverstein, 1985a, 1997)。

つまり、詩的機能は、繰り返し(反復)や対称性を通じて、当該の対象を「並置関係」に置き[9]、それらを社会的に認識可能な「セット」「ユニット」としてまとめる・束ねる機能であるといえる。その意味で、詩的機能は、強いメタ語用的統制力を持つ。

1.3.2 「対照ペア」

「対照ペア」は、例えば、「お父さん」と「お母さん」、「先生」と「生徒」、「関東」と「関西」など、社会・文化的「テクスト」を生成する主要な要素の一つである。

対照ペアは、言語構造を特徴づける「包含的対立(privative opposition)」ではなく、言及指示行為や社会指標的行為(コミュニケーション出来事の次元)において強く看取される「排他的対立(equipollent opposition)」を特徴としている(cf. Silverstein, 1985b)。

「対照ペア」の生成にも、「指標性」と「類像性」という二つの記号論的原理が大きく関与している。まず、二つの要素間の「対照性」は普通、これらが「並置」された時に最も明確に現れるが、このことは、これら特定の二つの要素が「テクスト」として浮き立つような「コンテクスト」を前提とする。例えば、特定の2人の人物が「お父さん」と「お母さん」として浮き立つのは、子どもを連れている時や、親戚と過ごしている時、保護者として2人で子どもを病院に連れていった時など、「親子関係」が何らかの形で前提とされる(されやすい)時である。同じ2人が、例えば、コンサートの聴衆として隣り合って座っている状況において、コンサートのスタッフによって、この2人が「お父さん」と「お母さん」という「対照ペア」として真っ先にカテゴリー化されるとは考えにくい。このように、「対照ペア」の成立には、何らかの「コンテクスト」が大きく関与している、という意味において、「対照ペア」は「コンテクスト依存性」(すなわち、指標性)に依拠したものである。

また、「対照ペア」は、根本において「似ている」ものである。「お父さん」と「お母さん」は両方とも「親」であり、「先生」と「生徒」は両方とも「学校」という場における役割であり、「関東」と「関西」は両方とも日本の地方である。「お母さん」と「横断歩道」、「先生」と「電柱」、「関東」と「机」などは普通のコンテクストでは対照ペアを成しにくいことからも分かる通り、対照ペア間の違いは、両者が基本的に類似しているコンテクストにおいて浮き立つ違いである（小山，2008，pp. 274-276）。

以上のことは、特定の「対照ペア」が成立した時、それは相互行為における「テクスト化」に大きく関わること、また、それらを「対照的なもの」として分類することを可能にする「コンテクスト」が前提とされたり、創出されたりすることを意味する。この点において、「対照ペア」も「詩的構造」同様、強いメタ語用的統制力を有する。

1.3.3 「コンテクスト化の合図」

「コンテクスト化の合図」とは、コミュニケーションの「コンテクスト的前提」を指し示すことに貢献する言語的・非言語的形式の特徴で、「今・ここで何が起きているか」、「言われていること（言及指示内容）をどのように解釈して、進行中の相互行為に関連づければよいか」に関する手がかりとなるものである（Gumperz, 1982, p. 131）。特定の文法・語彙・言い回しの選択、言語の選択（コード・スイッチング）、声の調子、表情などが「コンテクスト化の合図」として機能し得るが、例えば、ガンパーズ自身は以下の例を挙げている（ibid., p. 133）。

Husband（夫）：So y're gonna check out ma ol lady, hah?（筆者意訳：ウチの奥さん調べるんだってなぁ？）

Interviewer（インタヴュー調査者）：Ah, no. I only came to get some information. They called from the office.（筆者意訳：あ、いえ。少し情報を頂きに来ただけです。事務からご連絡しました。）

これは、ある都市に住む低所得層のアフリカ系アメリカ人女性の家をある大学院生（この大学院生自身もアフリカ系アメリカ人である）がインタヴュー調査のために訪問した際のやりとりである。ベルを鳴らすと、夫が笑顔ととももに、特徴的な言語スタイルで出迎えたが、大学院生は、夫のスタイルよりも明らかに形式ばったスタイルで訪問の目的を告げた。これを聞いた夫からは笑顔が消え、彼は妻を呼ぶと立ち去って行った（これに続くインタヴューは、堅苦しい雰囲気で、満足のいくものではなかったようである)。ここでは、夫によるカジュアルな出迎えに対する院生の反応の仕方が、その場が「大学から来た者による（形式ばった）調査」であることを指し示す「コンテクスト化の合図」として機能し、訪問の最初の時点で、「波長」のズレが生じてしまったと考えられる。

また、例えば学校で、定期試験の答案を返却する前に、教師が「皆さん、今回の試験は本当によかったですよ～」とゆっくりと、低い声で、ニヤニヤ笑みを浮かべながら言った場合、生徒は「本当だろうか」と感じてしまうかもしれない。この場合、教師の「ニヤニヤした笑み」や「声の調子」、「発話のスピード」が「コンテクスト化の合図」となり、「本当によかった」という言及指示内容を字義通りに解釈しないことを強く促すような枠組みが立ち上がっている。

このような「コンテクスト化の合図」はまさに、「コミュニケーションについてのコミュニケーション」であり、「メタ語用」の次元で為されるコミュニケーションに貢献する記号である。

1.3.4 「ダイクシス」「発話動詞」「レジスター」

「ダイクシス」「発話動詞」「レジスター」は、「メタ語用」的機能を果たす言語的範疇である。まず、「ダイクシス（直示詞)」の典型的な例は、代名詞、here/now、there/then、あるいは、時制であるが、いずれも「コンテクストが分からなければ、何が指されているのかが分からない」という特徴がある（第1節で記述したヤコブソンの文法範疇も想起)。「ダイクシス」は、言われている内容と「オリゴ」との関係を示す言語範疇であるため、例えば、「前はかくかくであったが、今はしかじかである」「昨日、面白い人に会ったよ。彼は、…」のように、実際のコミュニケーションにおいては、(「オリゴ」との関係で）情報を構造化したり、整理したりするメタ語用的機能を果たす（Hanks, 1990, 1992; Silverstein, 1976, 2007）。

「発話動詞」（および、その名詞）は、簡潔に述べれば、言語を使って行うことを指す動詞である。例えば、「宣言する」「謝る」「嘘をつく」「約束する」「告白」「警告」「冗談」などがこれにあたる。発話動詞（および、その名詞）は、過去に為された／今・ここで為されている／これから為されるコミュニケーションに関する語り、つまり、「コミュニケーションについて、言葉で為されるコミュニケーション」に典型的に見られるものである。また、特定の具体的な発話を「発話動詞」で言い換えるとはすなわち、「言語を使って為されていること」に関するメタ・レヴェルの記述を行うことである。そのため、実際のコミュニケーションにおいて特定の発話を指す際、「発話動詞」（および、そのような名詞）が使用されると、指示の対象となっている「コミュニケーション」に対する送り手の解釈やスタンス（下記）が現れることが多い（例えば、「冗談でしょう！」「嘘をつくな！」「洒落にならん！」など）（cf. Lucy, 1993b）。

「レジスター」は、特定の社会的範疇・要素を内在化しているとステレオタイプ（イデオロギー）的に理解されている言語範疇である。例えば、男ことば、女ことば、ざますことば、標準語などの社会方言、三河弁などの地域方言、特定の社会集団に特徴的な（専門）用語などがこれにあたる。レジスターを認識し、それを一貫性をもって使いこなせるようになることは、自らが特定の社会集団の成員であることを示すことにつながる。また、レジスターを状況に応じて使い分けることで、その場に適切な振舞いを行うことができるのみならず、そのような振舞いができる者としての自分自身を指標することもできる[10]。さらに、その性格上、特定のレジスターを使用することで、それに（ステレオタイプ的に）結びつけられている社会的範疇やコンテクストを喚起することもできる。例えば、廊下を2人で歩いている高校生が、自分たちの歩いている様子について「実況アナウンサー」のように話すことで、自らに特定の役割（アナウンサー）を配分し、その場で起きていることがあたかも「レース」であるかのような演出をすることもできる（Agha, 2004, 2005, 2007）。

以上、説明から明らかな通り、「ダイクシス」「発話動詞」「レジスター」はすべて、コミュニケーションそれ自体、および、それを取り巻き包含する特定の「コンテクスト」のあり様を指し示す、「メタ語用」的機能を果たす言語的範疇である。

1.3.5 「フレーム」「ジャンル」「社会文化的知識」

前項で示した「ダイクシス」「発話動詞」「レジスター」といった言語的範疇とともに、メタ語用的機能を果たすのが、「フレーム」「ジャンル」「社会文化的知識」である。

「フレーム」は、「今・ここで何が起きているか」に関する（解釈）枠組みのことである（Bateson, 2000［1972］; Goffman, 1986［1974］）。例えば、A：「バカ」B：「バーカ」と言って笑い合っている2人の友人がいるとする。この場合、このような互いを罵るようなやりとりが問題とならないのは、このやりとりに対して「冗談」「じゃれ合い」という「フレーム」がメタ・レヴェルで作用しているからである。したがって、「フレーム」に関する理解の齟齬や不調和は、「コミュニケーション」そのものの進行や成立に大きな影響を及ぼす。また、「フレーム」は、相互行為に対して多重的にかけられ得る。例えば、「スパイ」や「どっきり」は、特定の「フレーム」を被った「コミュニケーション」それ自体を、さらにメタ・レヴェルで枠づける「フレーム」のもとで為されるコミュニケーション（諜報活動、エンターテイメント）である[11]。

「ジャンル」は、社会・文化において比較的安定した、発話や行為の「型」である（Bakhtin, 1981b, 1986; Bauman, 2004; Silverstein, 2005）。例えば、「詩」「小説」「新聞記事」、「演説」「ディベート」「挨拶」「講評」、「授業」「デート」「裁判」など、例は枚挙に暇がない。これらがしばしば、「今、何をしている／何が起きているの？」「何を読んでいる／書いているの？」「どこに行くの？」という質問に対する回答として使用されることから分かる通り、「ジャンル」は我々が（社会・文化的）現実を認識・概念化・経験する際の基盤的ユニットとなっている。また、「むかし、むかし、あるところに」のように、「ジャンル」

には特定のスタイルやトピックが伴っていることが多いが、「ジャンル」の本懐は、そのような特定の「表現」にではなく、むしろ社会的実践の方にある（Hanks, 1987）。例えば、卒業式間近のホームルームで、教師がクラスの思い出を「むか〜し、むかし、あるところに」などと「昔話」のように話し始めたとする。ここで「昔話」という「ジャンル」が喚起された時、生徒の眼には教師が「語り部」のように映り、生徒はまるで絵本を読むかのように、自分たちのクラスや学校生活の思い出を「鑑賞」するだろう。このように、「ジャンル」は「型」であると同時に、そこでの参加者の役割や行動の規範を行為・実践レヴェルで喚起する限り、極めて「メタ語用」的な要素である。

「社会文化的知識」は、この世界にある物、人、場所、などに関する整合的な知識の総称で、Silverstein（2007, pp. 38–41）は、これを「オノミー知識（-onomic knowledge）[12]」と呼んだ。「オノミー知識」の中には、「トラは縞々である」など、必ずしも「（科学的に）正確」（あるいは、分析的に「真」）とは言えない「（文化的）ステレオタイプ」も含まれる（Putnam, 1975, pp. 247–252）。「社会文化的知識」は、特定の集団に固有の知識であり、それ故、コミュニケーション出来事においては、慣習的な（知識の）規範として、メタ語用的機能を果たす。また、同じ「言語」を話している（と認識している）者の間でも、同じ「語」が異なった意味で使われ得ることが示す通り、社会において、「オノミー知識」は平等・均等に配分されておらず、「言語的分業（the division of linguistic labor）」の様相を呈している（ibid., p. 228）。このことから、特定の「オノミー知識」に正しく言及できる、それに即した行動ができるということそれ自体が、特定の社会・文化への帰属やアイデンティティ、権力関係を指し示すことにつながる[13]。

1.3.6 「間ディスコース性」

「間ディスコース性」とは、特定の出来事の参与者の視点から投射される、出来事と出来事の間の指標（指し示し）関係、および「つながり（connectedness）」のことである（Bauman, 2005; Silverstein, 2005, pp. 6–7; also cf.

Wortham & Reyes, 2015)。

「間ディスコース性」は、コミュニケーション出来事にまつわる「詩的構造」としても理解することができる。例えば、ある水曜日のある教室で、一日の中に国語、英語、音楽、数学、理科、社会の授業があったとする。それぞれ教科が異なり、内容も異なるが、「授業」という意味では、それぞれは「類似」しており、つながっている。つまり、ここでは「授業」の反復が起きており、そのことを通じて、「学校における一日」という「テクスト」(の一部)が生み出されている。

また、「間ディスコース性」には、「タイプ」指向と、「トークン」指向の2種類がある。例えば、上記、「国語、英語、音楽、数学、理科、社会」が毎週水曜の「時間割」であった場合、「時間割」(型)と特定の水曜日に起こる(一連の)授業(出来事)との間には、「タイプ」指向の「間ディスコース性」が成立している。さらに、毎週水曜日には、「国語、英語、音楽、数学、理科、社会」という授業のシークエンスが繰り返されることになるが、このことによって、毎週水曜に行われる授業は、「時間割」という「型」との間の(「タイプ」指向の)「間ディスコース性」のみならず、前の/後の水曜日に起きた/起きる(一連の)授業という「出来事」との間の「間ディスコース性」の中に置かれることになる。ここでいう後者の「間ディスコース性」が、「トークン」指向の「間ディスコース性」である。

このように、「間ディスコース性」は、「型(タイプ)」と「出来事(トークン)」のような、次元を跨いだ出来事間のつながり、また、毎週水曜日に起こる出来事間のつながりのような、時間的・空間的に隔たった出来事間のつながりを生み出す「メタ語用」的機能を果たす記号である。

1.3.7 「スタンス」「フッティング」

「スタンス」と「フッティング」はともに、コミュニケーション出来事における「同調(アラインメント(alignment))」に関わるものであるが(Agha, 2007)、本書では、両者を以下のように分けて考える。

まず、Jaffe（2009, p. 3）と Kiesling（2009, p. 172）に依拠すると、「スタンス」は、「自らの発話（utterance, talk）（の形式・内容）や（話し）相手（interlocutors）に対する自らの関係の表出」として理解することができる。他方、Goffman（1981, p. 128）が「フッティングにおける変化は、出来事にとってのフレームにおける変化について語る別の方法である（A change in our footing is another way of talking about a change in our frame for events）」と述べたように、「フッティング」は「フレーム」に対するアラインメントに関わる[14]。

これらを踏まえて、本書では、物や人に対する態度（好意的、敵対的、批判的など）に関わるアラインメントを「スタンス」、「フレーム」に関わるアラインメントを「フッティング」とする。例えば、あるクラスの担任Aとその中の生徒の1人（仮に、山田太郎とする）が親子だったとする。ある日の授業中、Aが「山田さん、やめて下さい」「はい、やめてね」「やめて下さい、山田さん」「山田さん、やめなさい」と何度もこの生徒を注意したが、注意の対象となっている行動は全くおさまる気配がない。さらに「はい、山田さん、やめて」と注意してもやめないこの生徒に対し、Aは思わず「もう、太郎！やめなさいって言ってるでしょ！本当にあんたって子は！」と叫んでしまった。その後、ようやく行動を改めたこの生徒に対し、Aが「はい、山田さん、答えは何ですか」と特定の問題に対する答えを求め、太郎が「マイナス2です」と答えたとする。

この時、Aが拠って立つコミュニケーションの「足場」は、「教師」から、一瞬、「親」に変化し、また「教師」に戻っている、と読むことができる。本書では、このような「コミュニケーションの足場」に関する変化を「フッティング」の変化として理解する。続いて、その日の夕飯での会話中、上記の注意を受けた太郎が、「学校には親子を持ち込まないって約束したのにさぁ、見損なったよ」とAに告げたとする。このような、太郎のAに対する態度の変化を、本書では「スタンス」に関わる変化として位置づける。

このように区別したうえで、「スタンス」と「フッティング」は、コンテクストやコミュニケーション出来事に対する「コミュニケーションの参加者」の位置どり・距離の置き方に特に関わる「メタ語用」として機能する記号である。

1.3.8 「相互行為のテクスト」

最後に、「相互行為のテクスト」を挙げる。

コミュニケーション出来事は、「オリゴ」の刻一刻の動きに伴って変容する「コンテクスト化」と「テクスト化」のプロセスを通じて、コミュニケーション参加者同士、および、参加者とコンテクストとを関係づけ（結びつけ）ながら進展する。その際に生み出される、コミュニケーション参加者たちの間に現れる関係づけ（結びつき）の含意や帰結、相互行為の構造、つまり、「為されていること」に関するテクスト（解釈）が、「相互行為のテクスト」である。

「相互行為のテクスト」は、コミュニケーション出来事において刻一刻と変容する社会的集団性の形成、および、相互行為における互いの集団的関係性において参加者たちがどのように互いの調整を達成しているかに関する、「オリゴ」に投錨された「モデル」である。よって、それは、原理的には構造化されていないコミュニケーション出来事に形が与えられていく中で積み重なっていくものであるとともに、（「オリゴ」に強く投錨されているが故に）後続する行為・出来事によって打ち消されたりするものでもある（Silverstein, 1992, 1993, 2007）。

以上、前節と本節において、言語人類学のコミュニケーション・モデルで重要となる概念、および、このモデルに含まれる諸々の記号論的プロセスに貢献する、「メタ語用」的機能を果たす諸記号について、記述を行ってきた。次節では、図とともに、これらを体系的に示す。

1.4 見取図：言語人類学の一般コミュニケーション論

では、本章のまとめとして、「記号論的出来事としての「コミュニケーション」と言語使用のコンテクスト指標性」を図示し、説明を付すことを試みる[15]。

言語使用を含むあらゆるコミュニケーションは、それを取り巻き包含する「コンテクスト」の中で生起する出来事である。コミュニケーション出来事は、「オリゴ」を基点とし、先立つコンテクストを前提的に指標しながら、新たなコンテクストを創出的に指標する形で存在している。

コンテクストの地平は、オリゴを基点として、時間的・空間的に限りなく広がっている（このことは、同心円で示されている）。オリゴに近い（指標性が高い）コンテクストから遠い（指標性が低い）コンテクストまで、コンテクストは無数に存在しており、「今・ここ」で起こる出来事も、それ自体、体系的に構造化されておらず、偶発的に、あちこちで起きている。言い換えると、そこでは「指標の矢」があらゆる方向に飛び交っており、解釈可能性も無限である。

しかし、我々のコミュニケーションには、社会・文化的に認識・経験可能な一定の「まとまり」や「つながり」が確かに看取される。この「まとまり」や「つながり」を可能にしているのが、「語用」と「メタ語用」という、コミュニケーション出来事の二つの次元である。

コミュニケーション出来事には、指標の矢を特定のコンテクストに向かわせることに貢献する記号、すなわち、「メタ語用」的機能を果たす記号（網掛け）が複数、含まれている。これらの記号に媒介され、指標の矢の「的」が定められることにより、「特定のコンテクストがコミュニケーション出来事に関連があるコンテクストとして指し示される」という「コンテクスト化」が起こる。コンテクスト化が起こると、関連づけられたコンテクストが、コミュニケーション出来事自体を指し示す（指標の矢が返ってくる）。この過程を通じて、コミュニケーション出来事には、特定のコンテクストとの「つながり」や、特定のパターン・モデル（型）の「具体的な現れ」としての形が与えられ、「言われたこと」と「為されたこと」に関する社会・文化的に認識可能な「ユニット」が浮かび上がる。このようなプロセスが「テクスト化」であり、当該の「ユニット」が「テクスト」である（「言語使用」を伴うコミュニケーションの場合、「言われていること」に関わる「言及指示的テクスト」と、「言及指示的テクスト」を含む「相互行為のテクスト」が生まれる）。

このプロセスに終わりはない。コミュニケーション出来事は、連鎖をなして次々と起こる。特定の時点で関連づけられたコンテクスト、および、立ち現れ

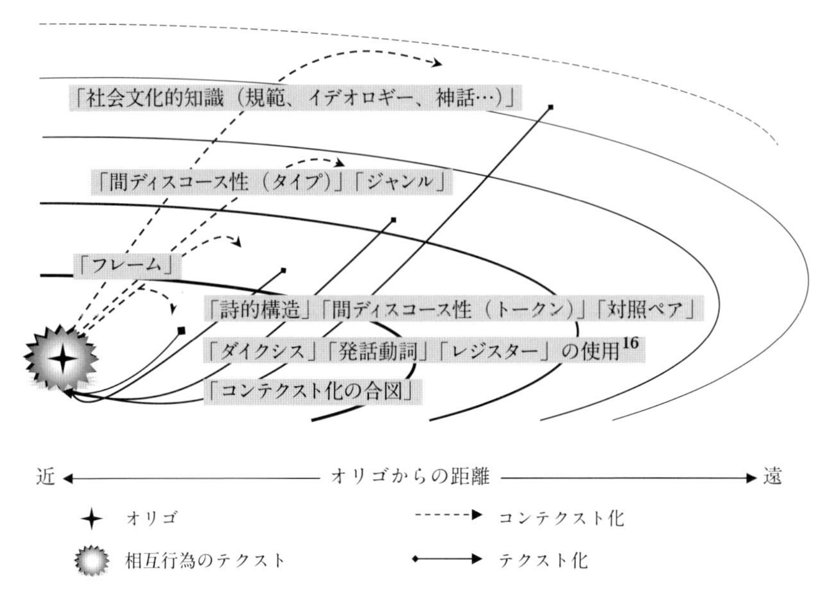

※ 様々な「コンテクスト化」を通じて、「テクスト化」の矢印が「オリゴ」に返ってきたところに浮かび上がるのが、「相互行為のテクスト」である。

図 1.3　言語人類学から見たコミュニケーション出来事の見取図[17]

たテクストは、次に起こるコミュニケーション出来事[18]によって前提的に指標されることでさらに変容を被ったり、前提可能性の高いコンテクストとして強化されたりする[19]。換言すれば、「コンテクスト化」と「テクスト化」は、「最終決定性の欠如」という特徴を有している（Silverstein, 1992）。

このような、常に動いている「オリゴ」を中心とした、「コンテクスト化」と「テクスト化」のプロセスが織り成す終わりのない相互作用が、「記号論的出来事」としての人間の社会・文化的コミュニケーションである。

注

1 本書が依拠する言語人類学の系譜は、(1) ボアズからサピア、ウォーフへ引き継がれていく北米言語人類学、(2) ハーヴァード大学でパースの記号論を発見し、言語研究、詩学を記号論に接合することに成功したヤコブソン言語学、(3) チョムスキーの形式主義言語学を批判し、社会・文化的コンテクストの中で使用される言語を研究の中心に据えた、ハイムズやガンパーズらによる初期の社会言語学、そして、(4) ヤコブソンに師事したシルヴァスティンと彼の弟子たちによって展開される、「記号論」を軸とした言語・社会・文化研究、という形で辿ることができる(小山, 2008, 2009)。本章では、あくまで本書に直接関連する「コミュニケーション論(モデル)」という視点からの記述を行うが、言語人類学の射程やその「言語」に対する視座については、Hymes (1964b)、Bauman & Sherzer (1989)、Duranti & Goodwin (1992)、Lucy (1993b)、Blount (1995)、Brenneis & Macaulay (1996)、Silverstein & Urban (1996b)、Schieffelin, Woolard & Kroskrity (1998)、Kroskrirty (2000)、Duranti (2001)、武黒 (2018) などの論文集、および、Hanks (1996)、Duranti (1997)、Bauman & Briggs (2003)、Agha (2007)、Ahearn (2017)、坪井 (2013)、浅井 (2017)、井出・砂川・山口 (2019) を参照されたい。また、言語・文化研究における「記号論」(より厳密には、ソシュール系「記号学 (semiology)」とパース系「記号論 (semiotics)」) の受容(の前史)と展開については、Mertz (1985, 2007a)、Parmentier (1997)、Singer (1984) を、より言語哲学・言語学の視点に寄り添った「記号論」の記述については、Lee (1997) を参照。

2 Caton (1993) は、この論文を近代(言語的)語用論 (modern linguistic pragmatics) の濫觴に位置づけても良いとしている。

3 s は speech、n は narrated、E は event、P は participant を示す。

4 記号の三分類中、「類像記号」は、類似性の原理、「象徴記号」は、慣習や社会的取り決めに基づいて対象を指す記号である。

5 このような、「メタ語用的透明性 (metapragmatic transparency)」が高い(オリゴに敏感な)範疇は、前節で示したヤコブソンの文法範疇では、「/E^{s}」「/P^{s}」という形(発話出来事とのつながりを示す形)で示されており、「転換子 (shifter)」と呼ばれる。

6 もちろん、この解釈は「ステレオタイプ」に基づく解釈であり、これらの発話が実際に為されるコンテクストによって、もたらされる解釈や効果は異なる。

7 こうした「遂行的発話」については、「語用論 (pragmatics)」の分野において膨大な研究の蓄積がある (cf. Austin, 1962; Searle, 1969, 1976; Levinson, 1983; Leech, 1983; Verschueren, 1999; Mey, 2001)。

8 The poetic function projects the principle of equivalence from the axis of selection into the axis of combination (Jakobson, 1960, p. 358).

9 「並置関係」にあるテクストは、「コテクスト (co-text)」と呼ばれる。

10 このような指標に関して、「適切な振る舞い」に関する方は一次レヴェル (first order)、

「そのような振る舞いができる自分自身」に関する方は、二次レヴェル（second order）の指標（性）である。

11 「フレーム」の分析にまつわる難点、および、その可能性については、中河（2015）を参照。

12 Taxonomy（分類）、partonomy（包摂）などの“-onomy”をとって、このように呼ばれる。

13 1980年代に日本で放送されたドラマに、以下のようなシーンがある。ラグビー部の練習中、ある下級生が不良の先輩から危険なタックルを受け、「脳震とう」を起こしてしまった。この様子を校舎の窓越しに見ていた元ラグビー日本代表選手の新任体育教師はすぐさま駆け寄り、タックルを受けた部員の状態を確認しながら、「誰か、水汲んで来い！水だ！　早くしろ！」と指示する。それを聞いた2名の部員が、「水です」と言って「コップに入れた水」を持って来るが、その教師に「バカ野郎！」と怒鳴られてしまう。そこへ、ラグビーが好きなある女子生徒が、「先生！」と言いながら1人の部員とともに「バケツに入れた水」を持って現れると、その教師は「ありがとう」と言って彼女から「水」を受け取り、倒れている下級生の顔にかけ始める。顧問もおらず不良の先輩に牛耳られていたラグビー部の部員と、ラグビー好きでその世界のことを（少なくとも「コップに入れた水」を持って来た部員よりは）知っている女子生徒とで、「水」の意味の伝わり方、その場で必要な「水」に関する知識が大きく異なり、その違いによって、前者は「怒鳴られる」という制裁を受けさえする。

14 本書では、しばしば参照される「発声体（animator）」「作者（author）」「責任主体（principal）」の区別（Goffman, 1981）を、言及指示行為に対する送り手（speaker）のスタンスの区別として扱う。このようなスタンスを通じて、「フレーム」へのアラインメント、すなわち、「フッティング」が指し示される、と理解する。

15 図は、小山（2008）、榎本・永井（2009）をベースに作成した。

16 前述の通り、「レジスター」は強いイデオロギー化（ステレオタイプ化）を経ており、この点において「ダイクシス」とは性格が大きく異なる。このことを考慮し、より精確を期すならば、「レジスターの使用」は、トークン・レヴェルの（内円に位置する）事象で再帰的であるが、「レジスター」そのものは、「オリゴ」から離れた外円に位置する、と考えられる。

17 この図は出来事中心の図であるため、参与者が出来事に（社会的に）身を投じることで生まれる「スタンス」と「フッティング」は、あらかじめ埋め込んでいない。

18 オリゴが異なることに注意されたい。

19 このことは、図を連続的に並べ、それぞれの図がそれぞれの「オリゴ」から互いを指し示し合う（コンテクスト化とテクスト化を示す）矢印を描くことで表すことができる。

第2章
「教育言語人類学」という視座

2.1 はじめに

前章では、本書が依拠する言語人類学の一般コミュニケーション論を提示し、その鍵概念、および、「メタ語用」的機能を果たす諸記号を体系的に示した。「コンテクスト」における「言語使用」、「言われていること」を含む「為されていること（アイデンティティや権力関係の指標）」、常に動いている「オリゴ」を中心とした「コンテクスト化」と「テクスト化」といった、「コミュニケーション出来事」に対する基本的な記号論的視座は、あらゆる社会・文化コミュニケーションの分析において、有効な切り口を与えるものであると思われる。

当然、このようにして得られる視点は、「教育」という社会の特定の領域を研究するうえでも、大きな貢献を果たし得る。また、「教育」が社会における重要な制度的一部分である限り、言語人類学もまた、教育の研究から得るところは大きいと言えるだろう（Levinson, 1999; Wortham, 2003b）。このような観点から、2000 年以降、「教育言語人類学（linguistic anthropology of education）」という学術的な流れが立ち上がり、1960 年代・1970 年代からの研究に一本の串を通しつつ、その成果をさらに（記号論的に）発展させていくための一つの方向性が示されている。

本章では、前章で示した言語人類学のコミュニケーション論を踏まえて、この「教育言語人類学」というコンテクストを Wortham（2003b, 2008a, 2008b, 2008c, 2012）、Rymes（2008）に主に依拠しながら概略的に示し、本書のアプローチと位置を学術的にさらに特徴づける。その上で、本書の着眼点、および、フィールドワーク先である埼玉県の某単位制公立高校、分析対象となった「英会話」の授業と教師・生徒たち、データ、そして、分析概念について述べる。

2.2 教育言語人類学の位置づけ

教育言語人類学は、言語人類学の研究・分析方法を援用しながら、「教育」という領域におけるコミュニケーションを研究する比較的新しい潮流である。文化人類学や言語学の知見を教育研究に援用する流れはより古くから存在するが、教育言語人類学は、そのような流れと、特に近年になって語用論や社会言語学などの分野と言語人類学が（再）接近し始めている（Pressman, 1994; Koyama, 1997）中から現れてきたものであると考えることができる。

教育言語人類学の源流は、1970年代、主にアメリカ・ペンシルヴァニア大学などを中心として、「教育人類学（educational anthropology）」と「教育言語学（educational linguistics）」が教育研究の前面に打ち出されたことに求めることができる（Hornberger, 2003; Spolsky, 1974; Spindler & Spindler, 2000）。この流れの旗手の1人として、ハイムズ（前章参照）も大きな役割を果たしている。

また、Hornberger（2003）は、「教育言語人類学」を「織り合わさる複数の流れ（intertwining strands）」とし、その「複数の流れ」として、「コミュニケーションの民族誌（第1章参照）」、「相互行為の社会言語学（interactional sociolinguistics）」、そして「マイクロエスノグラフィー」を挙げている。いずれも、多くの点で重なるところがあり、完全に分けることは困難であるが（そもそも、そのような分断は、学問の「制度」的側面に過ぎない）、敢えてそれぞれの焦点（力点）について述べると、「コミュニケーションの民族誌」は、前章でも言及した通り、特定のコミュニティにおけるコミュニケーション（的慣習）の「全体」を構成している要素を特定し、それらを整合的に描こうとする志向性が強い（Hymes, 1964a, 1986 [1972]; Bauman & Sherzer, 1989; Saville-Troike, 1989）。他方、「相互行為の社会言語学」は、文字通り、具体的な相互行為における実際のプロセスにより焦点を当てる（Gumperz, 1982, 1986［1972］; Blom & Gumperz, 1986［1972］; Gumperz & Cook-Gumperz, 2006）。また、「マイクロエスノグラフィー」も、基本的な志向性は同様であるが、社会において鍵となる「制度的な場」に焦点を当て、そこにおける少人数（一対一（face-to-face）も含む）の相互行為を詳細に分析する志向性を持つ（Erickson, 1996; Erickson & Mohatt, 1982; Erickson & Shultz, 1982）。

2003年に『教育言語人類学（*Linguistic Anthropology of Education*）』と題された論文集を編集・出版し（Betsy Rymes 共編）、その後も「（教育）言語人類学」というタイトルの論文の出版を通じてこの潮流を牽引しているウォーサム（Stanton Wortham）は、初期と最近の教育言語人類学において中心に据えられている概念を整理している。初期の教育言語人類学では、「コミュニケーション能力（communicative competence）」、「ネイティヴの視点をとること（taking the native's point of view）」、「ミクロとマクロのつながり（the connection between micro and macro）」が追究され、実際の言語使用、言語使用者自身による理解や解釈、そして、より大きな社会的コンテクスト（社会的パターン）の現れとしての個別事象が研究された。他方、記号論的な概念を取り入れた最近の教育言語人類学では、「指標性（indexicality）」、「創造性（creativity）」、「統制（regimentation）」、「詩的構造（poetic structure）」といった概念が援用され（すべて、前章参照）、教育の場におけるコミュニケーションのより動的で多層的な側面に研究の焦点が当てられるようになっている（Wortham, 2003b）。

このように、教育言語人類学は、特に1970年代以降の「教育人類学（educational anthropology）」と「教育言語学（educational linguistics）」を前提としつつ、近年の社会言語学、語用論、言語人類学、三者の（再）接近を背景としながら、言語人類学の「記号論」的知見をもって教育研究を推進・発展せんとする学術的潮流である。

2.3 教育言語人類学の射程

2.3.1 形式・使用のパターンとマクロ・コンテクスト

上述の通り、特に1970年代から1980年代にかけての教育言語人類学では、「コミュニケーション能力」「ネイティヴの視点をとること」「ミクロとマクロのつながり」が研究の主な焦点となっていた。このようなアプローチからの研究を通じて特に明らかとなるのは、学校で「標準的」とされる、あるいは、「評価される」コミュニケーションの仕方と、子どもが自身のコミュニティで慣れ親しんでいるコミュニケーションの仕方が異なるために生じてしまう、コミュニケーション能力の「ミスマッチ」である（Cazden, John, & Hymes, 1972）。

例えば、Michaels（1981）は、小学校低学年の児童が「昨日起きたこと」などを同じクラスの児童に語る“sharing time”という活動を取り上げている。この活動において、白人の教師は、(1) 明示的な語りを行う、(2) 時間的・空間的な整合性をつける、(3) クラスメートとある程度、共有することができるコンテクストを前提に話す、(4) テーマ間のつながりを明示化する、などといった語り（ナラティブ）に関する規範を有していた。教師がこのような規範に基づいて児童を評価・指導する際には、同様の規範を共有していない児童(典型的に、マイノリティの児童) が低評価を受けることになり、結果、その後の「リテラシー」教育の基盤となるような、教師と児童との間の発展的・協同的コミュニケーションの機会が奪われてしまう。

Philips（1983）では、コミュニティと学校における、Warm Springs居留地のネイティヴ・アメリカンの子どもたちのコミュニケーションが明らかにされている。当然のことながら、彼／女らは、学校に入学する前に、Warm Springsの社会・文化において適切なコミュニケーションの仕方、育てられ方を自らのコミュニティにおいて学習している（つまり、社会化されている）。Warm Springsの子どもたちは、「教室」において、「対クラス全体」「小グループ」「教師との一対一」「デスクワーク」といった、かなり異なる「参与者構造(participant structures)」を経験することになるのだが、これらの「参与者構造」

は白人中産階級（Anglo middle-class）の子どもたちに向けて作られたものである。よって、たとえ彼／女らが注意（attention）の向け方、前の話の受け方などに関する「適切な」コミュニケーション能力をWarm Springsのコミュニティで身につけていたとしても、それはそのまま教室で発揮できるものとはならず、逆に、教室におけるコミュニケーションからの疎外、ひいては、教育システムからの脱落を招いてしまうことがある。

同様に、Heath（1982）は、「典型的な中産階級のメインストリーム」として自らを特徴づける家庭では、(1) 本や本から取り出された情報に注意を向ける、(2) 大人から与えられる「本に関する質問」に対してそれを認識したことを知らせる、(3) 大人からの本への言及に反応する、(4) 本や本に関する活動を娯楽として受け容れる、といったことを、子どもがすでに家庭で（“bedtime story”を通じて）学んでおり、教室で行われる活動に類似したコミュニケーションに就学前から親しんでいることを発見した。また、学校や教室でのコミュニケーションの成否に影響を与えるようなコミュニケーションのパターンは、上記のような、言語使用の側面に限られない。例えば、時間・空間を明確にセグメント化した生活を送るコミュニティで育った子どもと、時間・空間の明確なセグメント化を必ずしも厳密に行わないコミュニティで育った子どもとでは、学校における時間の流れや空間の編成に異なった適応を見せ、それは、学校、ひいては仕事の場における成功にも大きく関わるとともに、白人中産階級、白人労働者階級、黒人労働者階級という社会の構造とも強く関連している(Heath, 1983)。

子どもたちは、それぞれの家庭やコミュニティにおいて「適切」なコミュニケーション能力を就学前に身につけている。しかし、もし学校のカリキュラムや、「教室」におけるコミュニケーションの「参与者構造」が他のコミュニティ(主に白人中産階級）におけるコミュニケーションの規範に則して組まれていた場合、話題の提示の仕方や話のつなげ方、注意の向け方、時間・空間の使い方など、様々な次元におけるミス・コミュニケーションが起こる。こうして、初期の教育言語人類学では、社会における「マジョリティ」「マイノリティ」

の再生産と、学校・教室のコミュニケーションとの結びつきが明らかとされていった。

2.3.2 アイデンティティ、権力、イデオロギー

前章で論じた通り、我々が言語を使って「やっていること」は、アイデンティティや権力関係の指標と密接に結びついている。特に、教育という制度的な場は、それらが実際に現れる場、また、執行・行使される場であるとともに、それらが衝突し、変容する場でもある。教育言語人類学においては、そのようなプロセスがいかに「教科のカリキュラム内容」に関するコミュニケーションとともに、しばしば様々な「言語イデオロギー」(小山, 2011; Kroskrity, 2001 [1998]; Silverstein, 1979; Woolard, 1998) に媒介されて生起するか、という問題が正面から扱われている (Heller & Martin-Jones, 2001; Wortham, 2006)。

Heller (1999) は、フランス系カナダ人による自らの民族的・言語的正当性に関する理由づけの変化に着目している。「グローバル化」以前、彼/女らは、マイノリティとしての権利を自らの文化・言語の真正性 (authenticity) に基づいて主張していた。しかし、多文化化・多言語化が進む近年では、文化的真正性 (純粋さ) ではなく、多文化・多言語状況で使用可能な「国際言語」としてのフランス語の価値が主張されるようになる。このようなシフトは、学校などの教育機関において、フランス語方言と標準語との間、また、英語とフランス語との間の緊張関係に影響を及ぼしているという。

また、Jaffe (1999) は、コルシカ語の復興に関する言語政策に見られた、「論理と文明」の「フランス語」、「ナショナリズムとプライド」の「コルシカ語」という本質主義的な言語・文化イデオロギー、そして、比較的本質主義的でない、複数の言語文化を受け容れるアイデンティティのイデオロギーを特定した。これらのイデオロギーは、「フランス語」や「コルシカ語」の (不) 使用を求める声として現れるが、「学校」は、両者のぶつかり合いにおける中心的な「制度的場」でもある。

Blommaert (1999) は、タンザニアで統一的な国民国家が作られる際に、「同

質的なタンザニア」を生み出す装置として構築された「スワヒリ語」に着目した。Ujamaaを体現すると同時にそれを伝える道具でもあるとされる「スワヒリ語」は、学校における教育の言語として指定されたり、メディアを通じて流されたりしながら、社会一般に浸透していく。こうしたプロセスは、言語間の階層、そして、そのような言語を使用する人々とそうでない人々との間における階層を生み出すものであるが、「学校」は明らかに、こうした権力的プロセスが社会において実際に作用（作動）する場としての機能を果たしている。

しかし、言語使用をめぐる「権力」的なものはある程度、前提可能ではあるものの、そのような「権力」は一方向的にのみ、つまり、強者（とみなされる側）から弱者（とみなされる側）に向かって、常に決まった方向に働くものではない。上述のBlommaert（1999）においても、「上からのヘゲモニー」に対する「下からの多様化・多極化」が強調されている。言い換えるならば、「人々は権力に単に従属しているのみである」という見方は、実際の言語使用によってもたらされる、アイデンティティや権力関係の動態・変容プロセスに対する我々の視野を狭めてしまうものである。

Rampton（2005）は、所謂「言語」（コード）よりも下位のレヴェル、すなわち、語などのレヴェルで起こる言語のスイッチを「クロシング（crossing）」と呼んだ。イギリスの都市部の白人、南アジア、カリブの若者によって行われる、パンジャブ語、カリブのクレオール語、スタイル化されたアジアの英語の間のクロシングを観察すると、メインストリームでない言葉の使用は、上からの差別による貶めや、下からの抵抗に必ずしも固定的に結びついてはいない。むしろ、「クロシング」が「ふざけ」や「からかい」とも密接に関連していることから、若者たちは、様々な言語間の「クロシング」、あるいは、「階級のスタイル化」（Rampton, 2006）を通じて、政治的な権力関係に満ちた都市部の階級社会、多民族社会の中を彼／女らなりに「なんとか上手く進んでいる（navigate through）」とも考えられる。

Eckert（2000）も、ジェンダーや階層と密接に結びついた音声的特徴の研究を通じて、同様の、固定化されていないアイデンティティ・権力関係を明らかにしている。「ジェンダー」や「社会階層」のような（しばしば権力関係を伴う）社会的区別は前提可能ではあるが、そのようなマクロ社会的カテゴリーは、そのままコミュニケーション出来事に降りてくる（コミュニケーション出来事をそれだけで強く枠づける）のではなく、コミュニケーション参加者による様々なことばの「使用」を通じて、コンテクストに依存した形で、様々に構築されるものである。

Bucholtz（2011）は、アメリカ・カリフォルニア州の高校における白人の若者による「非人種化」（イデオロギー化）された「黒人英語」などの使用の研究を通じて、特に人種とアイデンティティにまつわる言語イデオロギー現象を明らかにしている。そのような「非人種化」された「黒人英語」を使用するかどうか、使用するのであればどのように使用するか、という選択自体が、“nerd”や“cool”などといった、白人の若者が纏い得る異なる「若者文化アイデンティティ」とイデオロギー的に結びついており、それが、人種についての語り（を通じた自らのアイデンティティ構築）、友人同士の関係構築にまで影響を及ぼすとされている。

2.3.3　ミクロ vs. マクロを超えて

このように、教育言語人類学は、ミクロ・レヴェルのコミュニケーションとマクロ・レヴェルの社会・文化的コンテクストとの間のつながり、言語使用に伴うアイデンティティや権力関係に特に焦点をあて、そのようなプロセスが実際に起こる場、社会的な諸関係が実際に生まれたり変容したりする場としての「教育」現場（学校）のあり様を、教師や生徒が実際に従事するコミュニケーションの分析を通じて研究する立場をとる。

このような基本的なアプローチを保持しつつ、近年の教育言語人類学においては、言語人類学と同様、「ミクロ vs. マクロ」という区別が見直されつつある（Wortham, 2012）。その大きな理由として、「ミクロの出来事がマクロの構造を作り、マクロの構造がミクロの出来事を作る」という構図では、上に示したような、言語を含む様々な記号の使用を通じたアイデンティティのやり繰りや、実際のコンテクストにおける権力関係の入り組んだ、込み入った生成・変容過程、多極化の様相を見据えにくいことが挙げられる。

そこで、例えば、Agha（2007）は「ドメイン」という概念を導入し、特定の言語的特徴と、人々の集団や出来事の分類・象徴化とをリンクするすべての言語イデオロギーは、「コミュニティの部分集合」としてのみ認識され得る（つまり、純粋に「マクロ」的な知識としての「イデオロギー」は存在しない）、としている。このような、言語イデオロギーをその部分集合として持つ「コミュニティ」や特定の社会的領域（すなわち、ドメイン）の間を記号が巡る（circulate）ことでイデオロギーの変容が起こる、という理解が為されている。つまり、このような理解に基づけば、「イデオロギー」自体がコンテクストに依存した現象である、ということになる。

また、Wortham（2006）は、「軌跡（trajectory）」という概念を導入している。特定の教室におけるコミュニケーションを一定期間にわたって分析することで、社会一般で共有されている（ジェンダーや人種に関する）マクロ的なモデルが参照されつつも、授業を重ねるにつれて、教室で扱われる「カリキュラム内容」に含まれるアイデンティティ（歴史上の人物など）がどのように生徒に投影され、当該の教室固有の「ローカル・アイデンティティ」のモデルがどのように発展していくか、そして、そのことを通じて、生徒のアイデンティティがどのように変化していくか、という視座が提示されている。

さらに、「ミクロ vs. マクロ」という単純なコンテクストの区別は、実際のコミュニケーション出来事において、そのようなコンテクストがどのように複雑かつ動的に関連づけられるか、という問題を扱いにくくするものでもある。そこで、近年では、「クロノトポス」や「スケール」といった概念が援用され、コミュニケーション出来事における様々なコンテクスト化が織り成す「階層化」の構造、および、その流動性を射程に収めた視点がとられつつある（第7章で詳述する）（Carr & Lempert, 2016a, 2016b; Woolard, 2013）。

2.3.4 「社会的」アプローチからの第二言語習得研究との接点

ここまで、教育言語人類学の視座について述べてきたが、序章で示した通り、1990年代の半ば以降、第二言語習得研究（SLA）の分野においても「社会的転回（social turn）」と呼ばれる動きがあり（Block, 2003）、教育言語人類学とSLA研究との間にも明確な接点が生まれつつある。

その「接点」となるところを挙げるとするならば、それは「言語社会化（language socialization）」である（cf. Duranti, Ochs & Schieffelin, 2011; Kramsch, 2002; Rymes, 2008）。言語社会化とは、「言語を通じた」社会化、「言語を使うようになる」社会化の両者を指す概念である（Ochs, 1986, p. 2）。つまり、言語社会化の視点に立つと、言語の習得は、「文法的な能力の習得」としてのみならず、コミュニティで共有されている「（言語を含む）コミュニケーションのリソース」に関するイデオロギーに適応し、それが知識の獲得や表出、感情の表現、行為の遂行、社会的関係の構築・維持・創出にどのように使用可能かを理解して、実際にそれを使えるようになること（すなわち、「熟達したコミュニティのメンバー」になっていくこと）として捉えられる（Kulick & Schieffelin, 2004; Ochs & Schieffelin, 2011）。

従来、言語社会化の研究においては、第一言語を学ぶ子どもが主な焦点となっていたが、1990年代後半から2000年頃にかけて、第二言語、多言語、外国語のコンテクストにおける年長者の言語社会化も研究されるようになった（Bayley & Schecter, 2003; Cook, 2008; Duff, 2002; Watson-Gegeo & Nielsen, 2003）。このような流れを受けて、アトキンソンによって2011年に編まれた、「社会的転回」以降のアプローチに関する論考を集めた論文集、*Alternative Approaches to Second Language Acquisition* では、ダフ（Patricia Duff）とタルミー（Steven Talmy）が「言語社会化のアプローチ（Language socialization approaches）」の章を執筆している。そこでは、「社会的」アプローチからのSLA研究において有力なアプローチとなっている、ヴィゴツキー心理学や活動理論の流れを汲む「社会文化理論」、さらに、「会話分析」、「アイデンティティと権力」、「複雑系理論」からの諸アプローチにも触れながら、SLAにおける

「言語社会化」のアプローチとその研究方法が紹介されている（Duff & Talmy, 2011）。また、将来的な展望として、言語能力とその時間的変化に関するより掘り下げた調査、研究の対象となる目標言語・言語実践の拡大、「バイリンガル」や「多言語」状況における社会化、社会化のプロセスの予測不可能性や流動性に関する考察、様々なメディア（の組み合わせ）が生み出す社会化、職場や制度的な場でのより持続した調査などが示されている。このような展望は、前章で示した言語人類学の「コミュニケーション論」、および、前節までに示した教育言語人類学が、今後、第二言語習得研究においても大いに寄与できる可能性を指し示していると思われる。

2.3.5　本書の着眼点

以上の通り、本書は、教育言語人類学の流れを汲み、「言語社会化」のアプローチを通じて第二言語習得研究とも接点を持ちながら、特に言語人類学のコミュニケーション論に基づいて、日本の高校で実際に起きた英語の授業を分析するものである。ここで、本書の着眼点を明確にしたい。

本書では、上に示したような、教師と生徒との間に起こるコミュニケーションの規範上のミスマッチ、「国民国家」的な権力、ジェンダーや人種にまつわるアイデンティティや権力関係（の批判）を強く前面に押し出した分析は敢えて行わない[1]。その代わりに本書が精緻に描こうとするのは、しばしば上記のような問題の背後に隠れてしまいがちな問題、すなわち、一つの教室で起こる「英語を学ぶ」という実践、および、そこで学ばれる「英語」それ自体が、いかに多様な「コンテクスト化」と「テクスト化」の過程の産物であるか、いかに多様な「コミュニケーションの層」に同時に投錨されたものであるか、さらにいえば、いかに複数の現実に同時に根づいているか、という問題である。このような問題意識は、「授業時間中の教室で起きていることは、「授業」に還元できるのか」、「生徒が学んでいる「英語」なる実体を措定することはできるのか」、「生徒は「英語」を使って何をしているのか／何ができるようになっているのか」といった問いを導く。

このような問題意識、および、それが導く問いを通じて言い直せば、本書では、本章で示した教育言語人類学の知見も前提としつつ、「教室で英語を学ぶ」ことを通じた「言語社会化」の「時間的（継続性）・空間（領域）的な広がり」に向けた視座を、言語使用の「再帰性」に着目しながら、多層的な「コミュニケーション論的広がり」に投錨させる形で拓くことを目指す。

2.4 「教室」でのフィールドワーク

2.4.1 埼玉県のある単位制公立高校における「英会話」

「教室で英語を学ぶ」ことを通じた「言語社会化」の「時間的（継続性）・空間（領域）的な広がり」に向けた視座を、言語使用の「再帰性」に着目しながら、多層的な「コミュニケーション論的広がり」に投錨させる形で拓くことを目指すにあたり、本書では、埼玉県のある単位制公立高等学校（男女共学）で2009年度に開講された、「英会話」という週3時間の選択講座[2]での出来事を分析の経験的な出発点に据える。

まず、「単位制」高校について述べる。埼玉県教育局高校改革推進室長名で発行された『学年制から単位制へ―全日制高校の変革を目指して―』によれば、埼玉県の「単位制高校」は、「生徒のもつ多様な能力・適性、興味・関心、進路等に応じて教育課程を編成・実施し、生徒一人一人が個性に応じ、学年の枠にとらわれず、自主性・主体性をもって自らの計画に基づき学習できるようにする」ことを趣旨として設立された。その特徴は、①学年ごとの課程修了の認定を行わない、②選択の幅を拡大することにより、多様な生徒に応じた教育が可能である、③学校・学科間の異動や再入学がより可能である、④生徒が過去に在籍した高等学校で修得した単位を卒業に必要な単位として加算可能である、⑤諸制度の活用がより可能である、といった点である。こうした「単位制」は、「生きる力」「学ぶ意欲」をキーワードとする臨教審以来の教育改革の呼び声が具体的な形をとってきたものである（上記も含め、「単位制高校」に関する展望や問題点については、藤田（1997）、遠藤（2004）を参照）。

この「英会話」は、日本人女性英語教諭の高頭先生（仮名）とイギリス・ウェールズ出身のALT（assistant language teacherの略）Cathy先生（仮名）によって担当された（2人によるチーム・ティーチングは週2時間で、残りの1時間は高頭先生が担当）。高頭先生は、3年生のあるクラスの担任で、「理念」のある英語教育を目指す真面目で熱心な教師である。Cathy先生は以前からこの学校を含むいくつかの高校に勤務しており、生徒は彼女のことをよく知っている。小柄でおっとりとした雰囲気の彼女は、生徒から「かわいい」と評され、慕われていたように見受けられた。

本講座の履修者は、様々なクラスから集まった3年生女子14名、3年生男子3名の計17名である。彼／女らの大半は、英検準2級から2級を目指す英語力で、リスニング、スピーキングの得手・不得手に差はあるものの、英語の学習に対するモチベーションは全体的に高いと思われた。

本書では、主に二つの「授業」における様々な（メタ・）コミュニケーションの事例を扱いながら、分析を展開する。一つ目の「授業」は、当該年度の4月、新年度最初の授業である。この時期、Cathy先生の弟・Ryan（仮名；当時21歳の大学生）が来日していたのだが、日本滞在の最終日、彼は「ゲスト」としてこの講座を訪れることになった。

もう一つは、夏休み後の9月、2学期の最初と第2回の授業である。JETプログラム[3]で来日していたCathy先生は7月に帰国し、9月から新たなALTが着任することになった。新たに着任したMr. Loper（仮名；白人男性、年齢30歳前後、アメリカ・カリフォルニア州出身、元消防士）は、長身（自称2メートル）で筋骨隆々の身体に整髪料で固めた短髪、低く響き渡る声など、まさにCathy先生とは対照的な属性の持ち主であった。新学期開始時、Mr. Loperを交えて、上記、Ryanを「ゲスト」として迎えた際と類似したアクティヴィティが行われた。

2.4.2 学習指導要領とシラバス

この講座は、当時の学習指導要領（平成11年3月告示）の上では「オーラル・コミュニケーションⅡ」に当たる。以下、(旧) 学習指導要領 (文部科学省ホームページから抜粋) と学校が配布する『履修の手引き』に記載されていたシラバスを示す。なお、高頭先生は、この「英会話」を準備するにあたり、以前の「英会話」が「ALTにおまかせ」になっていたことを好ましくないと考えていた。教師にとって、この「選択講座」を担当することは大きな負担であるが、筆者がフィールドワークを行った年度の「英会話」は、『履修の手引き』の「授業計画例」を大きく離れ、スピーチやエッセイ・ライティングなど、多くの工夫されたアクティヴィティが行われた。

普通教育に関する各教科　第8節　外国語

第1款　目標
外国語を通じて、言語や文化に対する理解を深め、積極的にコミュニケーションを図ろうとする態度の育成を図り、情報や相手の意向などを理解したり自分の考えなどを表現したりする実践的コミュニケーション能力を養う。

第2款　各科目
第2オーラル・コミュニケーションⅡ
<u>1　目標</u>
幅広い話題について、情報や考えなどを整理して英語で発表したり、話し合ったりする能力を伸ばすとともに、積極的にコミュニケーションを図ろうとする態度を育てる。

<u>2　内容</u>
(1) 言語活動
「オーラル・コミュニケーションⅠ」の内容の (1) に示すコミュニケーション活動に加えて、次のようなコミュニケーション活動を行う。
ア　スピーチなどまとまりのある話の概要や要点を聞き取り、それについて自分の考えなどをまとめる。
イ　幅広い話題について情報や考えを整理し、効果的に発表する。
ウ　幅広い話題について、話し合ったり、討論したりする。
エ　スキットなどを創作し、演じる。

(2) 言語活動の取扱い

ア 指導上の配慮事項

(1) に示すコミュニケーション活動を効果的に行うために、必要に応じて、次のような指導をするよう配慮するものとする。

(ア) まとまりのある話を聞きながら必要に応じてメモを取ること。

(イ) 意図や気持ちを的確に伝えるために、リズム、イントネーション、声の大きさ、スピードなどに注意しながら発音すること。

(ウ) 発表や話合い、討論などの活動に必要な表現を活用すること。

(エ) 話合い、討論などの基本的なルールや発表の仕方を学習し、それらを活用すること。

イ 言語の使用場面と働き

(1) 言語活動を行うに当たっては、主として言語の使用場面と働きの例のうちから、1の目標を達成するのにふさわしい場面や働きを適宜取り上げ、有機的に組み合わせて活用する。その際、グループや多くの人を対象にしたコミュニケーションの場面や創作的なコミュニケーションの場面を積極的に取り上げるよう配慮するものとする。

(3) 言語材料

ア (1) の言語活動については、原則として、中学校及び高等学校の言語材料のうちから、1の目標を達成するのにふさわしいものを適宜用いて行わせる。なお、言語材料は、原則として現代の標準的な英語によるものとする。ただし、様々な英語が国際的に広くコミュニケーションの手段として使われている実態にも配慮するものとする。

イ 語は、「英語Ⅱ」の内容の (3) のイの範囲内で、1の目標を達成するのにふさわしいものを適宜選択し、連語は基本的なものを選択して指導する。

3 内容の取扱い

「オーラル・コミュニケーションⅠ」の3の内容[4]の取扱いと同様に取り扱うものとする。

【『履修の手引き』記載のシラバス】

外国語科　　講座名　英会話

【科目情報】

講座番号	XXXX（伏字）
科目名	オーラル・コミュニケーションⅡ
種類	選択・3単位
履修年次	2・3年次

【履修の条件】　1年次に「オーラルコミュニケーションⅠ」を履修した者

【講座内容】　英語で自分の考えなどを整理して発表したり、話し合う能力を養う。基本的にはALTとのティームティーチングで実施する。英語でのコミュニケーション能力を高めたいと考えている者。自己表現が必要であるので、英会話に特に興味があり、授業に積極的に参加できる生徒向け。

【履修上の注意】　この科目は「オーラルコミュニケーションⅠ」を履修した後に履修することが出来るように設けられた選択科目であり、「オーラルコミュニケーションⅠ」の学習の上に、さらに発展させた学習を行うものである。

【授業計画例】
1学期　名前（Please call me / You can call me）
授業（be good at / So do I）
学校行事（Guess what / Listen）
メディア（What's on ～ ? / be tired of）
スポーツ（be about to / be going to）
行楽（ride on / take）
2学期　交通機関（the after ～ / Sounds like a good idea）
買い物（Can we ～ ? / Shall we ～ ?）
食べ物（with ～ in it / has ～ in it）
暦（名詞＋to不定詞＋前置詞）
病気（Aren't you ～ ? / -, didn't you ?）
コンピュータ（reserve / Could you ～ ?）
3学期　ボランティア（twice a year / one time ～ another time…）
行楽（have a good view of ～ / remind ～ of）
異文化交流（I wish I could / I hope I can）

【学習目標】　幅広い話題について情報や考えなどを整理して英語で表現したり話し合ったりする能力を伸ばすとともに積極的にコミュニケーションを図ろうとする態度を育てる。

【評価の観点】　毎時限の授業態度と活動の中で評価する。課題もあり、その課題等の評価も加える。

2.4.3 「英会話」との関わりとデータ

本書で提示する研究は、当該年度に上記の高校で筆者が行ったフィールドワークにおいて収集したデータに依拠している。原則週1回（毎週火曜日）、計26回、学校を訪問し、加えて、9月の学期開始前に開催された文化祭にも足を運んだ。

授業中、筆者は基本的に、「観察者」の立場であった。欠席の関係で人数が足りないグループに参加したり、アクティヴィティ中に生徒の質問を受けたりすることはあったが、授業運営そのものの中に深く入り込むことはなかった[5]。

フィールドワーク時、筆者は立教大学の博士後期課程大学院生であると同時に、関東地方の二つの大学の非常勤講師（英語）であったが、後者については特に明言などせず、基本的に筆者の身分は前者であった。筆者は英語の授業を研究している大学院生の「榎本さん」であり、生徒たちにもそのように自己紹介した。生徒たちは、筆者のことをしばしば「たけし」と呼び、「先生」でもなく「友だち」でもないところに筆者を位置づけていたと思われる[6]。

職員室内で高頭先生の隣に席を頂き、荷物置場、作業用デスク、授業がない時間の待機場所として使わせて頂いた（昼食には生徒も利用する食堂を利用した）。毎週の到着時と退校時には、職員室にいらっしゃる教頭先生にご挨拶した。服装は、原則としてスーツにネクタイを着用した。

訪問の際は、「英会話」1時間（2限）、「リーディング」2時間（3・4限）、そして「ライティング」2時間（5・6限）のスケジュールで、高頭先生が担当する3年生の授業を観察し、データの収集は、特に「英会話」について重点的に行った。

音声・映像データについて、4月と9月とでは収集の方法が異なる。4月の最初の授業では、ICレコーダー（TASCAM DR-07使用、Waveファイルで録音）1台のみを教室後方の座席に座っていた筆者の手元に置いたが、そのあと徐々に台数を増やし、置く場所も、許可を得て、生徒の机上に変更していった。6月下旬以降は、生徒の心理面にも配慮しつつ、合計5台のICレコーダー（同上）を生徒の机上に置き、小さな声の呟きも可能な限り収集できるように工夫した。ビデオ撮影は、9月から始まった2学期第2回の授業から開始している(CANON iVIS HF S10 使用、定点1台、教室の前・もしくは後ろの端に設置)。

授業の音声・映像、および筆者がつけたフィールドノートに加えて収集したデータは、差支えない範囲で譲って頂いた『学校要覧』、『履修の手引き』、教科書、授業プリント、生徒の提出物のコピーなどの「サイト・アーティファクト」、授業前後に適宜行ったインフォーマルな聞き取りの記録、昼休みに食堂で生徒に対して行った半構造化インタヴュー[7]の録音(2〜4人グループ/回、計7回)、高頭先生に対して行った(特に教職に関する)ライフストーリー・インタヴューの録音(8月に1回)、Cathy先生に行ったインタヴューの録音(6月に1回)、そして、高頭先生と交わしたEメールと数回の交換日記である。

本書では、上記のデータを基に、第1章で示した言語人類学の「コミュニケーション論」に依拠しながら、次節に記す分析概念を援用して、授業の録音データの談話分析を基盤とした議論を行う。そして、得られた分析結果に対して、相対化、さらなる概念を加えた枠組みによる(再)分析などを施し、それを積み重ねていくことで、「メタ・コミュニケーションの連鎖」が織り成す「教室で英語を学ぶ」ことの多層的なあり様を描き出してゆく。

2.5 分析概念再訪

次章以降、第1章で提示した「メタ語用」に関わる諸概念、諸記号を援用しながら、「英会話」の授業に関して、様々な角度からの談話分析を行っていく。ここで、第1章における記述をもとに、分析で特に着目する「メタ語用」的機能を果たす記号について簡潔に記しておく(詳細については、第1章を参照)。

「詩的機能（構造）」

ヤコブソンの「6 機能モデル」における機能の一つである。「反復」を基本原理とする「詩的機能（構造）」は、メッセージがメッセージそれ自体に焦点を当てる機能である。詩的機能は、繰り返し（反復）や対称（照）性を通じて、当該の対象を「並置関係」に置き、それらを「セット」「ユニット」としてまとめる・束ねる。

「対照ペア」

「対照ペア」は、例えば、「お父さん」と「お母さん」、「先生」と「生徒」など、特定のコンテクストに置かれた時にその違いが特に浮き立つようなペアである。「対照ペア」は、社会・文化的「テクスト」を生成する主要な要素の一つとなる。

「ダイクシス」「発話動詞」「レジスター」

いずれも、特定のコンテクスト的要素、「オリゴ」との関係、コミュニケーション出来事の社会・文化的性格に関する指示を行う意味において、メタ語用的機能を果たす言語的範疇である。「ダイクシス（直示詞）」の典型的な例は、代名詞、here/now、there/then、時制である。「発話動詞」（および、その名詞）は、言語を使って行うことを指す動詞・名詞で、「宣言する」「謝る」「嘘をつく」「約束する」「警告」「冗談」などがこれにあたる。「レジスター」は、特定の社会的範疇を内在化しているとステレオタイプ（イデオロギー）的に理解されている言語範疇である。例えば、男ことば、女ことば、ざますことば、標準語などの社会方言、三河弁などの地域方言、特定の社会集団に特徴的な（専門）用語などがこれにあたる。これらの使用（の変化）に着目することで、「オリゴ」の位置、コミュニケーション出来事に関する（特定の視点からの）解釈、コミュニケーション参加者の「スタンス」「フッティング」に迫ることができる。

「フレーム」「ジャンル」「社会文化的知識」

「フレーム」は、「今・ここで何が起きているか」に関する（解釈）枠組みのことである。「フレーム」に関する理解の齟齬や不調和は、「コミュニケーション」そのものの進行や成立に大きな影響を及ぼす。「ジャンル」は、社会・文化において比較的安定した、発話や行為の「型」である。「詩」「小説」「新聞記事」、「演説」「ディベート」「挨拶」「講評」、「授業」「デート」「裁判」などの例が示す通り、「ジャンル」は我々が社会・文化的現実を認識・概念化・経験する際の基盤的ユニットとなっている。「社会文化的知識」は、この世界に存在する物、人、場所などに関する整合的な知識の総称で、「オノミー知識」とも呼ばれる。「社会文化的知識」は、特定の集団に固有の（社会において平等・均等に配分されていない）知識であり、コミュニケーション出来事においては、知識に関する慣習的な規範として、メタ語用的機能を果たす。

「間ディスコース性」

「間ディスコース性」とは、特定の出来事の参与者の視点から投射される、出来事と出来事の間の指標（指し示し）関係、および「つながり」のことである。「間ディスコース性」は、コミュニケーション出来事にまつわる「詩的構造」として理解することができ、時間・空間・次元を跨いで、出来事と出来事とがつながる原理でもある。

「スタンス」「フッティング」

「スタンス」と「フッティング」はともに、コミュニケーション参加者の「アラインメント」に関わるものである。本書では、物や人に対する態度（好意的、敵対的、批判的など）に関わるアラインメントを「スタンス」、「フレーム」に関わるアラインメントを「フッティング」とし、区別して援用する。

「相互行為のテクスト」

コミュニケーション出来事のその時、その時において生み出される、コミュニケーション参加者たちの間に現れる関係づけの含意や帰結、相互行為の構造、つまり、「為されていること」に関するテクスト（解釈）のことである。「相互行為のテクスト」は、コミュニケーション出来事において刻一刻と変容する社会的集団性の形成、および、互いの集団的関係性において、コミュニケーション参加者たちがどのように互いの調整を達成しているかに関する、「オリゴ」に投錨されたモデルである。

注

1 このことはもちろん、教育言語人類学で扱われてきたこれらの問題が「不在」であることを主張するものではない。

2 この学校では、学習指導要領上の「科目」に則して開講される授業が「講座」と呼ばれていた。

3 語学指導等を行う外国青年招致事業（The Japan Exchange and Teaching Programme）の略。

4 「オーラル・コミュニケーションＩ」の３の内容は次の通りである。

(1) 中学校における音声によるコミュニケーション能力を重視した指導を踏まえ、話題や対話の相手を広げたコミュニケーション活動を行いながら、中学校における基礎的な学習事項を整理し、習熟を図るものとする。

(2) 読むこと及び書くこととも有機的に関連付けた活動を行うことにより、聞くこと及び話すことの指導の効果を高めるよう工夫するものとする。

5 このことは、筆者の存在が授業に何の影響も与えていない、ということを意味しない。

6 男子生徒へのインタヴューの中で、筆者のことをどう思うか尋ねたところ、Naohito から「熱心だな、と思いますよ」という返事が来たことを今でも鮮明に覚えている。また、筆者が「生徒が愚痴をこぼせる相手」としての役割も果たし、そのことが授業に影響を及ぼした可能性を高頭先生から指摘されたことがある。「教室」に入った研究者はすでにフィールドの一部であることを肝に銘じる必要がある。

7 インタヴューの際、生徒たちが「言って欲しそうなこと」を敏感に察知しながら答えたり、生徒同士で関係のない話をして「部外者」である筆者による「インタヴュー」のチャンネルの立ち上げを拒むような言動を見せたりしているように感じることがあった。このことは、「インタヴュー」が「生徒が考えていること」への直接のアクセスを提供するようなものでは全くなく、それ自体が特殊な（恐らく、生徒たちにとっては異様ですらある）コミュニケーションであることを指し示している（cf. Briggs, 1986）。

第3章
生徒は「ネイティヴ・スピーカー」にいかに出会ったか：教室における「邂逅」のポエティックス

3.1　はじめに

前章までに、本書の問題設定を支える基本的な前提、理論的枠組み、学術的位置づけ、そして、分析対象となる「英会話」の授業の概要とデータ、分析概念について述べてきた。いよいよここから四つの章を費やして、言語使用の「再帰性」に焦点を当てながら、「メタ・コミュニケーション」とその連鎖に関する分析と考察を重ね、「教室で英語を学ぶ」という社会・文化的実践（そして、社会化）の諸層を体系的に描出していく。

まず本章では、外国語指導助手（ALT）である Cathy 先生の弟、Ryan が「スペシャルゲスト」として教室を訪れた、1学期最初（4月14日）の授業を分析する。「教室」という特定の制度的な場所で、生徒と Ryan との「出会い」がどのようなコミュニケーション（の積み重ね）を通じて達成されたか、そして、そこで起こった予測不可能な「偶然の出来事」が、教師・生徒の両者によってどのように「授業」の枠組みに回収されていったか、そのプロセスを詳らかにする。特に、(1) 相互行為を通じて生み出される対照ペアや詩的構造が指し示す「アイデンティティ」の動態、および、「授業」（への参加の仕方）の構造化と、(2)「言及指示的テクスト」（言われていること）に対するメタ語用的操作を通じた「為されていること」の調整（変容）に焦点を当てることで、一定の秩序が付与されたコミュニケーションの時間・空間における、「生徒」と「ネイティヴ・スピーカー」との「出会い」の相互行為的編成を明らかにすることを目指す。

3.2 「お膳立て」としての自己紹介

3.2.1 ルールの導入、あるいは「お膳立てのお膳立て」

新年度が始まって最初の「英会話」の授業開始を告げるチャイムを待つ教室は、騒然としていた。机上に置く名札用の紙と授業で使用するプリントを配布する高頭先生をよそに、選択講座で特定の生徒と一緒になったことへの驚き、互いの座席位置へのコメント、見慣れない「ゲスト」への興味など、様々な感情が交錯した生徒たちの声が飛び交う[1]。

授業開始のチャイムが鳴り終わり、"Okay, let's get started, everyone." と高頭先生が手を1回叩いて声をかけると、Cathy 先生が "Okay, so we'll start with a roll call. So just say 'yes.' " と続け、1人1人の名前を "first name" で呼びながら、出席をとり始めた。名前を呼ばれたそれぞれの生徒が思い思いに、しかし、Cathy 先生の指示通りに、"Yes." と返事をすると、時折、クラスに笑い声が広がった。

出席確認("roll call")が終わると、この授業限りの「スペシャルゲスト」である Ryan が、「姉」である Cathy 先生によって、"Okay so, in class today, we have the special guest. So this is my younger brother, Ryan." という言葉とともに紹介された。続けて、高頭先生が "Welcome, Ryan!" と彼を正式に「授業」へ招き入れると、生徒からは温かい拍手が沸き起こった。

その後、「授業の詳細に関する説明は次の授業で行い、今日(この授業が行われた日)はメイン・ルールのみを知らせる」旨が高頭先生から生徒に明示的に伝えられた("We will explain the details of this class at the next lesson. Today, I will tell you only the main rule.")。これを受けて、高頭先生と Cathy 先生が「共同構築(co-construction)」の形で生徒に伝えた「メイン・ルール」は以下の通りである。

T＝高頭先生　　C＝Cathy 先生

T：　　the main rule? main rule of this class is?

C：　　okay so, please try and speak mainly English okay? so try to speak mainly English.

T：　　okay that's the main rule, of this class.

Jacoby & Ochs（1995, p. 171）は、「共同構築」を「形式、解釈、スタンス、行為、活動、アイデンティティ、制度、スキル、イデオロギー、感情、あるいは他の文化的に有意味な現実の共同的創出（the joint creation of a form, interpretation, stance, action, activity, identity, institution, skill, ideology, emotion, or other culturally meaningful reality)」と定義づけている。ここでは明らかに、高頭先生が「この授業のメイン・ルールは…」という形で、文の構造上「補語」に当たる「ルールの内容」への言及を留保し、その空白を埋める役割を Cathy 先生に譲っている。このことに加え、Jacoby と Ochs による上記の定義を援用するならば、ここでのやりとりには、「文を共同で完成させる」という「言われていること」の次元のみならず、「為されていること」の次元においても、複数の局面にわたる「共同構築」が看取できる。

まず注目すべき点は、高頭先生と Cathy 先生とで、ルールへの言及の仕方が異なることである。高頭先生は一貫して、ルールの**内容**に直接言及していない。上述の通り、高頭先生はまず、ルールの内容そのものに言及する役割を「共同構築」の形で Cathy 先生に譲り、Cathy 先生がそれを伝えた後は、“that” という「遠称」のダイクシスを伴った「前方照応」を通じて、それに言及している。他方、Cathy 先生は、ルールの内容に 2 度、直接言及しているが、その形は「依頼（“please” あり）」から「命令（“please” なし）」に変化している。すなわち、ヤコブソンの「6 機能モデル」に則して言うならば、ここで、この授業の「メイン・ルール」は、高頭先生と Cathy 先生によるルールへの「言及指示行為」の「共同構築」の姿を纏いつつ、(1) コミュニケーション出来事における「受け手（＝生徒)」にはたらきかける「動能的機能」を典型的に示す形式、(2)（高頭先生ではなく）Cathy 先生、少なくとも以上の二者に結びつけられながら、コミュニケーションの「今・ここ」に生起している。

2人の教師によるこれらの対照的な言語使用から、ルールに対して「一歩引いた（距離をとった）」高頭先生のスタンス[2]と、ルール（への言及）を通じて生徒に「より直接的にはたらきかける」Cathy先生のスタンス、という「スタンスの対照ペア」が浮かび上がる。そして、このような「スタンスの対照ペア」は、「英会話」という授業の運営にまつわる「アイデンティティの対照ペア」とも合致する。つまり、この高等学校に勤務する、3年生担任の英語「教諭」として授業をコントロールし、最終的な責任を負う立場にある高頭先生と、週に数回来校して、英語による「オーセンティック」なやりとりの機会を生徒に提供しながら授業を補助する「ネイティヴ・スピーカー・ALT」のCathy先生、という異なる（しかし、この授業においては相補的な）アイデンティティが、両者の異なる「ルール」への言及の仕方と、そこから導かれる異なるスタンスを通じて、共同的に指標されている。

ここまで、高頭先生とCathy先生との間に見られる、「ルール」への言及の仕方の違い、そこから導出される異なるスタンス、そして、それらが指標する異なるアイデンティティを同定した。このような「教師」のカテゴリー内における「教諭／ALT」の対照ペアが創出されるさなか、上記のやりとりにおいては、もう一つの対照ペアが生み出されている。それは、「教師／生徒」という、「教室」という制度的な場において極めて重要かつ関連性が高いと思われる対照ペアである。

Cathy先生による“please try and speak mainly English, okay?”以降、高頭先生が“Okay, that's the main rule of this class.”を言い終えるまでの間、生徒の間にはざわざわと笑いが起きていた。ここでの「笑い」は、「共同構築」を通じた教師によるルールへの言及指示行為、Cathy先生によるルールの「依頼」と「命令」、そして、2人の教師自身によるルールの実践、少なくともこれら三者を通じてこの授業に招き入れられた「メイン・ルール」に対する「反応」であり、複数の生徒によって共有された「反応」でもある。このような「笑い」に媒介されて、提示された（突きつけられた）ルールを遵守することが要請される「生徒」、また、そのようなルールが敷かれることがあらかじめ推測可能である「英会話」の授業を自ら選択した「生徒」としてのアイデンティティが、「教師」と対照をなす形で立ち上がっていると考えられる。

3.2.2 「自己紹介」を通じた相互行為上の「立ち位置整備」

上記の通り、高頭先生と Cathy 先生による「共同構築（co-construction）」を通じて、この講座の「メイン・ルール」、および、それにまつわるアイデンティティ・権力関係が立ち上がると、早速、幼少の頃や海外旅行時の写真を用いた、高頭先生の「自己紹介」が始まった。

高頭先生による自己紹介

Ss＝複数の生徒

T： okay now first, I am uh going to introduce myself. look at this.
［幼少の頃の写真を見せる］the［se pictures.

C： ［oh, very cute.

T： this is me. very cute. this is me very cute. ahhhhhhhh. this is a picture? when I was seven- seven months old. I began to walk at the age of seven months o（hh）ld. a:nd two years old?

Ss： ［笑う］

T： a:nd, six years o:ld. I was a very pretty girl.

Ss： ［笑う］

T： okay? a:nd I visited a lot of places with my husband? eh, I- we went to Kenya? we went to Kenya? Kenya? and this is a tour guide? I forgot his na（hh）me.（hh）this is a tour guide? I forgot his name. this is Kenya. I was- I visited Kenya with my husband. and I visited the Galapagos Islands, Ecuador. so this is an elephant tortoise? ゾウガメ? elephant tortoise?

Ss： ［笑う］

T： a:nd, iguana, iguana, iguana?

Ss： イグワナ［T の発音の真似をして笑う］

T： and seal. アシカ. seal and me［写真ではアシカの背後に高頭先生が写っている］

Ss： ［笑う］and me.［T の言い方の真似をして笑う］

T： okay. okay. that's my self-introduction.

C：　I have one question.
T：　okay.
C：　when did you visit Kenya?
T：　maybe ten years ago? ten years ago. and I was younger.
Ss：　［笑う］
T：　okay. =
C：　= okay.

他の英語の授業ではあまり見ることのない、少々「テンションが高い」高頭先生の話しぶりに、生徒たちの反応は上々である。続いて、高頭先生と同じく、幼少の頃の写真（Ryanと2人で写っているもの）を見せながら、Cathy先生の短い自己紹介が行われ、その後いよいよ、Ryanが自己紹介をする番となった。

Cathy先生による自己紹介

R = Ryan
C：　okay so, I think you all know me? but um I have a picture here. so this is Ry（hh）an.
Ss：　［「かわいい」「ああ！」などと声をあげる］
C：　when we were children. so do we look the same?（hh）
Ss：　［「かわいい」と声をあげる］
C：　so maybe Ryan was one year old here.
（2.0）
R：　［聞取不能］
［断片的な聞き取りに基づくと、ここでCathy先生が高頭先生にRyanの自己紹介に移ってもよいかどうかを確認している］

Ryanによる自己紹介

C：　so, Ryan is going to introduce himself.
R：　what? um, yeah, my name is Ryan. uh, I'm Cathy's little brother. and I'm 21. uh, I've been in Japan for two weeks now. and tomorrow is my last day. and I

think my favorite place in Japan so far has been Harajuku.
T：　はらじゅく.［聞取不能］
(2.5)
T：　okay, thank you.
Ss：　［教室内ざわめく］
C：　okay so, Ryan is a university student. and he is studying computer animation in Wales.［地図を見せる］so this is Wales. and he lives in Cardiff. so in the city, Cardiff. so he really loves animation.
T：　animation. oh. ジャパニーズ アニメ.
C：　yeah. and where did we go at the weekend?
R：　the Gibli Museum so (hh)
T：　Gibli Muse［um.
R：　［Gibli Museum.
Ss：　おお.［笑う］

Cathy 先生とは異なり、「英語」に関する教育的な配慮を意識していない「ネイティヴ・スピーカー」の Ryan が話すスピードに圧倒されたのか、生徒たちはやや言葉を失いながらも、「原宿」が気に入ったことや、週末に「ジブリ美術館」に行ったことなど、自分たちの（オノミー）知識に基づいて Ryan の日本滞在の様子を理解するきっかけを得ると、「おお」と感嘆の声を上げた[3]。

高頭先生、Cathy 先生、そして Ryan の自己紹介の次は、生徒たちの番である。下記の通り、プリントの自己紹介欄を埋めて「スペシャルゲスト」の Ryan への「質問」を一つ考えるように教師から指示が出された後、個人で作業する時間が約5分半設けられた。

教師による指示と生徒の自己紹介準備

教師による指示
T：　so. look at uh the self-introduction side. okay?
C：　okay so, first, we would like you just to fill in this part. so please fill in your name, age, details? and I would like- next I'd like you to write your question you would like to ask Ryan here.
T：　okay.

C：　and if you have- need any help, please ask us okay?
T：　okay. fill in- fill in the sheet. after that, you are going to make, self-introduction. in English of course.

生徒に配布されたプリントの自己紹介欄

My name is: ______________________________

I am: ________ years old.

My birthday is on: ____________________

I belong to ______________ club.

My favorite place in Japan is _________________________.

My question for Ryan is:

____.

His answer is:

____.

さて、ここまでの流れは一見、何の変哲もない、「スペシャルゲスト」を交えた「英会話」の授業における「自己紹介」の活動のように見える。しかし、細かく見ていくと、後に続く生徒とRyanとの間の「直接のコンタクト」に向けた、相互行為上の「立ち位置整備」が多面的に行われている。

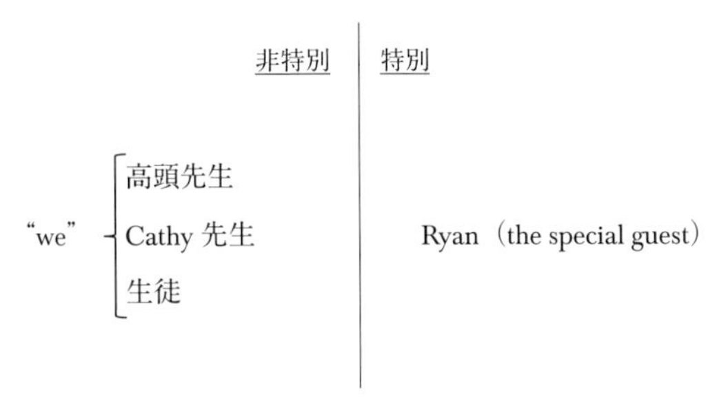

図 3.1　前提可能となる「対照ペア」①

まず、授業開始時からここまで、相互行為を通じて刻々と変化してきている、前提可能な「アイデンティティの対照ペア」に着目することから始めたい。すでに述べた通り、Ryan は、出席確認が終わった後、Cathy 先生によって「スペシャルゲスト（in class today, we have the special guest）」として、また、高頭先生の “Welcome, Ryan!” という歓迎の言葉を通じて、この授業に正式に招き入れられた。このことから、相互行為上、最初に明示的に現れる対照ペアとしては、図 3.1 に示した「特別／非特別」が挙げられる。

次に相互行為上に出現する対照ペアは、「教諭／ALT」と「教師／生徒」である。前項で述べたように、これら 2 組のペアは、2 人の教師と生徒を巻き込んだ、この授業の「メイン・ルール」にまつわる「共同構築」を通じて喚起されている。ルールへの異なる言及の仕方、そのような相違が指標する「ルール」に対する異なるスタンス、さらにそこから導出される異なる「教師」のアイデンティティを通じて、高頭先生と Cathy 先生は「教諭／ALT」という対照ペアの片方の「具体的な現れ[4]」として指し示される。そして、「教諭」と「ALT」を含む「教師」によって提示された「メイン・ルール」に対する反応として共有される「笑い」に媒介されて、反論せずにそれを受け容れる「生徒」、「英会話」の授業を自ら選択した「生徒」というルールの受け手側のアイデンティティが、さらに指し示される。これを図示したのが、図 3.2 である。

続いて、高頭先生、Cathy 先生による「自己紹介」が行われるが、「写真」

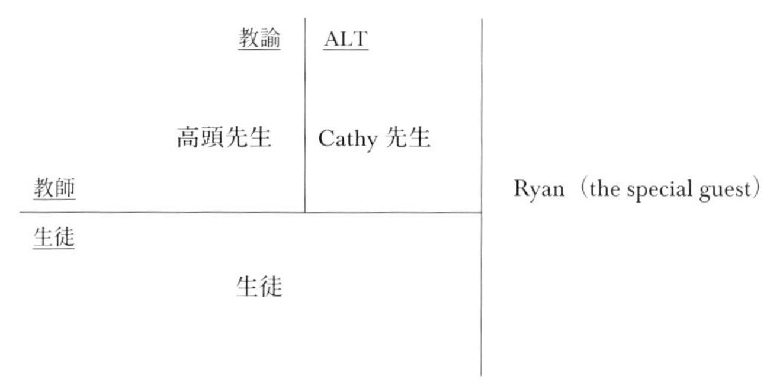

図 3.2　前提可能となる「対照ペア」②

を使って為された２人の自己紹介は、「幼・少年期／青年期／壮年期」と「国内／海外」という、さらなる対照ペアを相互行為の場に関連づけるものであると思われる。高頭先生は、7ヶ月（歩き始めた時期）、２歳、６歳の（かわいかった）頃の写真と、夫と一緒に訪れたケニアやエクアドル・ガラパゴス諸島の写真を使って自己紹介を行っているが、ここに「子ども」から「大人」へ向かう時間軸が導入されていることは明白である。さらに、高頭先生の自己紹介は、生徒もすでに通過した幼・少年期から始まり、生徒が「今・ここ」で過ごしている青年期を飛ばして、生徒が将来迎えることになる（「結婚」や「海外旅行」を経験する蓋然性がより高いと思われる）壮年期に言及する流れとなっている。生徒の視点から見ると、このような高頭先生の自己紹介は、「今・ここ」を基点として「過去」と「未来」に焦点を当てることを可能にしつつ、「現在」への明示的な焦点化を回避するようになっている。

この後に為される Cathy 先生の自己紹介は、高頭先生の自己紹介によってもたらされた時間・空間軸を巧みに利用するものである。高頭先生が設定した時間・空間軸に同調し、高頭先生と同様、Cathy 先生も「幼少の頃の写真」を見せながら自己紹介を行うが、(1)「写真に一緒に写っている」という仕方で、

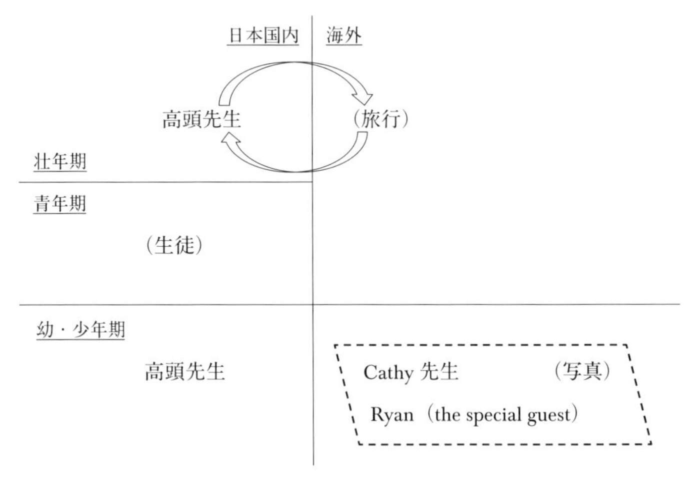

図 3.3　前提可能となる「対照ペア」③

図 3.4　前提可能となる「対照ペア」④

ここに Ryan が連れて来られて（引き込まれて）いること、また、(2) 自己紹介が（2 人が一緒に写真に写っている）幼少期への言及で終わっていることに注目したい。高頭先生、Cathy 先生、生徒、Ryan は、「今・ここ」では確かに、同じ教室に居る。この時点・地点から、自己紹介を通じて関連づけられた時間・空間軸を過去に遡っていくと、「日本」で生まれ育った高頭先生・生徒と、「海外（Wales)」で生まれ育った Cathy 先生・Ryan という形で、基点が分化していく[5]。このようなプロセスを経て、「幼・少年期／青年期／壮年期」と「国内／海外」という新たな軸が覆い被さった新たな言及指示空間の中に、高頭先生、Cathy 先生、生徒、そして Ryan は（再）配置される（図 3.3)。

ここまで、Ryan が「スペシャルゲスト」として「授業」に招き入れられることで生み出された「特別（Ryan)／非特別（高頭先生、Cathy 先生、生徒)」(図 3.1）から、「幼・少年期／青年期／壮年期」と「国内／海外」(図 3.3）まで、相互行為において、また相互行為を通じて「今・ここ」に関連づけられる「対照ペア」の変化を見てきた。高頭先生と Cathy 先生の自己紹介を経て、いよいよ Ryan の自己紹介をもって完結する「お膳立て」は、「年長者／若者」、「英語非母語話者／英語母語話者」、そして「英語母語話者（教育的配慮有）／英語母語話者（教育的配慮無)」の対照ペアに結実していくことになる。

上述の通り、Cathy 先生の自己紹介において、Ryan は Cathy 先生とともに「幼い頃の写真」の中にいた。いよいよ自身について自ら情報を開示する機会を得たRyanは、「現在」の（生徒と同じ「青年期」を過ごしている）自分自身について語るが、21歳という年齢、ラフな服装、若者が集うことで知られる「原宿」が気に入ったこと、大学生で「コンピューター・アニメーション」を勉強しており、アニメが好きであること（Cathy先生による補足）は、彼を「若者」（すなわち、生徒に近い世代）として指標するに十分な要素であると思われる。

このような自己紹介の内容を通じて、「同世代」として距離が縮まったかに見える生徒とRyanだが、Ryanが実際に口を開いたことで同時に前景化した「英語」という軸において、彼／女らは再び遠ざかることになる。この教室には、Cathy先生とRyan、2人の英語母語話者がいるが、ALTとして日本の学校での教育経験を年単位で有するCathy先生は、ゆっくりと話したり、繰り返したり、生徒にとって分かりやすい言い換え[6]をしたりするなどして、終始「教育的」に振舞っている。他方、Ryanの話しぶりからは、当然のことながら、「生徒に分かりやすく、ゆっくりと話す」などといった意識（配慮）を読み取ることは困難であった。つまり、生徒とRyanとの間の距離は、「若者」というアイデンティティのカテゴリーを通じて最も近くなると同時に、「英語」というカテゴリーを通じて最も遠くなる（生徒 → 高頭先生 → Cathy先生 → Ryan）。こうして、「自己紹介」を通じた「お膳立て」は、複数の「対照ペア」を生み出しながら、それらの中に高頭先生、Cathy先生、生徒、Ryanを様々に位置づけつつ、最終的に、生徒とRyanを「近くて遠い存在」として措定するに至るのである。

ここまでに同定することができた数々の「対照ペア」が示す通り、教室に物理的に併存する四者間の社会的（相互行為上の）距離は、近かったり、遠かったりするのだが、この「お膳立て」においては、生徒にとって「近くて遠い」Ryanをより生徒側に引き寄せるような要素をさらに特定することができる。

第一に、生徒に配布されたプリント（上述）にある、生徒の「自己紹介」の内容である。生徒が書き込むべき内容（名前、年齢、誕生日、クラブ活動（概ね、好きなことと一致すると思われる）、日本で好きな場所）を見ると、生徒と教師の自己紹介の内容が大きく異なるのに対し、生徒とRyanの自己紹介の内容にはかなりの類似性が認められる。すなわち、このプリントに書かれることに即して生徒がRyanに「自己紹介」を行うとき、そこには、自己紹介として提供する情報の「互酬性」(詩的構造)が成立するようになっている。

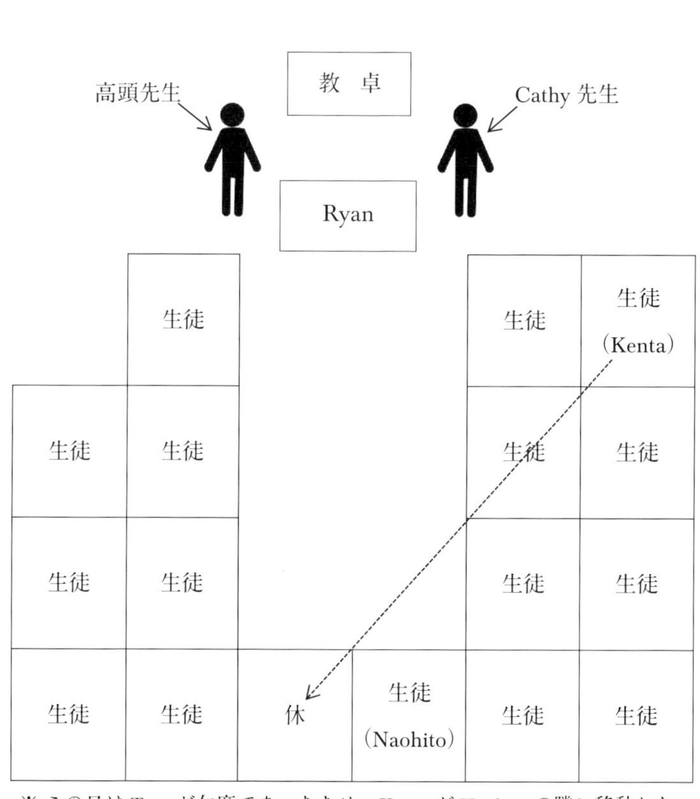

図3.5 「コの字型」の座席配置と教師の位置

第二に、「座席の配置」である。図3.5の通り、この授業で、生徒はRyanを囲んで「コの字型」に着席している。ちょうど「コ」の空いている部分にRyanの机と椅子が配置され、Ryanは着席し、2人の教師が彼の左右斜め後ろに立つ形となっていた。つまり、生徒から見ると、教師がRyanの「背景（バックグラウンド）」となることで、彼と生徒がより直接的に対面する環境が整えられ、Ryanが「フィギュア」として前面化されるようになっている。

そして第三に、自己紹介の順番が挙げられる。自己紹介は、高頭先生→Cathy先生→Ryan→生徒の順で行われる。ここから明らかな通り、「自己紹介の順」という相互行為上の時間軸においても、生徒と教師ではなく、生徒とRyanが隣接するように、すなわち、生徒とRyanによる交互の「ターン」が生み出されやすいようになっている。

このように、一見、何の変哲もないように見える「自己紹介」は、実際は、相互行為の展開を通じて段階的に「整備」および「準備」された（近くて遠い）「生徒／Ryan」という「対照ペア」、そして、下記、図3.6に示したその他の対照ペアの「積み重ね（stacking）」を通じてRyanを前景化させ、教師を後景化させる「効果」を生み出すように構造化されていたと結論づけることができる。こうした「お膳立て」によって、Ryanと直接やりとりする準備が整った

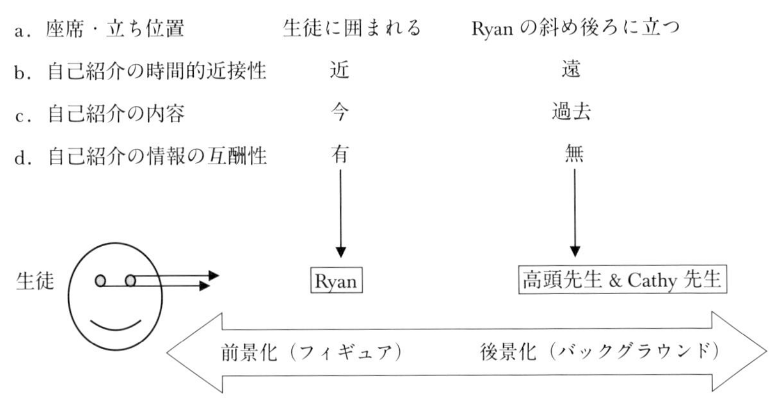

図3.6　その他の「対照ペア」の積み重ねがもたらすRyanの前景化効果

生徒たちは、ここから、それぞれが口頭で「自己紹介」し、Ryan に「質問」をすることになる。次節では、その相互行為の「詩的」な内実について、詳細に述べる。

3.3 「インタヴュー・タイム」の詩的構造

前節で明らかにした通り、自己紹介という「お膳立て」を通じて、生徒とRyan との間には「近くて遠い」という相互行為上の関係が立ち上がった。この「近さ」と「遠さ」を前提として（利用して）、いよいよこれ以降、自らプリントに記入した内容に基づいて生徒 1 人 1 人が Ryan に自己紹介をし、「質問―答え」という隣接ペア[7]を 1 度だけ成立させる、というアクティヴィティが始まる。

生徒は 1 人 1 人、順番でそれを行うことになるが、その活動を適切に行うための基本的な「型」が、教師によって明に暗に示され、生徒は暗黙のうちに、その「型」の中でこのアクティヴィティに参加することになる。以下、Naohito と Hacchi の 2 人を例に、その「型」を見てみよう。

アクティヴィティの内的構造

T：　okay everyone. everyo:ne. everyo:ne. look at the back of the sheet. okay? write what you found about Ryan. so after the interview, you have to- you will have to write what you found about Ryan. so listen carefully? and while listening, take notes.=

C：　=yeah.

T：　take notes. oka [y? okay?

C：　[so you can write the answer, to your question here. so you can ask your question, listen, and write his answer. okay?

T：　okay. loo- look again, this side. look at this side again. okay.
［手を 1 回叩く］interview.
［T と C が何かを話す］

C：　so who- who will go first?

T：　oka:y who will go first? who [will ask

C： ［any volunteers?
T： so, the interview time. this is the interview time. Na:ohito, please.
Ss： ［少しざわめく］
T： Naohito please. (hh) so please- at first uh introduce yourself to Ryan, of course in English?＝
C： ＝yes.
T： and then ask one question. okay?
Naohito： what Japanese foods do you like.
C： ah. so first you ［聞取不能］ name.
Naohito： えっ？
C： so introduce ［聞取不能］
Ss： ［笑う］
Naohito： my name is Naohito.
R： ［聞取不能］? uhm, I think my favorite food ［聞取不能］ here has been either soba noodles or sushi.
Naohito： 聞きとれた．(hh)
T： soba noodle or sushi.
C： good question. well done.
［生徒の声：「えー」「どうしよう」「ここに書くの？」「ひとりずつ？」「答え書くの？」「たぶん」］
T： everyone has to ask one question. first, introduce yourself, and then one question. okay? (5.5) okay, next one please.
［Cathy 先生が Hacchi を当てる］
Hacchi： my name is Hacchi. what kind of sport do you like?
R： uhm, I'm quite a big rugby fan actually. coming from Wales, rugby is ［聞取不能］ sport, so.
Hacchi： thank you. (hh)
［Naohito: ああ，ラグビー？ めっちゃはええ［早い］．ラグビー，ラグビー．］
C： okay, good question.
T： good question. a:nd. okay I will choose.
C： okay.

上記のやりとりから同定可能な「型」でまず注意を惹くのは、高頭先生によって「インタヴュー・タイム」と名付けられたこのアクティヴィティにおいて何度も反復される「IRE 構造[8]」である。ここでの“I”は、高頭先生による指示、“first introduce yourself to Ryan, of course in English, and then ask one question” である。この指示は、「インタヴュー・タイム」の開始時にしか与えられないが、アクティヴィティ全体を通じて有効な指示である。そして“R” は、「教師の指示に従って、まず自己紹介を行い、その後、Ryanとともに「質問—答え」の隣接ペアを成立させる」という、生徒によるアクティヴィティへの適切な参加である。上記、Naohitoの例が示す通り、自己紹介を忘れてしまった場合は、「やり直し」をしなければならない。このことから、ここでは「自己紹介」を行うことがRyanとの直接のやりとりに入るための「入場券」のように機能していることが分かる。そして“E” は、Ryanの「答え」を引き出すことに成功した「質問」に対する、教師による“Good question.”、“Well done.” などの評価である。

さらに際立つ点は、生徒とRyanとの直接のやりとりが「ピーク」となることを可能にしている「詩的構造」の重なりである。生徒は、(1) プリントの空欄を埋める形で「自己紹介」と「質問」を準備し、(2)「インタヴュー・タイム」においてそれを「起立」して遂行しつつ、他の生徒とRyanとの間の「インタヴュー」にも注意を払い、(3) Ryanについて分かったことを「書く」形で「インタヴュー」を振り返る、というコミュニケーションの連鎖の中に置かれている。この連鎖においては、「英会話」に典型的に結びつけられる「話す」と「聞く」という行為の組み合わせは、(2) において最も顕著となる。もちろん、生徒とRyanとの間に直接のコンタクトが生まれるのは (2) のみであり、1人の生徒が (2) を行っている間、他の生徒はそれを見て・聞いて「メモをとる」という周辺的な参加しか認められていない。さらに、上述の通り、かなり強固な参加の「型」が存在する中で、(2) における生徒の「質問」とRyanの「答え」の内容だけは完全に自由で、予測不可能である。(ただし、その進行の仕方は、「IREの反復」という、極めて予測可能なものである。) 以上を示したものが、図3.7である。

上記を踏まえると、生徒とRyanとの間に直接のコミュニケーションが生まれるように設計された「インタヴュー・タイム」は、「儀礼」とでも呼べるほ

	(1)前（準備）	(2)ピーク（遂行）	(3)後（振返り）
起立	無	有	無
「話す・聞く」の組合せ	無	有	無
生徒－Ryan コンタクト	無	有	無
自由度（偶然性）	低	高	低
		（IRE の反復）	

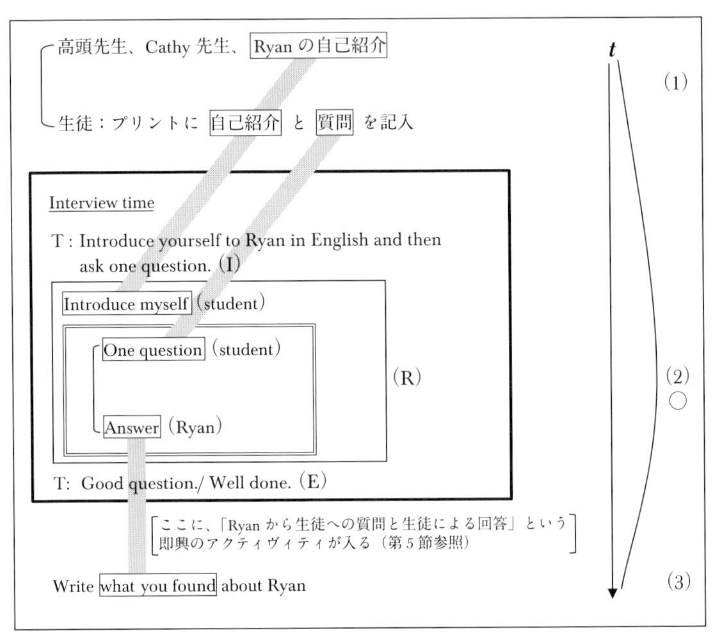

＝間ディスコース性[9]

図 3.7 「詩的構造」の重なりと「インタヴュー・タイム」

どに密で強固な内的構造が付与された（cf. 浅井，2017；Silverstein, 2004）、「参与者構造」が極めて厳密に定められた「アクティヴィティ」である。また、生徒と Ryan との間に生起する「質問―答え」の隣接ペア以外の部分における「予測不可能性」は見事なまでに、徹底的に押さえつけられている。しかし同時に、むしろそのことを通じて、「質問―答え」の部分の偶然性と自由度が対照的に、鮮明に浮き立つ（「フィギュア」となる）構造となっている。

ここで、疑問が生じる。偶然性と自由度が許された「質問—答え」において、もし生徒、あるいはRyanが「変なこと」を言ったらどうするのか。もし不適切なこと、不都合なことが起きたらどのように対処するのか。次節では、実際に起きた四つの出来事を通じて、この授業において「偶然」がどのように手懐けられ、「授業」の枠組みに回収されていくか、そのプロセスを見ていく。

3.4 「偶然を手懐ける」メタ語用的操作

ここまでの記述の積み重ねから、「スペシャルゲスト」のRyanを交えた「英会話」の授業において、(1) 生徒とRyanの直接のやりとりが「近くて遠い」両者の距離を縮めるものとなるように、相互行為上の「お膳立て」が巧みに為されていたこと、(2) 生徒とRyanとの間のコンタクトが含まれるアクティヴィティが、極めて明瞭・強固・密な「詩的構造」を示しながら展開していること、しかし、(3) そのような「型」の中であっても、生徒とRyanとの間の「質問—答え」のやりとりだけには自由が許されており、よって、そこに「偶然の」「予測不可能な」出来事が入り込む余地があるかもしれないこと、以上が明らかになった。

「偶然の出来事」が入り込む余地があるとはいえ、実際のところ、「インタヴュー・タイム」では、多くの生徒が“Good question.”や“Well done.”などの良い評価（E）を高頭先生かCathy先生から受けていた。ところが、Kenta、H、ゆってぃ、Sの4人だけが、そのような評価を教師から得ることができなかった。では、彼／女らの質問はどのようなもので、“Good question.”などの良い評価が与えられる代わりに、何が起きたのか。本節では、上記の生徒による質問を含んだやりとりを微細な部分にまで踏み込んで分析し、そこから浮かび上がってくる「パターン」を特定することを通じて、「偶然の出来事」がいかに「授業」の枠内に回収されて（手懐けられて）いったか、その方略・操作とプロセスを明らかにする。

3.4.1　あの頃は…：時制の操作を通じた直示的転移

Happening 1

Kenta：　I'm Kenta. do you like your older sister.
［生徒笑う］
R：　I do like- it's- I get on very well with my sister actually, since we've been here, we haven't spent much time together, until, recently so it's quite good to see ya.
C：　so, I'm a good older sister.（hh）
R：　yeah.［やや納得がいかないような声調と表情］
Ss：　［笑う］
C：　I cook. I feed him.（hh）
［生徒笑う］
Kenta：　thank you.
C：　but.
VP：　absolutely.［教室を訪問していた教頭先生が教室の後方からこの一言を発した］
C：　yeah. but maybe when we were small children, we used to fight.（hh）
T：　oh.
R：　she used to <u>win</u>.
T：　ohhhhhhhh.
［Naohito：聞いちゃいけないとこだったかもしれないね，もしかしたら.］
T：　when you fought,
C：　yeah.
T：　you won.
C：　yeah.［聞取不能］（hh）
［高頭先生と生徒笑う］
T：　okay. next please. raise your hand. next please.

まず、上に示したKentaの例に、時制の操作を通じた「直示的転移（deictic displacement）」と呼べるプロセスを認めることができる。

Kentaは、Ryanに対して「お姉さんは好きですか（Do you like your older sister?)」と質問した。ところが、“Yes”という明確な答えはすぐには返ってこず、結局、この質問に対するRyanの答えはやや曖昧なままである[10]。Ryanの答えを受けて、「じゃ、私、いいお姉さんね（so I'm a good older sister)」と笑いながら応えたCathy先生に対し、Ryanはやや納得がいかないような声の調子と表情で“Yeah.”と肯定的な反応を言葉で示した。このような姉弟のやりとりに、生徒からも笑いが起きた。

ここから、Cathy 先生は、「今」ではなく、「過去（子どもの頃）」に 2 人がよく喧嘩をしていたことに言及し、これに同調する形で、Ryan は Cathy 先生が喧嘩に勝っていたことを付け加えた。「仲が悪い、喧嘩をする、嫌い」などの内容を想起させる内容が、特定の「時制」というダイクシス（直示）の使用を通じて、相互行為の「今・ここ（オリゴ）」から遠方（過去）に置かれ（ずらされ）、そのことを通じて、「過去（then）」を一つの要素とする対照ペアのもう一方の要素である「今（now）」の状況、すなわち、Kenta の質問に対する答えが空白（保留）となった。この状態のまま、「インタヴュー・タイム」での Kenta の番は終了となる。

こうした状況を敏感に察知してか、Kenta の隣に着席していた Naohito は、質問を終えた Kenta に小声で「聞いちゃいけないとこだったかもしれないね、もしかしたら。」と、教師とは全く異なる視点から、Kenta の質問に対する評価（E）を行っている。しかし、当然、Naohito によるこの評価（E）は Kenta と Naohito の 2 人だけに共有されるものであり、授業はこれと関係なく、“Okay, next please. Raise your hand. Next please.”と続いていくのである。

3.4.2　匂わせない：外交的非指標性

Happening 2

T：　H please.
　　［H：え？ スタンド アップ？ 周りの女子生徒：きたー.］
H：　my name is H. my birthday is on August 27. I belong to dance club. do you have a girlfriend?
R：　no, I don't actually, I'm［聞取不能］
　　［H が周りの生徒と答えが“No”であることを確認する］
H：　I'm free.
　　［クラス大爆笑（18 秒）］
T：　okay, so you don't have boyfriends now. okay. okay. (hh)
　　［Naohito：まんざらでもなさそう.］

all right. next please.
C：　any volunteer?
T：　raise your hand.

次に教師からの良い“E”を受けることができなかった質問は、Hの「彼女いますか（Do you have a girlfriend?)」である。この例では、Silverstein（1976, pp. 47-48）が「外交的非指標性（diplomatic nonindexicality)」と呼んだメタ語用的方略を見て取ることができる。「外交的非指標性」とは、「受け手」がある特定の形式が持つ「指標的」な意味（「為されていること」の意味）を（完全に）理解しているにもかかわらず、あたかもその形式が「言及指示的意味」しか成していないかのように反応する時に観察されるものである。

このことを念頭に、Hの質問が引き起こしたやりとりを詳しく見てみよう。まず着目すべきは、Hが当てられた時、周りの女子生徒が「きたー」と反応していることである。このことは、彼女らがHの質問の内容をあらかじめ知っていたことを示している。また、Hの周りの女子生徒は、Hの質問によって何か「面白いこと」が起きることを期待しているとさえ推測できる。

ルールに則して自己紹介を済ませ、質問の権利を得たHは、準備した通り、質問を遂行する。“No”というRyanの答えを周りの女子生徒と確認したHは、“I'm free!”と自分に「彼氏がいない」ことを宣言し、2人が「付き合う」ための条件（の一部）が揃っていることにやや興奮気味に言及する。これを聞いたクラス（筆者も含む）は、18秒間にもおよぶ「大爆笑」に包まれるのである。

文字通りの大爆笑が収まった頃に高頭先生が発する一言は、まさに「外交的非指標性」と呼ぶにふさわしいメタ語用的方略に満ちている。「彼氏がいない」ことが特定の女性から特定の男性に宛てて言われた時、状況によっては[11]、そこに「男女関係」を匂わせるもの（すなわち、同じ言語・語用共同体の成員であれば、さほど困難なく（時に「勘違い」に基づいて）嗅ぎ取ることができる、社会指標的な意味）があることは明白である。これに対し、高頭先生は、“Oh, do you like him?”などといった反応を示すのではなく、“so you don't have boyfriends now"という「言い換え」を行い、「彼氏がいない」というHの現在の状況に関する言及指示的意味としてほぼ同じ内容の発話を繰り返した。このことを通じて、"I'm free!"から「男女関係」という社会指標的な意味が切り離され（後景化し）つつ、言及指示的な意味がその場で保たれる（前景化する）、というメタ語用的効果が創出されているように見える。つまり、「今、彼氏がいないのね」と「言及指示的意味」に忠実にHの言葉を反復した高頭先生の行為は、"I'm free!"からそれが帯び得る社会指標的意味（「男性に好意を伝える女性」といったアイデンティティ）を抜き取る動き、と解釈することができる[12]。

もちろん、HにRyanと男女の関係を持つ気など毛頭ないであろう。むしろ、この質問の宛先は、「きたー」と反応したり、「大爆笑」したりするクラスメートや、「笑いを起こすべき場」としての「英会話」の授業であったのかもしれない。そして、Kentaの番と同じく、この「インタヴュー・タイム」は、大爆笑が完全に静まった教室の中に響く"All right. Next please."という高頭先生の声に促されて、粛々と進んでいくのである。

3.4.3　同調しないことによる受け流し

Happening 3

T：　hello. my name is ゆってぃ. I am seventeen years old. my birthday is on June 27. I belong to basketball club. my favorite place in Japan, is, Nagasaki. what do you give an impression of Japan?

R：　I've really enjoyed it here actually. it's been- it's very different from Britain. but it's- yeah- it's been very good here. and I had a great time.

C：　so what impressed you ［the most?

R：　［oh［聞取不能］? uh um, I think just Tokyo in general. Cardiff is a quite small city. just seeing a big city is quite nice. like Tokyo's night life as well.（hh）

C：　（hh）okay?［生徒ざわつく］okay.
（7.0）
［Ss：何言ってんのかわかんない］

T：　okay. okay next- next please. raise your hand. volunteers?

三つ目は、ゆってぃによる、「日本の印象」を尋ねる質問である。"I've really enjoyed it here" という形で特に具体的な場所が特定されていないRyanの回答を受け、「何が一番印象に残ったか（So what impressed you the most?）」という質問で話の内容を広げようとしたCathy先生だが、21歳のRyanから「東京全般」という答えに続いて、「東京の夜の遊び（ナイトライフ）」という返事が返ってきた。

生徒にとって、このRyanの答えの英語はスピードが早くて聞き取りにくく、「何言ってんのか分かんない」という生徒の声が示す通り、理解できた生徒はほとんどいない（1人もいない可能性すらある）だろう。Cathy先生が少し笑って、"okay" を繰り返すそばで、生徒たちはRyanの英語が理解できず、黙り込んでしまう。ここで高頭先生は、"Okay. Okay, next- next please. Raise your hand. Volunteers?" と次に進む判断を下す。

このようにして、Cathy先生の質問に対するRyanの答えを通じて少なくとも相互行為の近傍に引き寄せられてきた「東京の夜の遊び」は、Ryan、Cathy先生、高頭先生の誰からも同調や追加説明を受けず（共有はされているかもしれない）、また、「インタヴュー・タイム」という「公式」の枠内でこの後に生起するコミュニケーション出来事によって前提とされることもないまま、無数のコンテクスとの一部として、「インタヴュー・タイム」には関係がないコンテクストとして、さらに言えば、「なかったもの」として、後景化していく。

3.4.4 教育的意訳：換喩的言い換えによる「汚名」の回避

Happening 4

S：　んと, my name is S. I'm seventeen years old. my birthday is on October 24. I belong to dance club. んと, what are your special abi-（4.0）what are your, special, uh, abili- abilities?

C：　so what's your special ability?

R：　I don't know actually. I've never been asked that so. um, I'm quite good with computers, generally. I'm

T：　computers.

R： yeah. I'm quite a big nerd, to be honest. what's the word?
C： uh, I don't know.
R： ah. (hh)
C： like he can fix broken computers [very well.
T： [o:h, he can fix- fix broken computers. ummm.
C： [聞取不能].
T： oh, yeah. okay.

最後は、Sによる「特技は何ですか（What are your special abilities?)」である。この質問に対して、Ryanは「わからない」「今までに聞かれたことがない」と少し戸惑いつつ、「コンピューター全般が得意である」と答える。さらに続けて、実は（to be honest）自分が「かなりのオタク（a big nerd)」であることを開示する。このことを生徒に伝えようとしたのか、Ryanは日本に比較的長期間住んでいる姉のCathy先生に、"What's the word?"と"nerd"に対応する日本語を尋ねている。これに対し、Cathy先生は知らないふりをし[13]、代わりに、「壊れたコンピューターを上手に修理することができる」と"nerd"を換喩的[14]に言い換えることで、Ryanとの一連のやりとりの内容をそのまま生徒に伝えるどころか、Ryanの答えをSの質問（「特技は何ですか」）に対する答えとしてふさわしい（より関連がある）形に変換すると同時に、"nerd"という社会指標性に満ちた形式を再び使うことを回避する。なお、このやりとりにおいて"nerd"という語を認識し、それに対応する日本語をRyanがCathy先生に尋ねていたことを理解できた生徒は恐らくいない（いたとしても、極めて少数である）ことにも注意したい。「東京の夜の遊び」と同様、ここでも"nerd"という形式の生起自体が「なかったこと」になっている可能性も大いに考えられる。

以上、多くの生徒が"Good question."や"Well done."などの評価を高頭先生、またはCathy先生からもらえていた「インタヴュー・タイム」で、そのような評価を得ることができなかったKenta、H、ゆってぃ、Sの4人による質問、および、それらに対するRyanの答え、そして、それらを受けた、それらを前提とした教師も交えたやりとりを分析した。極度に（詩的に）構造化されたこのアクティヴィティにおいて、生徒とRyanとの間の「質問—答え」だけには自由が許されており、よって、そこに予測不可能な「偶然の出来事」が入り込む余地があるかもしれないことは、すでに述べた通りである。案の定、上記4人の生徒によって、また、彼／女らの質問を契機として、明らかに「予期」されていなかったように見える話題や形式がアクティヴィティに入り込んで来た。その時、高頭先生とCathy先生が一貫して行ったことは、生徒の質問やRyanの答えに対する「メタ語用的操作」であった。

Kentaとゆってぃの場合、「時制の操作」や「同調しないこと」に媒介されて、「姉弟の不仲・喧嘩・相互嫌悪」、「東京の夜の遊び」というトピックが、相互行為の「今・ここ」から遠くに（あるいは、無関係なところに）位置づけられた。また、HとSの場合は、「外交的非指標性」や「換喩的言い換え」を通じて、相互行為の空間に引き入れられてきた形式が持つ「社会指標的な意味」が排除されつつ、その「言及指示的な意味（の一部）」が相互行為の場に保持された。

このようにして、アクティヴィティに内在する「強固な詩的構造」の隙間をぬって偶然やってきた諸々の「予期せぬこと」は、2人の教師による巧みなメタ語用的方略・操作と、生徒によるアクティヴィティへの参加方法（ルール）の遵守を通じて、「授業」の枠組みに回収（リフレーム）されていった。

3.5 「英会話」の授業における「ネイティヴ・スピーカーとの出会い」という相互行為のテクスト

前節までを通じて、外国語指導助手（ALT）であるCathy先生の弟・Ryanが「スペシャルゲスト」として訪れた、新年度最初の「英会話」の授業におけるコミュニケーションを詳細に分析した。ここで行われたアクティヴィティ、「インタヴュー・タイム」（高頭先生による命名）は、生徒とRyanを「近くて遠い」存在として措定する様々な「対照ペア」を駆使した相互行為的「お膳立て」を前提とし、複数の次元に跨る「詩的構造化」が付与する強固で明確な展開・参加の「型」に基づいて進んでいくものであった。この「詩的構造化」を通じて、アクティヴィティ内におけるコミュニケーションの予測不可能性・自由度はかなりの程度、抑えられているのだが、「インタヴュー・タイム」の「ピーク」にあたる生徒とRyanによる「質問—答え」の内容だけには自由が許されており、結果、予期せぬトピックや形式が時折、この場に入り込んできた。しかし、そのような時であっても、2人の教師が巧みなメタ語用的方略・操作を行うことで、また、アクティヴィティへの参加の仕方が生徒によって遵守され、粛々と「インタヴュー」の順番が進められることで、それらは「授業」の枠組みに回収（リフレーム）されていくのである。

さて、全員の生徒による「質問」が一通り終わったと思われることに高頭先生が言及すると、Cathy先生も“Well done. Very good questions.”と「全体」に向けてコメントし（E)、「インタヴュー・タイム」は締め括りを迎える。続くアクティヴィティは、「インタヴュー」を通じて分かったRyanに関する情報を各自がプリントに「書く」ことである。しかし、ここで高頭先生が、“I think it might, it was a bit difficult for them to listen（C: Yeah.), to understand（C: Yeah.). So maybe, it might be difficult for them to write what they found about Ryan.”と、Ryanの英語を聞き取って理解することが生徒にとってやや難しかったかもしれず、よって、Ryanについて分かったことを「書く」ことが難しいかもしれない、との見解を示すと、これを聞きながらCathy先生も“Yeah.”と同意を示した。そこで、高頭先生とCathy先生がその場で即興的に導入したのが、「Ryanから生徒に質問する」というアクティヴィティである。

このアクティヴィティは、はじめにRyanが一つ質問し、その後、教師によって当てられた数名の生徒が答える形で展開した。Ryanからまず出された質問は、「日本で主に人気があるバンドは誰か（“Who are mainly popular bands in Japan?”)」で、それをCathy先生が「日本であなたの好きなバンドか歌手は誰か（“What are your favorite band or singer in Japan?”)」と言い換えた。この質問に対し、最初に当てられたHacchiは、L'Arc〜en〜Ciel（ラルク アン シエル）という日本のロックバンドが好きであると答えた[15]。続いて当てられたKentaは、「ミスチル」の愛称で親しまれている日本のバンド、Mr. Childrenの名を挙げる。「日本で主に人気のあるバンド」を尋ねたRyanであったが、（生徒にとっての）「洋楽」というジャンルが指定されなかったこと、また、Cathy先生による「あなたの好きなバンドか歌手」への質問内容の言い換えも相俟って、彼は知らないバンドの名を聞かされることになった。予想される通り、2人の生徒の答えの後、Hacchiが教師に促されて、彼女が軽音部で「ベース」を弾いていることに言及したことを除き、やりとりが進展することはなく、Cathy先生はRyanに「別の質問（another question）」を求める。

続いてRyanから出された質問は、"What manga or anime do you like?"である。自己紹介を通じて、Ryanが「アニメ好き」であることはすでにクラス内で共有されている。また、定期刊行雑誌、コミック本、テレビアニメ等のメディアを通じて多くの生徒が"manga or anime"に日常的に接していることから、この質問は、教室にざわざわとした雰囲気をもたらした。

高頭先生が"I love 宮崎駿."と自分の答えを紹介した後、この質問に対して3人の生徒が当てられることになった。まず、Ponyが"I like 金田一少年の事件簿[16]."と答えると、クラス内に大きな（Hの"I'm free!"の時ほどではないが）笑いが起きた。次に当てられたゆってぃは、"I like ドラえもん."と答え、少なくとも日本国内では認知度が高いと思われるこのアニメについて、高頭先生がRyanに"Do you know Doraemon?"と尋ねる。この質問を聞いたRyanは"Dragon…"と音が似ている「ドラゴンボール[17]」を類推するが、高頭先生からの簡単な説明を受けても「ドラえもん」は観たことがないという。そして、高頭先生が"Are there anyone who loves Dragon Ball? Raise your hand."と「ドラゴンボール」が好きな生徒に挙手を求めると、録音を聞く限り[18]、手を挙げた生徒が数名いたようである。これを受けて、高頭先生がRyanに「ドラゴンボールは好き？（"Do you like Dragon Ball?"）」と質問するが、それはRyanの好きなアニメ（"my favorite"）ではなかったことが判明した。さらに高頭先生が“What is your favorite Japanese animation?”と聞くと、Ryanは“Probably, Bleach[19], I think.”と答え、この時、生徒から「おおー」という声が沸き起こった。高頭先生は“I don't know about it.”と「ブリーチ」を知らないことを告げるが、生徒の反応を見たCathy先生が「みんなは知っているみたいですよ（“Maybe they know.”）」と伝えると、高頭先生は笑いながら「おお、okay」と漏らした。

そして、最後に当てられ、「好きなアニメはありますか（“Do you have any animation you like?”）」と聞かれたMは、「あー、ジブリ。」と答える。これに高頭先生は「ジブリ。おおー。」と反応し、Cathy先生はRyanの自己紹介でも提供された内容、“So we went to the Gibli Museum on Saturday.”を続けた。

ここまでの、Ryanによる二つの質問とそれらに対する5人の生徒の答えを受けて、高頭先生は“Okay. Okay. Are you ready to write what you found about Ryan?”とアクティヴィティを次に進める意思を示し、Cathy先生は“And you can write about what you think of Ryan.”と、Ryanについて思うことやRyanの印象を書いても良い旨を生徒に伝えた。また、書く分量について、その場で高頭先生とCathy先生による協議が行われ、“Please try and write at least five sentences.”という指示が出されると、生徒はそれぞれ、「インタヴュー・タイム」のまとめに取りかかっていった。

「インタヴュー」の後、生徒がRyanの英語をあまり理解できなかったように思われるという理由で、高頭先生とCathy先生は「Ryanから生徒に質問する」というアクティヴィティを即興的に導入した。Ryanによって為された質問は、「日本で主に人気のあるバンドは誰か」と「どの漫画・アニメが好きか」であるが、ここから次のアクティヴィティに移るタイミングに関して、「(近くて遠い）生徒とRyanの距離を（相互行為的に）近づける」という上述の枠組みが、ここでも効いているように見える。

Ryanの好きなアニメが「ブリーチ」であることが分かった時、生徒から「おおー」という声が起こったが、たとえ高頭先生が「ブリーチ」を知らなかったとしても、生徒が大きな反応を示したことは、少なくとも生徒とRyanとの間に共通の（オノミー）知識があることを指し示している。そして、Mが「ジブリ」が好きであると答えた時、Cathy先生は、「土曜日にジブリ美術館に行った」ことに言及するが、Ryanの自己紹介時に同じことが言われた際にも、生徒から「おお」と上記「ブリーチ」と同様の反応が起きていた。すなわち、生徒の「感嘆」という反応が指し示す、生徒とRyanに共通の知識や経験、および、Ryanがそれを有していることに対する生徒の驚きの気持ちが反復された時、つまり、「詩的機能」を通じてそれらがテクスト化された時（「間ディスコース性」が成立した時）が、高頭先生の「アクティヴィティの移行の意思」が出現する時である。

以上が、自己紹介、生徒からの「質問」とRyanによる「答え」、そしてRyanからの「質問」と生徒による「答え」から構成される「インタヴュー・タイム」の内実である。「このアクティヴィティで何が行われたのか」という

表3.1　招かれざる（？）トピック

Japanese food? = Soba noodles or sushi	
Sport? = Rugby, football	
*Like your older sister? = ?	Don't really like (?) his older sister (=teacher)
Sport? = Mainly rugby, football as well	
*Girlfriend? = No	I'm free!
Hobby? = Film, animation	
*Impression of Japan? = Enjoyed Tokyo in general	Night life
Favorite singer? = Nine Inch Nails	
Breakfast? = Fruit and muffins	
Like/know natto, soy beans? = Never tried	
What do you study at university? = Computer animation	
What do you think about Japan? = Enjoyed it, nice weather	
Play the guitar? = Used to, now a little bit of piano	
*Special abilities? = Good with computers	Nerd
What do you want now? = Money, don't want anything NOW	

※ 左側にあるQuestion? = Answerは、簡易的な記述とした。なお、両先生が忘れていたのか、1名の生徒が質問の機会を得られなかったため、16名の出席者に対し15個の質問となっている。

問いに対し、「生徒とRyanの交流」と答えることもできるだろう。しかし、ここまでの分析で明らかになった、相互行為上に現れた微細な要素とそれらの重要な相互行為的効果の積み重ねを踏まえるならば、Ryanとの出会い・接触を通じて生徒によって「為されていた」ことは、明らかに「Ryanとの交流」という枠に収まりきるものではない。

そのことを示すための重要な証拠の一つとして、最後に、生徒の質問とRyanの答えを整理したい。前節で、教師による「メタ語用的な方略・操作」の対象となった四つの質問を紹介したが、それらを含む全ての質問とRyanの答えをまとめたものが表3.1である。食べ物、スポーツ、趣味（好きなこと）、日本の印象、今欲しいものなどが取り上げられ、それらの質問の多くに"Good question."、"Well done."といった「評価」が与えられる中、メタ語用的な方略・操作を通じて社会指標的意味が取り除かれたり、相互行為の「今・ここ」から巧みに追い出されたりして、「授業」の枠組みに回収されていったトピックは右側に示されている。

極めて興味深いことに（しかしまた、極めて予測可能なことに）、ここで教師によって相互行為の「今・ここ」の外（遠く）に追いやられているトピックは、「家族（教師）との不仲・喧嘩・相互嫌悪」、「男女関係」、「夜の遊び」、そして「他人に対する汚名」と理解できる。これらのトピックは一般的に、「学校」という場所において「問題」として表面化した際には、制限や指（補）導、家庭訪問、場合によっては処分等の対象となるものである。すなわち、「インタヴュー・タイム」における生徒とRyanによる「質問―答え」に許される自由は、「教育の場における適切さ」という軸においても大きく制限されていたことが、表3.1を通じて明らかとなる。

この授業で、生徒は確かに、Ryanという「ネイティヴ・スピーカー」に出会った。しかし、その出会いを生み出す一連のコミュニケーション出来事は、(1) アイデンティティの対照ペアを駆使したお膳立て、(2)「IRE構造」の反復を含む展開・参加の仕方の強固な「詩的構造化」、そして、(3) 教師の「メタ語用的な方略・操作」を通じた「教育の場に不適切な内容」の締め出し、以上を確かに刻印するものであった。つまり、この授業で生徒が体験した「ネイティヴ・スピーカーとの出会い」は、上記のようなコミュニケーション出来事の展開・積み重ねによって生み出された「相互行為のテクスト」という「効果」である。

そうであるならば、この授業で生徒が使った「英語」とは一体、何だったのだろうか。もちろん、自己紹介や質問の内容を、英語（母語）話者のRyanに伝達するという面において、それが「言及指示的機能」を担っていることは否定しがたい。しかし、そのような「英語」を使うことそれ自体の前提として、また、そのことが生み出す帰結として、上記（1）から（3）の要素が存在しているとするならば、生徒にとって「英語」は紛れもなく、学校・教室という制度的な場で「生徒」として振舞うことを可能にする媒体（記号）でもある。

3.6 「授業」は自明か？：生徒のメタ・コミュニケーションを掬い取る

以上、本章では、外国語指導助手（ALT）であるCathy先生の弟・Ryanが「スペシャルゲスト」として教室を訪れた1学期最初の「英会話」の授業で、生徒とRyanとの「出会い」がどのようなコミュニケーションを通じて達成されたか、そこで起きた「予期せぬ出来事」が、教師・生徒の両者によってどのように「授業」の枠組みに回収されていったか、その微細なプロセスを明らかにした。そして、この授業で生徒が使った「英語」が、「言及指示的機能」（何かについて、何かを述べる機能）を担っているのみならず、特定のコンテクストの前提・創出に貢献することを通じて、学校・教室という場で「生徒」として振舞うことを可能にする社会指標的媒体としても機能していることをデータに基づいて示した。ここまでに記述してきた、この授業におけるコミュニケーション出来事の内実は、全体的な整合性を有しており、一定程度の妥当性を持つ解釈であると考える。しかし、本章で示した「全体的な整合性」は果たして、この授業における唯一の「全体的な整合性」なのであろうか。

なぜ、このような問いをわざわざ立てる必要があるのか。その根拠は、(1) 自己紹介と質問を考える時間中のHと彼女の周りの女子生徒の声によく耳を傾けながら注意深く録音を聞くと、"Do you have a girlfriend?" という質問に対して「衝撃だよね」、"I'm free!" という切り返しに対して「つよ（強い)」などと話していたことが分かること、(2) Hに質問の順番が回ってきた際、周りの女子生徒が「きたー」という、あたかもHの番を待ち構え、何かが起こるのを期待しているかのような反応を示していたこと、(3) Kentaの質問の後、Naohitoが「聞いちゃいけないとこだったかもしれないね、もしかしたら。」と、2人の教師とはかなり異なる視点からKentaの質問に対する「評価」をしていたこと、すなわち、生徒が自身の「質問」やRyanの「答え」、および授業の展開にまつわる「メタ・コミュニケーション」を行っていたことである。

明らかに、Hとその周りの女子生徒は、"Do you have a girlfriend?" というHによってこれから為される質問と、想定されるRyanの答えに対する切り返しに関して、メタ語用的アイデア・理解を事前に共有している。だからこそ、Hの順番がやってきたことに対するコメントは、ためらいを示す「えー」などではなく、「きたー」であると考えられる。そして、この質問に対するRyanの答えが "No" であった時、彼女らはそれを互いに確認し、(アイデア通り) "I'm free!" とさらに返したHは、クラス全体を巻き込む大爆笑を引き起こした。当然、Hの「順番」が終わり、彼女が着席したあとには、NaohitoがKentaにしたように、Hの周りの女子生徒も、Hの質問、および、「衝撃」的で「強い」質問と切り返しを実際に行ったHに対して、何らかの評価やリアクションを行っていることが容易に推測できる[20]。

つまり、本章で明らかにできた、「英会話」の授業における、詩的に構造化された「生徒とネイティヴ・スピーカーの出会いの編成」は確かに、この教室で起きたことの一つの側面であると思われるが、それはあくまで「一つの側面」であって、Hとその周りの女子生徒の間では、別の出来事が進行・展開していたかもしれない。次章では、この問題に正面から取り組むことで、「教室で英語を学ぶ」ことにまつわるコミュニケーションの「層」への視座を拡げることを目指す。

注

1 録音を聞き取ることができる範囲で具体例を挙げると、「○○ぴー（あだ名）。」―「やっほ。」―「遠いね。困ったとき○○ぴーに頼れん。」というやりとり、「△△子、△△子。目の前だよ。」、「やだー、ここだよ。」などの（互いの）座席に関するコメントがある。

2 第1章で示した通り、Jaffe（2009, p. 3）と Kiesling（2009, p. 172）に倣い、ここでは、「スタンス」を「自らの発話（utterance, talk）（の形式・内容）や（話し）相手（interlocutors）に対する自らの関係の表出」として定義する。

3 この後、Cathy 先生が "So you now have a chance to interview..." と言いかけたところで、教室の後方に座っていた筆者に気づき、高頭先生によって筆者にも自己紹介を行う機会が与えられた。"Uh, my name is Takeshi Enomoto. And I'm a graduate ていうのは，えーと，大学院, graduate student at Rikkyo University. And I'm studying English education, and I'm interested in how you learn English and how you talk about English in classroom. よろしくお願いします." と筆者が自己紹介を行うと、生徒から拍手が起こった。

4 このような「具体的な現れ」のことを、パース記号論では「トークン」と呼ぶ（第1章参照）。

5 図3.3の矢印が示す通り、高頭先生は、日本を基点として、海外（旅行）に「行く」（そして、「帰って来る」）存在であることにも注意。

6 高頭先生の自己紹介が終わった後、Cathy 先生が "When did you visit Kenya?" という質問をしていることも想起されたい。

7 「質問―答え」「依頼―受諾／拒否」などといった、コミュニケーションにおいて片方が与えられれば他方が起こることが通常予想可能なペア（対）のこと（cf. Mey, 2001）。

8 「教室」において典型的に観察される発話の配置で、I は "initiation"、R は "reply/response"、E（F）は "evaluation（feedback）" の略である（Mehan, 1979; Cazden 2001; McHoul, 1978）。

例　教師："Evaluation" の意味と品詞は何ですか？（I）
　　生徒：「評価」で、名詞。（R）
　　教師：はい、そうですね。（E）

9 特定の出来事の参与者の視点から投射される、出来事と出来事の間の指標（指し示し）関係のこと（Silverstein, 2005, pp. 6–7）。

10 Ryan の答えの拙訳は下記の通りである。「好き…まあ、姉ちゃんとは気が合うよ。日本に来てから、最近まであんまり一緒に過ごしてなかったし、会えてよかった。」

11　例えば、下記のやりとりの具体的な状況を想像されたい。

女：彼女いるの？

男：いないよ。

女：私、彼氏いないよ。

12　しかし、この解釈は、高頭先生の「意図」に即したものではない。後日、高頭先生と交わしたメールによると、高頭先生はこの時、Hの“I'm free!”が「私はタダよ！」という「はしたない」表現にならないよう、“so you don't have boyfriends now”とその意味を確認したそうであるが、このこと自体が、「行為」としての“I'm free!”の解釈にとって重要ないくつかのコンテクスト的分岐点を指し示しているように思われる。まず、(1)交際相手がいない状態を指す「フリー」という日本語表現に馴染みがある（日常的に使用している）かどうか、次に、(2)“free”に「自由である」の他に「無料（タダ）である」という意味があることを知っている（すぐに想起できる）かどうか、そして、(3)ここで使われる“free”から「タダである」という意味と「売買」の枠組みが喚起されるかどうか、である。Hの質問にまつわる「相互行為のテクスト」として、本文に示した筆者の解釈が他の解釈に対する優位性を有していると思われる根拠は、「英会話」の生徒にとって（1）（のみ）が強く前提とされる可能性と、(2)と（3）が同時に前提とされることで（1）が後景化する可能性とを比べた場合、後者の可能性が極めて低いと考えられることである。そして、筆者によるこの判断自体が、本書がより「生徒の視点」に寄り添うことを目指していることの証左である。

13　後日、直接確認したところ、Cathy先生は「オタク」という日本語、さらに、その言葉があまり良くない印象を喚起することを知っていた。

14　「換喩（メトニミー）」とは、隣接性・近接性の原理に基づいて意味を拡張する比喩の一種で、人の「あだ名」を思い浮かべると理解しやすい。例えば、赤い頭巾を被った女の子を指す「赤ずきんちゃん」、眼鏡をかけた男子を指す「メガネ君」、プラダ（海外ブランド）のバッグを多く所持している日本人女性の友人を指す「プラ子」などである。このアクティヴィティでは、Cathy先生が、コンピューターの“nerd”に関連づけられる（隣接・近接している）「コンピューターに関する、一般の人よりも（かなり）高いスキル」に言及したことで、「(やや）非社会的」などといったことも含む“nerd”のネガティヴな特徴・イメージが排除されつつ、特定の事柄の「エキスパート」である側面が照らし出されている。

15　L'Arc～en～Cielは、「オリコンシングルチャート」で1位を獲得したり、大晦日に開催される「紅白歌合戦」にも参加したことがある、「人気ロックバンド」と呼べるバンドであるが、Hacchiの答えに対して「ラルク アンド シェル」と聞き返した高頭先生は、この時点では、このバンドを具体的に思い浮かべられなかったようである。

16 実写ドラマ版も発表されているミステリー（推理）漫画。

17 1984 年から約 10 年にわたって『週刊少年ジャンプ』に連載され、単行本、テレビアニメ、劇場版など、様々なメディアを通じて日本国内外で親しまれた（親しまれている）作品である。

18 生徒の間に起きた笑い、“Raise your hand.” の後すぐに起きた “oh” という高頭先生の反応、1 人の生徒の「きたー」という声、そして、この後に高頭先生が “Do you like Dragon Ball?” と Ryan に尋ねていることから判断した。

19 「Bleach（ブリーチ）」は、2001 年から 15 年にわたって『週刊少年ジャンプ』に連載された作品で、これもコミック、テレビアニメ、劇場版などの形で公開されている。

20 この授業では、筆者の手元にレコーダー 1 台のみを置いていたため、その内容は定かではない。

第4章
IREとその分身：生徒のメタ語用的言語使用から迫るもう一つの現実

4.1 前章のまとめ

前章では、Cathy先生（ALT）の弟・Ryanが「スペシャルゲスト」として教室を訪れた1学期最初の「英会話」の授業における生徒とRyanの「出会い」が、(1) アイデンティティの対照ペアを駆使したお膳立て、(2)「IRE構造」の反復を含む、相互行為の展開と参与者構造の強固な「詩的構造化」、そして(3) 教師の「メタ語用的方略・操作」を通じた、「教育の場に不適切な内容」の締め出し、以上を特徴とするコミュニケーション出来事の積み重ねを通じて生み出された「相互行為のテクスト」であったことを明らかにした。

しかし同時に、上記のような「相互行為のテクスト」が生み出される傍らで、生徒が互いの「質問」やRyanの「答え」などにまつわる「メタ・コミュニケーション」を行っていた事実から、前章で整合的に示すことができた「相互行為のテクスト」とは全く異なる「相互行為のテクスト」が生徒の間で生み出されていた可能性があることを指摘した。前章で言及した「メタ・コミュニケーション」を再度、具体的に示すと、(1) 自己紹介と質問を考える時間中、Hの周りの女子生徒が、“Do you have a girlfriend?”というHの質問に対して「衝撃だよね」、また、“I'm free!”と切り返すことに対して「つよ（強い）」などと話していたこと、(2) Hに質問の順番が回ってきた際、周りの女子生徒が「きたー」というあたかもHの番を待ち構えていたかのような反応を示していたこと[1]、そして、(3) Kentaの質問の後、Naohitoが「聞いちゃいけないとこだったかもしれないね、もしかしたら。」と、2人の教師とはかなり異なる視点からKentaの質問に対する「評価」をしていたことである。

このことを真摯に受け容れるならば、前章で行ったような、教師・生徒間のやりとりに主な焦点を当てた分析のみをもって、「教室で為されていること」を十全に捉えたとは必ずしも言い切れなくなる。つまり、生徒が「インタヴュー・タイム」で発した質問を、「教師の指示に従って、Ryanとともに「質問—答え」の隣接ペアを（純粋にRyanへの興味に基づいて）成立させる」という枠組み（前章で示した「IRE構造」の“R”）に還元することは必ずしも適切ではなく、そこに異なる（そして恐らく、複数の）「行為の意味」が立ち上がっている可能性があることが、何よりも生徒の「メタ・コミュニケーション」によって、雄弁に示されているのである。

このような観点から、本章では、前章で扱ったような教師・生徒間の相互行為に加え、「グループ・ワーク」における生徒間の相互行為も視野に入れた形で、同じ「英会話」の別の授業を分析する。そのことを通じて、教室における相互行為の「フレーム」と「行為の意味」の多層性、教室で生徒が使用する「英語」の多機能性、そして、そこから導かれる、授業時間中の教室で同時進行している「現実」の複数性に、データから迫る。

4.2 新任ALTとのアクティヴィティ

本章で扱う事例は、夏休み後、2学期最初（9月3日）の授業で行われた、「新しく着任したALTに質問（インタヴュー）をする」というアクティヴィティである。JETプログラムで来日していたCathy先生は7月に帰国し、この「英会話」は9月から新たなALTを迎えることになった。新しく着任したALT、Michael Loper氏（仮名；白人男性、年齢30歳前後、アメリカ・カリフォルニア州出身、元消防士）は、低くて響き渡る声、整髪料で固めた短い髪、長身（自称2メートル）で筋骨隆々、「ルイ・ヴィトン」のベルト、などといった、Cathy先生とはかなり対照的な属性の持ち主で、生徒たちには「こわい」と映ったようである。

チャイムが鳴ると、高頭先生は早速、“Okay, good morning, everyone. Long time no see.”と新学期の挨拶とともに授業を開始した。さらに、“Today we have a new teacher here. Mr. Loper. Please give him a big hand.”と高頭先生が新しいALTを紹介すると、生徒からは“Welcome to（学校名）!”という高頭先生の言葉がかき消されるほどの拍手が起こった。拍手がおさまり、この時点ではまだ生徒にフルネームが告げられていないこのALTに対し、高頭先生がファーストネームを確認すると、彼は“My name is Michael Loper, but I would prefer you call me Mr. Loper.”とフルネームを告げるとともに、生徒から“Mr. Loper”と呼ばれることを希望することが明示された。高頭先生は、生徒が彼をどのように呼べばよいか、“How should they call you?”とあらためて確認し、“You should refer to me as Mr. Loper.”という生徒に宛てた返答を得ると、“Ah, okay. So please call him Mr. Loper. Mr. Loper. Okay?”と生徒に伝え、さらに、“Repeat after me. Mr. Loper. はい（掛け声）。”と言って生徒に2回、この新しいALTの名前を実際に発音する機会を与えた。

高頭先生から再度歓迎の言葉を受けたMr. Loperは、“Thank you very much. How is everybody doing today? How are you all doing today?”と生徒に語りかける。しかし、生徒からは返事がない。ただ1人、Kentaが“I'm...”と返事をしかけたところで止めると、NaohitoはKentaに小声で「いけ、いけ。」と促し、さらにMr. Loperが“How are you today?”と問いかけると、Kentaは“I'm fine, thank you.”と答えるが、その後クラスは一瞬、沈黙に包まれる。Kentaが「えっ？」と戸惑いを見せると、クラスに笑いが起き、Mr. Loperも“Perfect.”と返した。

この後、2学期最初のこの授業で全員の生徒がまず行ったアクティヴィティは、“Roll call questions”である。これは、高頭先生が1人1人の名前を順番に呼び、名前を呼ばれた生徒は、“Here.”という「出席」の返事の代わりに、“My name is 自分の名前. Call me ‘(nick) name.’ Nice to meet you, Mr. Loper.”と三つのことを起立して言うものである。

“Roll call questions” が始まり、それぞれが上記の三つを Mr. Loper に告げると、Mr. Loper は 1 人 1 人に“Nice to meet you, too, (student's name).” と丁寧に返事をするが、時折、言い出すタイミングを間違えて（上記の三つを忘れて）生徒の発話を遮ってしまった時には、生徒から笑いが起きた。また、この“Roll call questions” で Naohito は、（恐らく）無表情[2]で上記の三つを言い、クラスの笑いを誘った。このような行動をとる Naohito について、高頭先生が Mr. Loper に、彼（Naohito）が“a charming boy” であることを伝えると、女子生徒から悲鳴が沸き起こった。Naohito の次に名前を呼ばれたのは、彼の隣の席に座る Taro であるが、自分がとった行動によって結果的に女子生徒の悲鳴を誘発してしまった（恐らく予期せぬ形で盛り上げてしまった）Naohito は、「ごめん、やりにくくして。」と Taro に小声で謝る[3]。

“Roll call questions” が終わると、高頭先生は配布したプリント[4]をもとに、この授業の「メイン・アクティヴィティ」に関する説明に移る。その内容は下記の通りである。

授業のメイン・アクティヴィティに関する説明とグループ分け

T＝高頭先生　ML＝Mr. Loper

T：　everyone. please write, please write here interviewing Mr. Loper. write Loper here. the title of today's lesson. interviewing Mr. Loper. interviewing at the top of this sheet. Mr. Loper. write Loper here. interviewing Mr. Loper. okay? interviewing Mr. Loper. okay? now. today, you're going to interview Mr. Loper, and Mr. Loper is going to explain how to do it. so listen carefully. listen to him carefully okay? listen to Mr. Loper's directions. okay?

ML：　all right class, first thing I'd like you to do is make groups of three or four people. and I'm gonna give you three minutes to do this. and if you don't do it by yourself, I will choose your groups. so three or four people. please make some groups starting now.

T：　okay, three minutes. ［タイマーをセットする音］three minutes.
［生徒は（主に近くに座っている生徒同士で）グループをつくる］
then please choose- choose a leader. choose a leader of the class［“class” は“group” の言い間違えか？］

ML： each group, please decide your leader of your group. does everybody have their group? group? group? group?
T： 机くっつけて下さーい.
ML： three or four please. three or four.
T： move your desks, please. three or four.［生徒はグループごとに机をくっつける］給食スタイルで机つけて下さい. three or four, please.［生徒机をくっつける］
ML： all righty, everybody have their groups? yes?

グループが決まったことの確認が為されると、そこからさらに行うことについて、Mr. Loper からの説明と高頭先生による日本語の補足説明が加えられる。

リーダーとトピック決め

ML： all righty class. here's the first thing I'd like you to do. now you have your groups, choose your leader. whoever's gonna be the leader of the group, and then［生徒がリーダーを決めるためにじゃんけんなどを勝手に始め，クラスがざわついたため，Mr. Loper は話を止める］
T： listen everybody. listen, listen. listen.
ML： so we all have our leader now. uh, please choose- each group choose one of these topics［表 4.1］. but this is the tricky part. first come, first serve. so, if everybody chooses this one, whoever talks to me first doesn't get to use this one.
T： このトピックに関連してですね，みんなあとで- えーと，ローパー先生への質問を考えてもらうので，リーダー決まったらね，リーダー決まった

表 4.1　板書されていた表

		Leader	○	×	bonus	total
A	Life in Japan					
B	Home Country					
C	School Days					
D	Hobbies, Likes & Dislikes					
E	Language					

ら，どれを，どのカテゴリーで質問を考えたいか決めて，早い者勝ちですので，ここ［表 4.1 の “Leader” 欄］にリーダーの名前書いて下さい．

この高頭先生の指示を受けて、各グループの「リーダー」は黒板の方に（走って）出ていき、着席している他のグループメンバーと（大声で）相談しながら、それぞれ「早い者勝ち」でトピックの横の “Leader” 欄に名前を書いた。各リーダーがグループに戻ると、高頭先生と Mr. Loper が「質問」に関する指示を次の通り行い、指示が終わるとそのまま「グループ」で質問を考える時間となった。

「質問」の作り方に関する説明

ML： all right, now we all have our topic. is everybody happy with what they have? I hope so. now, in your groups, write down, uhm, uh, each group member make up one question, and write it on the pink sheet［次ページ参照］that uh, Ms. Takato would be giving.

T： one question. write one question. on this pink sheet. okay?

ML： I'm gonna give you seven minutes to do this. also keep in mind we have a bonus column here.［表 4.1 参照］［Naohito: ボーナス？きた!］and if you come up with a new topic by yourself, you will be able to go in the bonus column.［Naohito: チャンス］so when you make up your new topic, you have to make up the topic, plus a sentence that goes with that topic. you don't have to do this, but it's a bonus.

T： このカテゴリーに関連したローパー先生への質問を 1 人 1 個考えるんだよ．seven minutes でね．で，このトピックから離れてもう一つなんか質問したい場合，してもいいですね，ボーナスポイントになりますのでね，その，えーと，チームのね．で，ゲームのやり方は後で説明しますので，まずは，質問を 1 個考えて下さい[5]．

色が異なる「質問記入用紙」の内容

Pink sheet（Mr. Loper へ提出）

Write one question in English on the topic your group have chosen. You will ask this question of Mr. Loper in front of the class later.

Blue sheet（グループで保管）

Topic of This Group …………………………………………… Write each member's question on both of the blue※ sheets and then submit one of them to Mr. Loper. The other sheet is kept by the group for reference（1 枚はローパー先生に提出、もう 1 枚は参照用にグループで保管） ● …………………………………………… ● …………………………………………… ● …………………………………………… ● ……………………………………………

※ もともとは「色分け」されていなかったようである。

さて、本章で焦点を当てるのは、“Hobbies, Likes & Dislikes”を選んだH、M、S、Hacchiの女子生徒4名グループである。上記の通り、このアクティヴィティに関する説明では、「余裕があれば、ボーナス・クエスチョンを考える」ということであったが、指示終了後の「グループ・ワークの開始」という形で教師によるコミュニケーションの統制が緩むと、この女子生徒グループでは早速、「ボーナス・クエスチョン」に関する議論が始まった。当然、「Mr. Loperに質問をする（Interviewing Mr. Loper）」というこのアクティヴィティは、4月にRyanが「スペシャルゲスト」として教室を訪れた際の「インタヴュー・タイム」を彷彿とさせる（類似する）ものである[6]。前章で記した通り、そこでHは、“Do you have a girlfriend?” とRyanに質問し、“No” と答えた彼に対して “I'm free!” と返すや、18秒間にも及ぶクラスの「大爆笑」を引き起こした。その出来事は、クラスで（当時Hの周りで「衝撃だよね」「つよ」「きたー」などとコメントしていた女子生徒と、大爆笑を引き起こした張本人であるHをまさに含むこのグループでは特に鮮明に）共有されていると思われる、前提可能な過去の出来事である。

次節ではまず、この4月の出来事を引き合いに出すことから始まる、「ボーナス・クエスチョン」をめぐるH、M、S、Hacchiのやりとりを、質問に対する価値づけの変化とそれが前提とするコンテクスト（コンテクスト化）の動態、さらに、それに伴って変容する彼女ら自身の（仮想的）スタンス／アイデンティティに着目しながら分析する。これを踏まえ、続く第4節で、「グループ・ワーク」でのやりとりを通じて立ち上がったグループ内の「相互行為のテクスト」が、「Mr. Loperに質問（インタヴュー）をする」という「全体アクティヴィティ[7]」で為された「ボーナス・クエスチョン」の「行為としての意味」をどのように枠づけていくか、そのプロセスを明らかにし、そのことを通じて、この授業では少なくとも二つの「現実」が同時進行（併存）していることを経験的に導く。

4.3 グループ内のコミュニケーションと措定される権力関係・アイデンティティのダイナミズム

4.3.1 ノリがよかった「あの時」

質問のトピックを「取る」ために黒板に出ていったこのグループのリーダー、M は、"Hobbies, Likes & Dislikes" を確保した。彼女が席に戻った後、「質問」の作り方に関する指示の途中で高頭先生が「ボーナスポイント」に言及すると（上述）、H、M、S、Hacchi の女子生徒 4 人は、担当トピックに関する質問についての協議と並行して、「ボーナス・クエスチョン」に関する議論を早速、開始する。

H：　ボーナ［スだって．
M：　　　　［ボーナス彼女いるのでいいじゃん．
　　［4 人笑う］
Hacchi：　いいよ．H でいい［よ．
H：　　　　　　　　　　　［ねえねえホビーは？
Hacchi：　［ホビー．
M：　［ホビーは，ウチらでやるから，［ボーナスポイントで
H：　　　　　　　　　　　　　　　［え，でも
Hacchi：　え，1 人 1 個で［しょ．
H：　　　　　　　　　［1 人 1 個考えん［だよ，ホビー．
M：　　　　　　　　　　　　　　　　［1 人 1 個考えてあとボーナス．
H：　それプラスワン？
M：　プラスワンワン．
H：　わかった．じゃプラスだね．
Hacchi：　［聞取不能］ホビーと，何が好きですかとか．
M：　本当に？
Hacchi：　何するのが好き［ですかとか聞いてもいいんだよね．
M：　　　　　　　　　［でもそれぜっ
S：　［dislike, きらいとか．
M：　［そうだよ，dis- めっちゃ簡単なやつ選んだじゃんウチ．
　　ホビーと dislike like だよ．
H：　これでいい？

S：　　やっぱ人気だった？
Hacchi：　どうしよう．
M：　　え，［人気じゃなかった，一瞬でとれた．
H：　　　　［これでいい？［これでいい？これでいい？
Hacchi：　　　　　　　　　［あ，いいね．あい．
M：　　それボーナス．
S：　　え，じゃどうしよう［ウチ．
Hacchi：　　　　　　　　　［で noっつったら I'm free.
H：　　I'm free.（hh）
Hacchi：　そうそう，あのキャシーの，キャシーの弟の時みたく（hh）．［机間巡視中の高頭先生が「Blue sheet（グループ保管用の質問記入用紙）はまだいい」旨を指示する］
M：　　そういえばさあ，キャシーの弟はさあ，ノリよかったけどさあ，なんかお堅くねえ？
H：　　お堅い．なんかなかなか落とせなさそう．＝
M：　　＝うん．
S：　　なに？
M：　　お堅いよ．なんか心開［かなそうだよ．
Hacchi：　　　　　　　　　　［お堅い．ごいガードは固いよ絶対．
M：　　なんか，［ガードルっつうか，お前ら全然話せねえのかよっ
Hacchi：　　　　［心のガードが固い．
M：　　ていう雰囲気出たよさっき．なんもわかんねえのかよっていう．＝
H：　　＝え，どうするどうする？

ここで彼女らは、「ボーナス」が喚起する「彼女いますか？」という質問、さらに、この質問（＝"Do you have a girlfriend?"）が呼び起こす4月の出来事を前提として、「今・ここ」の状況とHの「キャラ」を含めた彼女らの立ち位置を措定している。「ボーナス」を担当することになったHは、「これでいい？」と質問を見せる。Hに対してHacchiが「で、"No" っつったら "I'm free"」と4月にRyanとHとの間で起きたやりとりに「直接引用」の形で言及していること、および「彼女いますか」がこのグループ内ですぐ前に共有されていること（「ボーナス、「彼女いるの？」でいいじゃん。」）を踏まえると、

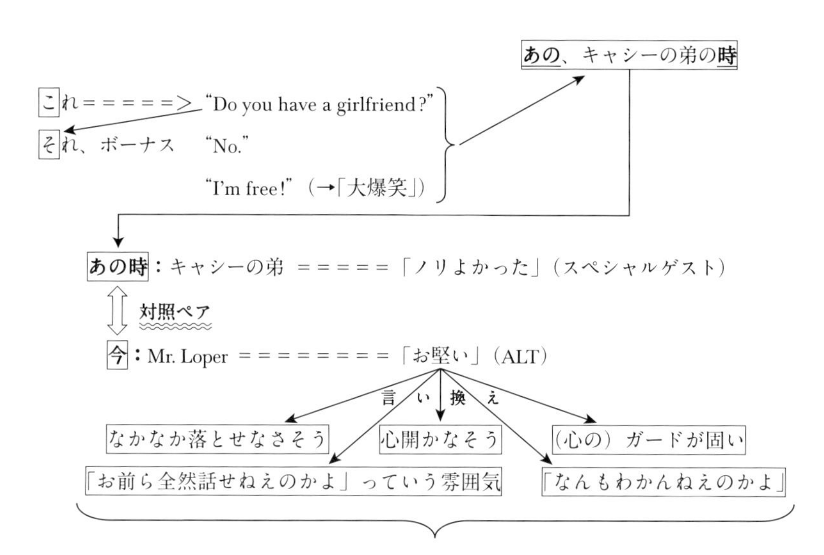

図 4.1 キャシーの弟はノリがよかった

Hが見せた「これ」は“Do you have a girlfriend?”と考えて間違いないであろう。続けてHacchiは、「そうそう、あの、キャシーの、キャシーの弟の時みたく」と、ここで前提化されている「あの時」にさらに直接言及するが、「あのキャシーの弟の時」に含まれる重要な要素として、（18秒にも及んだ）クラスの「大爆笑」（盛り上がり）があることは、容易に推察できる。これを受けて、Mは「そういえばさぁ」と切り出し、4月にゲストとして訪れたRyanは「ノリがよかった」のとは異なり、ALTとして新たに着任したMr. Loperは「お堅い」という「対照ペア」を導入する。ここでMが持ち込んだ「お堅い」に対し、彼女らは「なかなか落とせなさそう」（H）、「心開かなそう」（M）、「（心の）ガードが堅い」（Hacchi）、「「お前ら全然話せねえのかよ」っていう雰囲気」（M）などと、連想されるMr. Loperの特徴を列挙し合う（言い換え合う）ことで、「あの時」と対照的な「今」に関する認識を共有し、それを共同構築[8]していることが見て取れる。明らかに、Mr. Loperと彼女らとの間には、親疎関係で言えば「疎」の関係が、上下関係で言えば彼女らが「下」である状況が、彼女ら自身によって措定されている。

4.3.2 「勇気」があるウチら

このように、Cathy 先生とは対照的に体が大きくて迫力がある Mr. Loper と H、M、S、Hacchi との間には、親疎・上下両方の関係において、大きな隔たりが措定された。しかし、むしろこのような状況だからこそ、Mr. Loper に敢えて "Do you have a girlfriend?" と聞く（ことができる）ことには、以下のやりとりが指し示す通り、彼女らにとって大きな意味がある。

ML：　［クラスに向かって］think of bonus. bonus topics, bonus questions.
M：　これ［"Do you have a girlfriend?"］でもう一発っしょ．
H：　どうする，他の人にとられちゃったら．
S：　［ぜったいありえないよ．
M：　［いやいないいない，いないよ．＝
S：　＝ほんと？
M：　そんな，みんな勇気ないって．
S：　そっかそっかそっか．そう［いうことね．
Hacchi：　［やっぱ H. そこは H だよ．
S：　あ，ほんとだ．（hh）得意分野じゃん．＝
H：　＝うるせえよ（hh）
S：　［笑う］

先に彼女ら自身によって措定された、Mr. Loper に対する「疎」・「下」の関係を前提とし、なおかつ、（「ノリがよかった」Ryan とは対照的に）Mr. Loper がお堅く、ガードが固く、なかなか落とすことができない ALT であるとするならば、彼女ら（生徒）にとって、"Do you have a girlfriend?" と質問するには確かに「勇気」が必要であると思われる。このアクティヴィティにおいて、もし "Do you have a girlfriend?" と質問することができれば、彼女らは他の「みんな」よりも「勇気」があることになり、それは間違いなく大きな差異化となる。そして、ここでの彼女らの強みは、恋愛的なテーマを「得意分野」とするHを擁していることである。つまり、Hの「キャラ（得意分野）」を前提とすることで、彼女らのグループは、他のグループが「勇気」を出さなければすることができない質問をすることの根拠・必然性をより容易に獲得することができるのである。

4.3.3 「労働中」のウチら

そして、“Do you have a girlfriend?” と**質問すること**に関する彼女らの理解と価値づけ、および、質問に対する彼女らのスタンスは、前項に示したやりとりの後すぐに持ち込まれた、「Mr. Loper が結婚しているかもしれない」という新たな問題に媒介され、さらに変容していく。

M：　ね，もしかして結婚してるかもよ．(hh)
S：　なんか，でもゆってなかったっけ？
H：　ドゥー・ユー・ハブ・ア・ワイフ？
Hacchi：　なんかそう．=
M：　=いや，これの［方が簡単じゃねえ？
Hacchi：　［フィアンセが［いるとかさ．
S：　［うん，なんか［三芳にいる．
Hacchi：　［ねえ，フィアンセがあ
M：　だれ？
S：　三芳．
Hacchi：　あの山田先生（仮名）がゆってたん［だけど
M：　［うん．［やばいじゃん．
Hacchi：　［フィアンセが日本にいるんだよね．
S：　［三芳．三芳にいるって．
M：　まあ，［いいじゃんガールフレンドで．かわいいじゃん．
Hacchi：　［三芳- 三芳ってどこ？
S：　わかんない．
Hacchi：　わかんないけど，ね．
M：　じゃワイ［フ？ ワイフ？
Hacchi：　［いいよいいよいいよ．だから，知らない- 知らない状態で．

S：　　　それかもっと違うこと聞［く？
M：　　　　　　　　　　　　　　　［キレないよきっと．社交辞令だよ社交辞令．
S：　　　そうだよ冗談も必要よ．＝
M：　　　＝そうだよ営業スマイルー．
H：　　　［笑う］
Hacchi：　そうだよ労- 労働中だもん．

山田先生の情報が正しいとするならば、彼女らはすでに答えが分かっていることを質問するという「不誠実」な行動をとる状況に陥ってしまう[9]。よって、"Do you have a wife?"（または"fiancée"）の方が、より適切な「質問」の内容となるが、高校生の彼女らにとっては、"girlfriend"の方が「簡単」で「かわいい」ようである。この問題（ジレンマ）を解決するために、つまり、本当は"wife"や"fiancée"の方が適切であることを知りつつ、(「簡単」で「かわいい」)"girlfriend"を変更しなくても済むような理由を得るために、彼女らはMr. Loperにフィアンセがいることを「知らない状態」という架空の状況を作り出す。

さらに興味深いことに、「知らない状態」を装って"Do you have a girlfriend?"と敢えて聞くことを、彼女らは「社交辞令」「冗談」という「メタ語用」的なレジスターの使用を通じて再解釈し、さらにそこから「営業スマイル」という

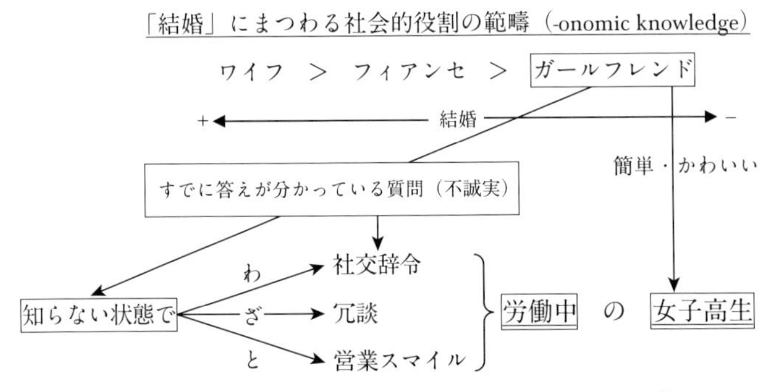

図 4.2　フィアンセがいる Mr. Loper になぜ「彼女いますか？」と聞けるのか

行為の類型をも自らに帰している[10]。ここでは、彼女らが自らと教師とを「労働」という共通のジャンルの中に位置づけることが潜在的に可能となっていることにも着目したい。上述の通り、彼女らと Mr. Loper との間には、上下で言えば彼女らが「下」、親疎で言えば「疎」の関係が彼女ら自身によって措定されてきたが、上記のやりとりからは、少なくとも「労働中」という意味においては両者が対等であることを矛盾なく導き出せる。

さらに、彼女らが「営業スマイル」や「労働」というカテゴリーに実際に言及したことから導き出せるもう一つの重要な点として、彼女らが、彼女ら自身と Mr. Loper が「生徒」および「教師」という特定の役割に就いていることに意識的であることが挙げられる。つまり、彼女らは決して、「「英会話」の授業に来た新任の ALT に、彼への純粋な興味に基づいて英語で質問（インタヴュー）をする」という（アクティヴィティ上「理想的」な）コンテクストに埋没している訳では決して（全く）なく、「生徒（を演じ（てあげ）るという労働）」に期待されていることをコミュニケーションのリソース（語用論的資源）として巧みに使いながら、一歩引いた立ち位置から、自らの位置づけを調整する相互行為にまずもって従事している、と見ることができる[11]。

4.3.4　他者の介入と価値づけ・スタンスのさらなる変化

さて、この間にも、「グループ・ワーク」の残り時間は刻一刻と少なくなってきている。他のグループでもそれぞれ質問の準備が着々と整い、生徒は迫りくる「口頭での質問」に向け、巡視する教師に質問の内容や英作、プリントの記入方法などに関するアドヴァイスを求める。もちろん、S、H、Hacchi、M のグループも例外ではない。

ここから、彼女らがグループ内でこれまでに行ってきた“Do you have a girlfriend?”という質問への価値づけと、それに伴って措定されてきた彼女らのスタンス（他の生徒よりも勇気があり、初対面の男性 ALT に「社交辞令」を使う（労働中の）女子高生）は、以下、高頭先生とのやりとりを皮切りとする「他者の介入」を通じて、徐々に崩れていくことになる。

［質問をグループ保管用の青い紙に写している最中、高頭先生が机間巡視で彼女らのもとにやってくる］

M：　先生.
Hacchi：　teacher.
M：　teacher.［ボーナスは
Hacchi：　［ボーナスは書くんですか？
T：　ここに書いていいよ.
H & M：　OK.
T：　でもねやんなくてもいいんだけどね.
Hacchi：　まあ［まあ.＝
H：　［やだ.
S：　＝まあ.
T：　うん.
H：　［ボーナス？
M：　［まあ，聞きたいだけなんで.［H 笑う］
S：　や［らない前提なの？
Hacchi：　［個人的な，個人的な.
M：　あんま［さあ，道外れたことやんないでっていう警告だったよ
H：　［個人的じゃねえ.
M：　今．完全に.
S：　［笑う］初対面だし［ね.
M：　［な（hh）んか，あんまさあ，やめてくんな
［いっていうさ、警告だったよね今．完全に.
Hacchi：　［ちょっとそうだよ，そういう［聞取不能］
S：　言われちまったの.
Hacchi：　H さん H さんいつものことだよ.
M：　もういいよ.
Hacchi：　H さんそうゆうのないと.
S：　やだー.
H：　［笑う］
Hacchi：　H さんはそうゆうのないとやばいもん.

グループ保管用の「青い紙」に「ボーナス・クエスチョン」も書くべきかどうかを高頭先生に尋ねた彼女らは、「でもね、やんなくてもいいんだけどね」という高頭先生の言葉に「まあまあ」「聞きたいだけなんで」など、思い思い

の反応を示した。Sの「やらない前提なの」という言葉から、彼女らは、高頭先生と彼女らとの間に「ボーナス・クエスチョン」の重要度・優先順位に関する温度差（異なるスタンス）がある、と理解したようである。さらに、前項で述べた通り、「社交辞令」、必要な「冗談」としてこの「ボーナス・クエスチョン」の「行為としての意味」を理解していた彼女らは、「やんなくてもいいんだけどね」という高頭先生の言葉の意味を、「警告」というもう一つのメタ語用的レジスターを通じて受け止める。高頭先生のコメントに自ら「警告」というメタ語用的ラベルを付与した彼女らは、そのことを通じて、"Do you have a girlfriend?" と聞くことそのものを「道を外れたこと」と再解釈するに至る。しかし、それでもなおこの質問をすることの妥当性は、恋愛が「得意分野」で、「そういうのがないとやばい」Hの「キャラ」によって担保されているようである。

ところが、一旦崩れかけつつ持ち直した "Do you have a girlfriend?" をさらに揺るがす「他者の介入」が次に起こる。

M：　え，だめだちょっと待って．はい．なんかあっちで，ファミリーで，なんかガールのなんか［質問してるっぽいから
H：　［やめて．
M：　これ［かぶってる[12]から，ボーナスじゃないよ．
Hacchi：　［えー．どうする？
S：　だめだよ．ノット［ボーナス．
Hacchi：　［どうする？
M：　やっぱ今から私が踊ります．［一緒に踊って下さい
H：　［やだやだ．
M：　でいいじゃん．
S：　じゃウチも踊る．これ［身振り情報なし］しかやんない．
Hacchi：　え，どうする？ あー，惜しいわ．＝
M：　＝あー［欲しいわボーナス．
H：　［何がいい？
Hacchi：　歳，歳，歳．
S：　歳あたしもいちばん気になる．
Hacchi：　うん気になる．

M：　　　ボーナスかなそれ.

第２項で見た通り、彼女たちの理解では、この「ボーナス・クエスチョン」によって、「勇気」がない「みんな」との差異化が可能なはずであった。しかし、「勇気」がないと思われていた「みんな」に、実は「勇気」があったことが判明した。「勇気」で差異化を図ることができなくなったことを知ったＭは、この講座でＨとＳのみが「ダンス部員」であることを利用した、代わりの（かぶらない）「ボーナス・クエスチョン」、「今から私が踊ります。一緒に踊って下さい。」を思いつくが、それは「クエスチョン」の体をなしておらず、ＨとＳの反発にも遭い、不発に終わる。こうして、高頭先生の介入によって前景化した「道を外れたこと」、さらには、同じ質問を準備している他（「あっち」）のグループの介入を通じた「差異化の目論見の失敗」に直面した彼女らは、質問の変更へと舵を切っていく。

さらにその後、Ｍは、高頭先生の視線を「もうやめて」という言葉に変換し、さらにそれを「訴え」として、メタ・コミュニケーション的に理解する。興味深いのは、高頭先生自身は、彼女らの“Do you have a girlfriend?”という質問を正面から否定していないように見えることである。むしろ、「質問の変更」を要請するコンテクストは、ここまでに積み重ねられてきた、彼女らの明示的な「メタ・コミュニケーション」を通じて、段階的に構築・措定されているものである。

M：　　　くっ．もうやめてって言ってるよ，高頭先生が.
　　　　［Hacchi と H 笑う］
M：　　　高頭先生目で訴えてたよいま.
T：　　　［グループに近づく］う‐ううん．yourself でいいんじゃない？　あー
M：　　　いやちょっとまって．これ[13]やめよう．これ普通の質問じゃん.
T：　　　privac［y.［新たなトピックに関する助言］
Hacchi：　　　［え，こうゆうのでも［聞取不能］と［思います？
H：　　　　　　　　　　　　　　　　　　　　［プライバシー
S：　　　女の人［じゃないからいいんじゃない.

M：　　　　　［え，どんな感じですか．他のカテゴリーで聞きたいことですよね．あの
T：　ん？
M：　自分の- このカテゴリー［"Hobbies, Likes & Dislikes"］以外の＝
T：　＝うん．
M：　やつで聞きたいことがボーナスポイ［ント．
T：　　　　　　　　　　　　　　　　　［そうそうそう．
Hacchi：　え，何で［もいい- こんな単純なのでいいんですか？
M：　　　　　　［じゃこれちがうわ．
T：　ん？
Hacchi：　こんな単純なのでいいんですか？
T：　うん別にいいけど，これはでも- もし- どうだろう- でも男の人だから大丈夫かな．＝
M：　＝ああ．
T：　personal- personal life.
H：　え？
M：　あ，これじゃなくて，やめよ．ちょっとなんか．
Hacchi：　何にする？
M：　なんか，ふつう- まじめなことにしようよ．ウチら秀才みたいな感じで．
S：　今後大変じゃん．
M：　日本語しゃべれますか．
H：　こないだ言ってたじゃ［ん．
Hacchi：　　　　　　　　　［スコシスコシって．a little.＝
M：　＝［スコシスコシ？　えーと
H：　　［始業式で言ってた．
Hacchi：　納豆食べたことありますか．
S：　［笑う］
M：　それボーナス？
H：　have you ever eat
Hacchi：　eaten natto?
H：　よしそれでいこう．
Hacchi：　えー？　いいのかよ．
M：　なあに？
H & Hacchi：have you e-
S：　what natto? って言われたらどうする？
H：　ない．
S：　ない？

H：　ever, eaten?
Hacchi：　natto?
M：　life in Japan だ，それ.
S：　どこに入るどこに入る？
Hacchi：　カテゴリー？
M：　life in Japan.
S：　A［“Life in Japan”（表 4.1 参照）］だな.
Hacchi：　え，それでいいんだよねだから.
M：　A. うん.

ここにおいて、Hacchi は質問の複雑さにまで言及している。英語の複雑さ、内容の複雑さのどちらを志向しているかは定かではないが、高校 3 年生が発する質問として単純過ぎないか、という新たな判断基準がここに持ち込まれていることは明白である。

さらに、他者の介入を通じた「ボーナス・クエスチョンの変更」を強いられているこのグループでは、先に措定された、「「社交辞令」を使う「労働中」の女子高生」というアイデンティティが放棄されつつある。フィアンセがいると思われる Mr. Loper に対して、「彼女いますか」という「質問」を「社交辞令」で尋ねる「かわいい」「労働中」の女子高生、というアイデンティティをこれまでの「相互行為のテクスト」を通じて纏うことになっていた彼女らは、高頭先生に「あまり道外れたことやんないで」と「警告」された、というコンテクストを新たに作り出した。これを受けて、「お前ら全然話せねえのかよ」「お前らなんもわかんねえのかよ」という Mr. Loper の雰囲気を（勝手に）嗅ぎ取っていた M は（第 1 項参照）、「「ウチら秀才」みたいな感じ」で「まじめなこと」を Mr. Loper に質問することを提案する。しかし、Mr. Loper が彼女らを「秀才」と認識してしまった場合、「英会話」の授業が「今後大変」になる、という懸念が S によって示されると、M は「今後大変」にならない程度の「真面目なこと」として、「日本語しゃべれますか」を思いつく。しかし、始業式で Mr. Loper が「スコシ、スコシ」日本語を話せると言っていたことが H と Hacchi によって指摘されると、次の案が提示される[14]。

次の案、「納豆食べたことありますか」は、Ryanに対して他の生徒から為されていた質問であることが示す通り（前章表3.1）、Mにとっては「ボーナス」とするほどのインパクトがないようである。それでもHが「よし、それでいこう」と意を決すると、Hacchiの「えー？ いいのかよ」、Sの「“What natto?” って言われたらどうする？」という懸念は退けられ、このグループの「ボーナス・クエスチョン」がとりあえず、“Have you ever eaten natto?” に落ち着いた。

H、M、S、Hacchiがこのような「ボーナス・クエスチョン」の調整・修正に大わらわとなっていると、今度は机間巡視中のMr. Loper本人が、彼女らのグループに近づいてきた。「Mr. Loperの接近」というさらなる「他者の介入」である。

Hacchi：　見えちゃう見えちゃう見えちゃう見えちゃ
S：　きゃあ．
H：　［手で質問を隠す］don't, don't see.（hh）
全員：　［笑う］［Mr. Loper立ち去る］
S：　don't.
Hacchi：　don't don't.
M：　命令形じゃん．pleaseつけてよマジ［で．
S：　［そうだよ＝
Hacchi：　＝(hh) 確かに．
H：　なんかキャシーのときも言ったよね．
　見えちゃう見えちゃ［う見えちゃうって．
M：　［いまめっちゃキレてたよ．
H：　うそ？
Hacchi：　このガキが．
M：　キャシーの時はさ，呼び捨てでもさ，許してくれてたけどさあ．
S：　そっかあ．
Hacchi：　［このガキが．
M：　［マジさんづけじゃないとダメっていう．

Hによって為された、“Don't see.” というMr. Loperに対する「命令形」の発話をめぐって、このグループでは、表現の丁寧さや呼称が指標する彼女らとALTとの間の「上下」「親疎」関係が再び、コンテクスト化されることになった。ここで、1学期のALTであったCathy先生がMr. Loperの「対照ペア」の相手となったことで、「Mr. Loper＝キレる、「さん」づけ」:「Cathy＝許してくれる、呼び捨て（first name)」、という対が完成した。このように、彼女らに対するMr. Loperの「スタンス」を自分たちで（仮想的に）さらに強固に定めると、彼女らによるMr. Loperの発話の「意訳」は、上記、Hacchiが発した「このガキが」を通り越して、より一層、激しいものとなる。

ML：　can you hand in the blue piece of paper to me please?
　　　〔HとS笑う〕
M：　ペーパーを持ってって下さい．まあ超意訳すると：はやく持ってこいやっていう感じ．
　　　〔HとS笑う〕
Hacchi：　さっさとしろカス．

このように、教師によるコミュニケーションの統制が緩んだあと、「Mr. Loperへの質問を考える」という彼女らの「グループ・ワーク」には、4月の出来事、Hの「キャラ」、「結婚」や「労働」という社会文化的知識、Mr. Loperとの（仮想的）関係、周りの生徒との関係、一般常識、高校3年生に相応しい質問の複雑さ、生徒の種類（かわいい、秀才）など、数々のコンテクストが関連づけられ、それに反応する形で、彼女らの授業に対するスタンスやこの授業で纏うアイデンティティ（の試み）も刻々と変化してきた。その結果、彼女らは最終的に、「社交辞令」や「冗談」を言う「労働中」の女子高生ではなく、「真面目なこと」を聞く（適度な）「秀才」を演じ（て見せ）る、という「相互行為のテクスト」を紡ぎ出した。「グループ・ワーク」終了時、彼女らは“Have you ever eaten natto?”を提出したが、「はやく持ってこいや」「さっさとしろカス」などという言葉を彼女らに対して使うと「措定」されているMr. Loperに対して、また、高頭先生やクラスメートたちに対して、この「質問」

がどのような効果をもたらすかは、当然、この時点では知る由もない。

さて、ここまでに示してきた、明示的なメタ・コミュニケーションに彩られた「グループ・ワーク」にも終わりが告げられ、ここから授業は、「Mr. Loperへの質問（インタヴュー）」という（教師主導の）「メイン・アクティヴィティ」に再び移っていく。上述の一連の（メタ・）コミュニケーションを通じて、H、M、S、Hacchiの女子生徒4人の間に生み出された「相互行為のテクスト」は、「メイン・アクティヴィティ」におけるコミュニケーションをどのように枠づけていくのだろうか。次節では、「ボーナス・クエスチョン」が前提とする二つの異なるフレームとそこでの異なる「行為の意味」を、引き続き彼女らの「メタ・コミュニケーション」に着目して分析し、この教室に併存する二つの「現実」を描き出す。

4.4 もう一つのIRE、異なるフレーム、（少なくとも）もう一つの現実

4.4.1 "Interviewing Mr. Loper"

「割り当てられたトピックに関連する質問を1人1個考え、余裕があれば「ボーナス・クエスチョン」を準備する」ための「グループ・ワーク」の時間が終わり、いよいよ、この2学期最初の授業の「メイン・アクティヴィティ」が始まる。「ボーナス」も含めた質問が記入された「ピンク色の用紙」がMr. Loperに提出されると、Mr. Loperは「用紙をシャッフルして、グループをランダムに当てていく」旨を生徒に伝えた。はじめに"Language"を選んだグループが当てられたところで、高頭先生が、以下の通り、日本語で補足説明を行った。

T：　で，大きい声で質問してね．で，他の人たち何してるか．あのー，メモをとって下さい．その質問の答えのメモをとって下さい．で，okay．そうですね，あの，裏のライティングはちょっとたぶん時間ないと思うの

で，後ろに，その裏にね，メモでとっちゃっていいです．で，なぜかというと，質問- 答えが終わってから，今度は私が，みんなに，同じ質問を，しますので，ローパー先生が何て答えたか，みんなは答えて下さい．合ってたら，ワンポイント．合ってたら，ワンポイント．あ two points ね．合ってたら two points あげますのでね．正の字を書いてくのでね［表 4.1 参照］two points あげます．で，えーと，間違ってたら，マイナスワンポイント，ということね．で，ボーナス質問したらば［Mr. Loper に］for bonus- bonus question, one point? one point?［ML: sure, whatever you feel appropriate.］okay okay. ボーナスポイントは，1 点にしますのでね．ボーナスポイントは 1 点ね．で，トータルで，最もとった人がウィナーになりますのでね．わかった？ 大丈夫？ んー，あとなんか質問しない- 説明しないといけないことないよね．大丈夫？ いい？（hh）質問- 答えをよーく聞いてメモとっとくんだよ．その後私がみんなに質問するからね．で，答えられた- 正しく答えられたところに two points. 間違ってたら minus one point，そして，回答権が別のとこに移るということになりますのでね．okay?

この説明が終わったところで、さらに高頭先生から、その場で机を前に向ける指示が出された[15]。ここからアクティヴィティは、「生徒 1 人 1 人による口頭での質問、Mr. Loper による受け答え、続く確認質問」の繰り返しに入っていく。前章の「インタヴュー・タイム」と極めて類似した、強固な「詩的構造」を刻印するシークエンスの典型的な形は、下記の通りである。

最初に当てられた、“Language”を選んだ Erika、Natsuko、Yurie の女子生徒 3 名グループによる「インタヴュー」

Erika： what Japanese language do you speak first?

ML： uh, what Japanese language do you speak first. maybe you meant to say what was the first Japanese word that I spoke. the first word that I spoke in Japanese probably was (2.0) sayonara. sayonara is the word that I learned from probably, uh, I don’t know if you’ve heard of this movie, uh, the Karate Kid, with Mr. Miyagi. so they used this word sayonara, and I was a very small boy when I learned this word. but when I started studying Japanese, the first word that I learned was ぎゅうにゅう, milk. that’s when I got to university and started studying Japanese. thank you for your question.

Erika： thank you.

ML： second question please? Natsuko?

Natsuko： what in Japanese language do you find difficult.

ML： what in Japanese language do you find difficult. in Japanese language, I find difficult na adjectives. adjectives which have the suffix of na after it, like, uh, きれいな. I don't know when to use na, and there's no rule when to use it, so it's very difficult for me to use that. thank you for your question.
［高頭先生が "na" adjectives を板書し、Mr. Loper と補足説明を行う］
what is my favorite word? oh, I'm sorry. somebody guessed a question.［質問を手元に持っている Mr. Loper は，次の生徒の質問をうっかり言ってしまった］

Yurie： what's your favorite word?

ML： what is my favorite word. I have to ask you one- do you- my favorite word in Japanese? or just my favorite word all together.

T： in Japanese?

Yurie： in Japanese.

ML： in Japanese? my favorite word in Japanese is daro. daro or dayo like it finish the sentence. uh, 寝なさいだろ or dayo. I like to say dayo.

T： okay.

Yurie： thank you.

ML： it's my- next question please.

Erika： what other language do you speak?

ML： I can't, uh, what other language do you speak. I can speak Spanish. I can speak Japanese. and I can speak very little bit of French. those are the languages that I speak. thank you for your question.

すでに質問を知っており、答える準備ができている Mr. Loper は、生徒によって質問が為されると、まずそれをゆっくりと繰り返す。必要に応じて質問の内容が確認されたら、いよいよ Mr. Loper の「答え」が提供される。答えを聞いた生徒は、（Ryan の時と同様）さらに続けることなどせず、"Thank you." と言って着席し、番を終える、という流れである（この間、他の生徒は「確認質問」に向けてメモをとる）。

続いて行われる、同じグループの「ボーナス・クエスチョン」とその後の「確認質問」のやりとりの形は、以下の通りである。

Erika、Natsuko、Yurie の女子生徒３名グループによる「ボーナス・クエスチョン」とその後の「確認質問」

ML： go ahead and ask the bonus question please.

Natsuko： do you like Japanese?

ML： do I like Japanese people? do I like Japanese music? do I like- what do- I- the question is very broad.

T： Japanese のあとに何かつけないと，どの［聞取不能］

Natsuko： Japanese language.

ML： yes. I do like Japanese language a lot. Japanese language is very interesting and very difficult- uh not dif- very different than English. the writing I find very interesting and, uh, the way they sound, sounds almost like a song. I like the way they talk.

Natsuko： thank you.

ML： thank you for your question. next question. last bonus question they have here?

Yurie： can I ask you how tall you are?

ML： yes you can. can I ask you how tall you are. in English or America, we don't use the metric system. so in the United States, I would be six feet five inches[16]. but if you translate that over to Japanese, that is two hundred centimeters. or two meters. ［「えー」「おー」「すごい」などと生徒から声が上がる］ thank you for your question.

Yurie： あー thank you.

T： ［Mr. Loper に向かって］ okay, is it all right to ask these questions?

ML： ［高頭先生に向かって］ sure, sure, sure.

T： okay. では，同じ質問を，私が皆さんにしますので，えー，ローパー先生の答えを，英語で答えて下さい．大丈夫でしょうかね．グループで協力していいですのでね．合ってたら２ポイントということでね．はい，いきまーす．one- uh, first question. uh, what was the first Japanese you- Mr. Loper learned- memorized? [what was that?

ML： [you want me to tell you?

T： ah no no no [that's all right.

ML： [ah, yes.

T： what was the Japanese ［聞取不能］

ML： what was the first Japanese word.

T： you learned.

ML：　yes.
T：　what was the first Japanese word Mr. Loper learned? raise your hand.
Naohito：　ピンポーン．［早押しクイズのように］
T：　Naohito please.
ML：　Naohito.
Naohito：　さようなら．
ML：　and?
Naohito：　ぎゅうにゅう．
ML：　correct.
T：　okay.
Naohito：　イエーイ．ティリリリリリリリリリリン．［テレビなどのクイズ番組で回答者が正解した時に鳴る音を真似ている］
T：　Naohito は：どこだ？ ここだ．［黒板で Naohito がいるチームのリーダーの名前を探して「正」の字の一本目を入れる］あとで 2 掛けるからね．okay next question. what in Japanese language does Mr. Loper find difficult?
ML：　yes this group.
T：　Taro.
ML：　oh I chose them.
T：　ah okay.
ML：　they raised their hand. go ahead.［高頭先生は Naohito と同じグループの Taro を当てたが，Mr. Loper が先に手を挙げた別のグループに回答権を与えた］
Erika：　na adjective.
ML：　na adjective. that is correct.
T：　na adjective. na adjective. okay, na adjective. えーと，Yurie［Erika のグループのリーダー］, Yurie, okay. 回答権ここ［どのグループかは不明］にもあげますのでね．はい．what is Mr. Loper's favorite Japanese word?［M を当てる］M.
M：　he likes daro and dayo?
ML：　that is correct.
M：　［小声で］イエーイ．［生徒笑う］
T：　daro and dayo, and M:. okay. next question. what other language does Mr. Loper speak?
Pony：　ピンポーン．he speaks Spanish and Japanese and a little French.
ML：　correct.
T：　next question. ah, does Mr. Loper like Japanese language?
ML：　yes, your group. anybody in your group.［後方の女子グループ］

T：　だれでもいいよ．

ML：　［日本語で］だれでもいいよ．［生徒笑う］

Female S：he likes, Japanese, language.［恐らく Ayaka］

ML：　that is correct.

T：　okay. Misa［Ayaka のグループのリーダー］, and, and, and, and and, and okay.

ML：　I have- I have one thing to say. just when you answer the question, can you please say your name one more time so that'll help me remember your names.

T：　okay. my name is bla bla bla, and answer.

ML：　please.

T：　okay.

ML：　just that way it'll, I see some of the name cards, but not everyone is wearing a name card, so it's a little difficult for me the first day.

T：　okay. 名前をゆって下さいね，答える前にね. okay, how tall is Mr. Loper?

Kenta：　two meter.

ML：　how about in English?

Kenta：　あー English.［答えが合っているにもかかわらず"Correct"をもらえなかった Kenta に対し，同じグループの Taro が後ろから「名前，名前」と助け船を出す］

Kenta：　ah, I'm Kenta. I'm Kenta. two meter.

ML：　how about in English how tall am I?

T：　ah, so not use metric system.

ML：　correct, cause I- I told them in English how tall I was.

T：　あー．メーター使わないでゆって下さいって．メートル使わないで．普段ゆってるから．何だっけ．

ML：　I said it. does anybody remember what I said?
［生徒はグループ内で相談するが思い出せない］

Kenta：　six feet, forty-six- forty-five.

ML：　mm, I'm sorry that is wrong.

T：　okay, so

ML：　does anybody know? does anybody know?
［答えを間違ったため，Kenta のグループは減点される］

T：　so

ML：　does anybody know? I am six feet and five inches. you are very close Kenta. very close.

T：　six feet and five

ML：　six feet and five inches.

T：　okay. okay.
ML：　that's finished with that one?
T：　finished.
ML：　all right. which group had home country?

上記が、トピックに基づく「インタヴュー」、「ボーナス・クエスチョン」とそれに対する回答、そして、それらの内容に関する「確認質問」の実際の流れである。本章が焦点を当てる部分ではないので、これに関する詳細な分析は割愛するが、Mr. Loperの"Correct."が明確に示す通り、「確認質問」においては「IRE構造」がより特徴的に観察できることを、前章に続いて、ここでも指摘しておきたい。この授業では、五つのグループのうち三つのグループによる「インタヴュー」が行われたが、時間の関係で、H、M、S、Hacchiの女子生徒グループとNaohito、Taro、Kentaの男子生徒グループの順番が次回に持ち越されることとなった。

4.4.2 IREとその分身

次の時間、すなわち、本章で焦点を当てるH、M、S、Hacchiの女子生徒グループが「インタヴュー」を行う時間ではまず、Mr. Loperが1人1人名前を呼んで一つ質問をし（"What is your favorite color?" "What part of Japan is your family from?" "How did you come to school today?" など）、生徒が答え、Mr. Loperがコメントを加える、という形で出席がとられた。その後、この「英会話」の2学期の目標、スケジュール、内容、成績のつけ方等に関するオリエンテーションが行われた。

オリエンテーションが終わると、前回と同じグループになるようMr. Loperから指示が出され、「メイン・アクティヴィティ」の続きを行う準備として、席の移動と手順の再説明が行われた。この間、まだ質問を終えていないH、M、S、HacchiのグループとMr. Loperとの間で、彼女らがMr. Loperに提出した「用紙」（ここには彼女らからMr. Loperへの「質問」が書かれている）に描かれていた虫（little worm）を Mr. Loper が気に入ったことが話題となった。また、アクティヴィティの開始が迫ってきたところで、H が「グループ保管用の用紙」を忘れたことに気づくと、すかさず M が高頭先生にその旨を報告に行き、提出済みの「用紙」を Mr. Loper から借りてきた。彼女らは、借りてきた用紙から質問を転記しながら、前回の授業で“Do you like natto?”という質問が出てしまったことを受け、「何にする？」「納豆だめなら…」などと急いで協議し、「ボーナス・クエスチョン」を“Have you ever eaten natto?”から“Have you ever eaten tarako?”に（無断で！）変更した「用紙」を Mr. Loper に返却する。

H：　　もうタラコにしたよ．
M：　　あ，いいねいいね．
Hacchi：　タラコ何って言われたらどうする？
M：　　え-えーっと，タラの子．
Hacchi：　[tara's, tara's
M：　　[tara's children.［手を叩いて笑う］
H：　　fish, fish child.
M：　　fish- fish- fish egg. [fish egg.
Hacchi：　　　　[a lot of, a lot of [tara's
M：　　　　　　　[fish egg でよくね？
H：　　a lot of fi [sh egg.
S：　　　　[あータラコぐらい知ってると思うよ．
M：　　知らないよた [ぶん．＝
H：　　　　[タラコチルドレン．
S：　　＝なんで？ [知ってると思うんだけど．
Hacchi：　　[タラコチルドレン．小泉チルドレンみたい．
M：　　あー．

用紙を Mr. Loper に返した彼女らは、「タラコ」に対応する英語を一緒に考えて笑いながら、Mr. Loper が「タラコ」を知っているかどうか議論するが、ここで、彼女らの「インタヴュー」がいよいよ開始となった。「トピック」に関連した彼女らの質問はそれぞれ、“What is your hobby?”（M）、“What kind of music do you like?"（H）、"What kind of sports do you like?"（Hacchi）、"What is your favorite food?"（S）で、答えはそれぞれ「ハーレー（大型自動二輪車）を組み立てること」、「カントリー・ミュージック」、「バスケットボールとフットボール（American football）」、そして「野菜」であった。

では、前項に示した形に即して行われる「インタヴュー」において、彼女らの「ボーナス・クエスチョン」を巡るコミュニケーションはどのように展開したか。教室全体に共有されていない、彼女らのグループ内で展開している相互行為を四角で囲んだ形で、以下に示す。

H、M、S、Hacchi の女子生徒4名グループによる「ボーナス・クエスチョン」

ML：　all rightt, how about- did you guys have a bonus question?
M：　いけ.
Hacchi：　いけ H.
M：　いけ H.
H：　have you ever [ea-
ML：　[H, right?=
H：　=ああ yes, H. have you ever eate(hh)n tarako?
(1.0)
Hacchi：　[H へ] もう1回.
ML：　tarako?
S：　[笑う]
M：　yeah.
H：　do you know tarako?
T：　[Mr. Loper へ] it's an egg- eggs of some fish. たらこ？
H：　たらこ.
T：　eggs of [some fish.
ML：　[like ikura? ikura or masago.
Hacchi：　タラズ チルドレン.
マサゴって何？（hh）
ML：　I've eaten masago and ikura, but I- I don't know.
M：　マサゴ. イクラ, イクライクラ.
T：　maybe you don't know tarako?
ML：　maybe I might have eaten tarako. I thought your question was have you ever

eaten natto ※1

H：　ああ，no.

ML：　oh you changed.

M：　yeah.

S：　oh.（hh）

ML：　ah. I don't know if I've eaten tarako. I've eaten many things in Japan that I didn't know what they were.

M：　うーん．ふーん．

S：　ベリー デリシャス．

ML：　but I have eaten masago and ikura.

M：　［イクラ．

H & S：　［ああ．

ML：　salmon eggs or smelt eggs.［高頭先生へ］what color- are they the white ones? tarako is white?

おでん：　ピンク．

T：　ah, no, red.［聞取不能］

M：　ピ，ピンク．（hh）［机を2回叩く］おでん．（hh）

［「おでん」はMとは異なるバンドでドラムを担当している女子生徒］

ML：　red? I've eaten mentai- mentaiko.

T：　yeah right.

Hacchi：　あー，ピンク．

ML：　oh meantaiko. yes I've eaten mentaiko.

［クラス内，笑いなどでざわつく］

M：　メンタイコ，yes. イエー．

S：　メンタイコ．［笑う］

M：　イエー．

ML：　It's very spicy.

S：　おおー．

M：　うーん．

Hacchi：　メンタイコ，イエーイ．

ML：　I like spicy foods. and also- yes, I've eaten natto as well. I eat natto every morning.

M：　えええー？

S：　エブリモーニング？

ML：　it is delicious.

M：　yeah.

ML：　yes, what, and you guys get a bonus point for that.

M：　サンキュー.
H：　[笑う]
ML：　all right, now Ms. Takato is gonna ask you- the class some questions, and I'm gonna call on you, and you guys have to remember the answers.
Hacchi：　メンタイコなら食べたことあるけどタラコは食べたことないの？
M：　あーでも同じじゃん？
Hacchi：　おんなじだよね.
T：　okay, so, I will ask these same questions, okay?
S：　聞かないでいい. =
H：　=うん.
M：　なんか盛り上がったし. (hh)
S：　ね.

前節で明示した通り、「ボーナス・クエスチョン」を考える過程で、彼女らは、このアクティヴィティにおいて特定の質問をすることの意味、また、そのような質問をすることに伴って措定される自分たちのクラス内での位置や Mr. Loper との関係、すなわち、「質問」という行為が「前提」とするコンテクストと、それが「帰結」としてもたらすコンテクストについての「メタ・コミュニケーション」を一貫して行っている。このことに鑑みるならば、彼女らが行きついた“Have you ever eaten tarako?”には、「行為としての意味」が実に複雑に折り重ねられている。つまり、この言及指示的テクストには、「ボーナス・クエスチョン」という「メイン・アクティヴィティ」における価値が付与されつつも、Mr. Loper との関係措定、「質問」という行為に関する規範（不誠実さ）を敢えて破ることの（彼女らなりの）正当化、他のグループとの差異化、「今後大変」にならない程度の「秀才」ぶり、「道」を外れてしまうこと、高校3年生の生徒がする質問に相応しい複雑さ、高頭先生に対する気遣い、これらすべてに対する彼女らのスタンスが重層的に重ねられている。そして、上に示した「生徒による質問と Mr. Loper による受け答え」の時間において、二つの異なるフレームが同時進行で展開していることを観察可能な形で指し示していると思われるものが、四角で囲った談話の最終部をその重要な一部分とする、彼女らによって主導される「IRE 構造」である。

授業全体の流れでみた場合、前章で分析した Ryan との「インタヴュー・タイム」同様、彼女らによって Mr. Loper に対して為された「質問」は、以下に示した大きな IRE_1 の中にある。

I：　「質問を考え、Mr. Loper に口頭で聞く」などの、アクティヴィティに関する説明と指示（教師）
R：　（ボーナスを含む）質問を考え、Mr. Loper に質問する（生徒）
E：　質問に対する "Good question." などの評価、および、「ボーナス・ポイント」の付与（教師）

H、M、S、Hacchi の行為は、教師の指示を前提とし、この授業における「アクティヴィティ（"Interviewing Mr. Loper"）の展開」という「相互行為のテクスト」の創出に一貫して貢献していることは言うまでもない。このことは、この場において「授業」のフレームが常にはたらいていることを示している。

しかし、この授業では、上記 IRE_1 の "R" の間に、コミュニケーションの進行の大部分が生徒に委ねられる「グループ・ワーク」の時間が設けられた。そこでこの 4 人の女子生徒が明示的に行ったことは、前節で見た通り、教師から与えられた指示への応答準備と同時に、「結婚」や「労働」などの授業外のコンテクストにも関連づけられながら為された、この「英会話」の授業という時間・空間内における権力関係やアイデンティティに対する積極的・能動的解釈と働きかけである。すなわち、彼女らの「ボーナス・クエスチョン」は、(1) 授業のアクティヴィティに正当な手続きを通じて参加する（前章も参照)、(2) 2 学期以降付き合う（やっていく）ことになる新任 ALT との間の上下関係・距離感やクラス内での彼女らの位置づけ、および、彼女らにとってのこの「講座」の位置づけを操作・調整する、以上、二つの極めて性格を異にする行為の枠組みに、同時に働きかけようとするものであることが分かる。そして、彼女らが (2) のような行為に従事する「フレーム」が立ち上がっていたことを実際に示すのが、以下の形でデータから特定できる、もう一つの IRE_2 である。

I：　Mr. Loper に“Have you ever eaten tarako?”と質問する（H、M、S、Hacchi）
R：　意表をつかれた Mr. Loper による受け答えと、彼女らのグループを含んだクラス全体の盛り上がり（教師と生徒）
E：　「聞かなくていい」「なんか盛り上がったし」「ね」という評価（H、M、S、Hacchi）

つまりここでは、“Have you ever eaten tarako?”と聞くことの「行為の意味」は、教師の指示に対する応答（IRE_1 の“R”）であるとともに、それとは全く異なるフレームのもとで為される、Mr. Loper、および、クラス全体に対する彼女らからの働きかけ（IRE_2 の“I”）となっている。さらに、このアクティヴィティのルールに従うならば、質問を書いた「ピンクの用紙」を生徒が提出することにより、Mr. Loper にはあらかじめ質問の内容を知り、答えを（余裕を持って）準備する「権限」が与えられているのだが、その権限は、彼女らが直前に質問を変更したことによって剥奪されている（上記、Mr. Loper の H に対するコメント下線 ※1 を参照）。また、「タラコ」というよく知らないものを彼女らによって突きつけられた Mr. Loper は、その類似物である「メンタイコ」に対して大きな反応（いわば、食いつき）を示し、そのことでクラスが笑いに包まれるのである（IRE_2 の“R”）。

前節で示した通り、「メタ・コミュニケーション」を通じて、彼女らと Mr. Loper との間に特定の関係が措定されている中、このような状況を生み出すことに成功したことで、彼女らの「ボーナス・クエスチョン」とその後のやりとりには、上に示した様々な要素（Mr. Loper との関係措定、「質問」という行為の規範を破ることの正当化、他のグループとの差異化、「今後大変」にならない程度の「秀才」ぶり、（高頭先生を困らせる）「道を外れたこと」、高校 3 年生の生徒がする質問に相応しい複雑さ）に対する彼女らの「スタンス」の試みの大部分を（ある程度）成就させ、かつ、権力関係的に「上」、親疎関係的に「疎」に措定された Mr. Loper を巻き込みながら授業を「盛り上げる」ことに成功した、という評価が、彼女ら自身によって、遡及的に下される。それ故、このフレームにおいては、高頭先生による「確認質問」は、「聞かなくていい」

ものとなるのである（IRE$_2$の“E”）。

ここまでに、H、M、S、Hacchiの女子生徒グループによる「グループ・ワーク」内での「メタ・コミュニケーション」の展開を詳細に記述し、彼女らの授業に対するスタンスや、この授業で纏うアイデンティティ（の試み）の変化を捉えてきた。それを踏まえて、新しいALTを迎えた2学期最初の授業の「メイン・アクティヴィティ」における彼女らの「ボーナス・クエスチョン」をめぐる展開を、クラス全体に共有されている談話と、H、M、S、Hacchiの4人のみによって共有されている談話の両者を含んだ形で提示・分析した。そこから結論づけられることは、“Have you ever eaten tarako?”という、実際に彼女らによって教室のコミュニケーション内に導入された言及指示的テクストは、二つの異なるIRE$_{1/2}$における異なる位置づけが示す通り、異なる「フレーム」において全く異なる性格を有し、異なる評価を受け、そして異なる相互行為上の「効果」を創出するものとなっている、ということである。

さらに重要なことに、一つの言及指示的テクストを共有する異なる「IRE構造」の実践を通じて、彼女らは、(1)「授業にしっかりと参加する」、(2)「新任のALTを試しながら、彼女らと教師・他のクラスメートとの間の距離感や関係、および、この授業の位置づけとそこへの参加の仕方を操作・調整する」という二つの異なるフレームを、それらの衝突を起こすことなく、同時に維持しているのである。そして、これらの異なるフレームでは、「評価」（IREの“E”）を行う者が異なることに注目したい。このことは、この「教室」における相互行為の多層性と、各層が前提とする「(権力) 関係の序列」の違いを指し示していると考えられる。すなわち、前章、そして本章における分析を通じて、(1)「教室における行為の意味」の多層性、そして、(2) そのような「行為の意味」を多層的に生み出すことができる、教室で生徒が使う「英語」の多機能性、そして、(3) この教室に存在する「現実」の非単一性、少なくとも以上のことが実証的に示されたと言える。

4.5　授業時間中に確かに存在する「授業」以外の現実をいかに照射するか？

本章を締め括るにあたり、また、次章に向けた視座を提示するにあたり、まず、ここまでに述べてきたことを再度、まとめる。

Cathy 先生が帰国したことで、2 学期から新たな ALT を迎えることになった「英会話」の 2 学期最初の授業では、前章で扱った「インタヴュー・タイム」に極めて類似したアクティヴィティが、今度は新任 ALT である Mr. Loper を交えて行われた。この時、H、M、S、Hacchi の女子生徒 4 名によって構成されるグループ（Ryan との「インタヴュー・タイム」で「大爆笑」を引き起こすことに一役買ったと思われる生徒たちのグループ）では、「グループ・ワーク」内で質問を考える際、この「英会話」の授業の「あの時」と「今」の対照性、Mr. Loper との関係、他の生徒との関係、高頭先生との関係、「質問」がもたらす「効果」などに関する「メタ・コミュニケーション」が（かなり明示的に）展開した。また、この「メタ・コミュニケーション」に関連づけられる様々なコンテクストの変化を通じて、授業に対する彼女らのスタンスや、この授業で纏うアイデンティティ（の試み）に関する「相互行為のテクスト」も、刻々と変化した。

このことを踏まえて、「メイン・アクティヴィティ」における彼女らの「ボーナス・クエスチョン」をめぐる展開を、教室全体に共有されている談話と、彼女らのみによって共有されている談話の両者を含んだ形で分析すると、“Have you ever eaten tarako?” という「言及指示的テクスト」が、二つの異なる $IRE_{1/2}$ において異なる位置を占め、異なる「フレーム」において全く異なる性格を有し、さらには、異なる評価を受けながら、異なる相互行為上の「効果」を創出するものであることが分かった。このような、「IRE 構造」の「分身」の実践を通じて、彼女らは、(1)「授業にしっかりと参加する」、(2)「新任の ALT を試しながら、彼女らと教師・他のクラスメートとの間の距離感や関係、および、この授業の位置づけとそこへの参加の仕方を操作・調整する」という二つの異なる「行為の枠組み（フレーム）」を同時に維持している。そして、これらの異なるフレームでは、「評価」（IRE の“E”）を行う者が異なり、まさにこのことが、この「教室」における相互行為の多層性と、各層が前提とする「(権力) 関係の序列」の違いを指し示している。すなわち、前章、そして本章における分析を通じて、(1) 教室においては「行為の意味」が同時に複数、多層的に生み出されていること、また、(2) そのような「行為の意味」の多層性がもたらされることそのものが、教室で生徒が使う「英語」の多機能性を指し示していること、そして、(3) この教室には「授業」に還元され得ない、少なくとももう一つの「現実」が存在すること、以上が明らかになった。

さて、ここで、前章と同様の問いを立てることができる。前章と本章で記述できた少なくとも二つの現実が確かに授業中の教室に併存するとして、では、授業中の教室に同時に存在する「現実」は、この二つだけなのだろうか。ここまでに保持してきた枠組み、紡ぎ出してきたテクストを前提とするならば、この問いには当然、「否」と答えねばならないだろう。

授業中の教室に併存する「現実」を全て、網羅的に記述することは不可能かもしれない。しかし、前章から本章への記述の移行を可能にした枠組みをさらに整備することで、授業中の教室に併存する（関連づけられている）「現実」をさらに拡張した形で、経験的に指し示すことは可能ではないか。少なくとも、それを試みることはできるのではないか。そこで、次章では、ここまでに明らかにしたことを踏まえつつ、授業中の教室に併存する「現実」を、「データ」に基づいてさらに拡張する試みを展開する。

注

1 録音を聞く限り、「衝撃だよね」は S、「つよ」は M、「きたー」は M と Hacchi によるものであると思われる。
2 Naohito の振る舞いに対して、「蝋人形みたい」とコメントしていた女子生徒がいたことによる。
3 もちろんこれは、このアクティヴィティに対する Naohito のスタンスを示す「メタ・コミュニケーション」である。

4 表面にこの授業で行うアクティヴィティのリストとアクティヴィティのやり方、裏面に「インタヴュー」をもとにした Mr. Loper に関するライティングのスペースが印刷された A4 サイズのプリントで、表面上部中央に "Interviewing Mr. ______ " と書かれている。

5 この高頭先生の説明・指示を受けて、Naohito、Taro、Kenta の男子生徒 3 名グループでは、下記のような「メタ・コミュニケーション」が行われた。次章で紹介するこの男子生徒 3 名グループと Mr. Loper とのコミュニケーションが前提とするコンテクストとなるものでもあるため、ここに示しておく。

Naohito：でもゲームの内容によっては質問もまた変わるよね.

Kenta：うん.

Naohito：優勝したいし.

Taro：でも思ったけど，Cathy とは違うから［聞取不能］

Naohito：確かに.

Taro：なんかチョイチョイとね，本当にキレ［聞取不能］，本当に.

Naohito：殺されるかもな.

Taro：本当- 本当に殺されるぞお前.

6 つまり、両者の間には、筆者も含むこの授業の4月からの参加者の視点から構築することができる「出来事と出来事の間の指標関係」、すなわち「間ディスコース性 (interdiscursivity)」が立ち上がっている（「間ディスコース性」については次章も参照）。

7 前章で分析した相互行為は、主にこの部分に属している。

8 前章で高頭先生と Cathy 先生が行っていた「共同構築（co-construction）」も参照。

9 Searle（1969, pp. 64-71）を参照。

10 ここで、「営業スマイル」を振りまくのは、彼女らではなく Mr. Loper である、という解釈も可能であろう。やりとりの推移を見るに、「社交辞令」として解釈されているのは "Do you have a girlfriend?" である可能性が極めて高い。さらに、4 月の出来事に関するやりとりで見られた、Mr. Loper が「お堅い」ことに関する彼女らの共同構築・言い換えの連鎖、および、「社交辞令」から「営業スマイル」までの「そうだよ」を伴う間髪入れない展開を勘案すると、「社交辞令」が「冗談」として言い換えられ、結果、「冗談」を言いながら「営業スマイル」をする者として少なくとも措定されているのは、彼女ら自身であると推論できる。

11 このことについて、「役割距離（role distance）」(Goffman, 1961）に関するメタ・コミュニケーションと捉えることもできるだろう。

12 「重複している」という意味であるが、筆者の社会言語的経験に照らし合わせると、「ネタがかぶる」、「キャラがかぶる」、「Tシャツ（服装）がかぶる」など、「他人とは違う」ことが求められる（望ましい）側面での重複を指す際に使用されることが多い。この社会言語感覚は、「ボーナス・クエスチョン」が他のグループの質問と重複していることに対して「かぶってる」という表現を使った彼女らのそれとも重なると考える。

13 定かではないが、Mr. Loperの年齢に関する質問、または、“Do you have a girlfriend?”が、この時点では「普通の質問」として（再）解釈されている。後者の場合、「ボーナス・クエスチョン」として「彼女いますか？」と聞くことそれ自体にもはや新鮮味や面白さがない、というさらに「メタ・レヴェル」の判断が為されていることになる。

14 ここで、“Do you have a girlfriend?”の時とは異なり、「すでに答えを知っている質問」をするための「架空の状況」の設定が為されないことは重要である。彼女らにとって、「日本語しゃべれますか」は、「架空の状況」を設定してまで聞く価値を有していないようであるが、このこと自体が、彼女らにとって「英会話」の講座がどのような位置づけにあるかを指し示している。

15 この時、H、M、S、Hacchiのグループに置いてもらっていた「レコーダー」が机から落ちそうになり、「あー、危ない！」「たけし（筆者）の命が！」「たけし、ごめん」などと彼女らがコメントする。MがHacchiに「ここ（恐らく、鞄）に入れちゃえばいいじゃん。Hacchiお持ち帰り。」と言うと、「いやだよ。そしたらたけしが困るでしょ。」とHacchiが答え、「たけし想い」と返したHの言葉を受けたHacchiはさらに「たけし大切。Takeshi is priceless」と（英語で！）冗談を言っている。このやりとりから分かる通り、彼女らは、「研究される対象」としてのアイデンティティを意識化することもある。

16 厳密には、six feet five inches（6-5）は2メートルに達しておらず、約195センチメートルである。第2節で「自称」としたのは、このことによる。もちろん、「身長2メートル」の生徒に対するインパクトは大きい。

第5章
「出来事」と「出来事」が入り組むところ：間ディスコース性、ジャンル、クロノトポス

5.1　前章までのまとめ

本章では、第3章と第4章で行った分析とそこから得られた洞察をさらに押し広げ、授業中の教室に併存する複数の「現実」、および、それらの実質的なつながりを経験的に（「データ」から）、さらに拡張することを試みる。

始めに、第3章と第4章を通じて積み上げてきた視座を確認しておきたい。第3章では、外国語指導助手（ALT）であるCathy先生の弟・Ryanが「スペシャルゲスト」として教室を訪れた1学期最初の「英会話」の授業で、生徒とRyanとの「出会い」が（1）スタンス／アイデンティティの対照ペアを駆使したお膳立て、（2）「IRE構造」の反復を含む展開・参与者構造の強固な「詩的構造化」、そして、（3）教師の「メタ語用的方略・操作」を通じた「教育の場に不適切な内容」の締め出し、以上の特徴を示す「コミュニケーション出来事」の展開・積み重ねによって生み出された「相互行為のテクスト」であることを明らかにした。同時に、この「相互行為のテクスト」の周辺で為されている生徒の「メタ・コミュニケーション」を掬い取ることで、生徒の間に上記とは異なる「相互行為のテクスト」が（も）立ち上がっている可能性があることを指摘した。

この視点を引き継いだ第4章では、2学期最初の「英会話」の授業で新任ALT・Mr. Loperを交えて行われた、同様の「インタヴュー」を含むアクティヴィティに焦点を当てた。H、M、S、Hacchiの女子生徒4人が「グループ・

ワーク」内で質問を考える際に生起した「メタ・コミュニケーション」を踏まえ、「メイン・アクティヴィティ」における彼女らの「ボーナス・クエスチョン」をめぐる相互行為の展開を、教室全体に共有されている談話と、彼女らのみによって共有されている談話の両者を併せて分析した結果、“Have you ever eaten tarako?”という彼女らの「質問」が、「授業に正当な手続きで参加する」、そして、「新任のALTを試しながら、彼女らと教師・他のクラスメートとの間の距離感や関係、および、「英会話」という授業の位置づけとそこへの参加の仕方を操作・調整する」という二つの異なる「行為の枠組み（フレーム）」を同時に維持していることが明らかとなった。これらのことから、(1) 教室においては複数の「行為の意味」が同時に、多層的に生み出されていること、(2) そのような複数の「行為の意味」が多層的にもたらされることそのものが、教室で生徒が使う「英語」の多機能性を指し示していること、そして、(3) この教室には「授業」に還元され得ない、もう一つの「現実」が存在すること、以上を結論づけた。さらに、これら二つの現実が確かに授業中の教室に併存するとして、授業中の教室に同時に存在する「現実」はこれら二つだけなのか、という第3章と同様の問題を引き受けることにより、さらに異なる「相互行為のテクスト」が存在する可能性を指摘した。

以上を受けた本章では、「教室には複数の異なる「現実」が同時に存在している」という事実に、同じく「メタ・コミュニケーション」を導きの糸として、さらに原理的、かつ経験的に迫ることを試みる。まず次節では、第1章で提示した「メタ語用的機能を果たす諸記号」のうちの特に「間ディスコース性」と「ジャンル」、そして、「クロノトポス」（後述）の三つを組み合わせ、本章における「発見的（heuristic）」枠組みの整備を行う。次に、第3節から第5節を通じて、その「発見的」枠組みに基づき、三つの「クロノトポス」とそれらの接点を描出する。そして、第3節から第5節の記述を基盤として、第6節では「教室で英語を学ぶ」ことのクロノトポスを措定し、第7節で、そこに関与するコンテクスト的要素を教室の外に（も）求めていく契機を得ることで、次章の議論（考察）へとつなげていく。

5.2 「発見的（heuristic）」枠組み整備

「授業」を一見した観察者の意識には上りにくいかもしれないが、授業時間中の教室に確かに存在すると思われる複数の「現実」、および、それらのつながり（相互嵌入）を照射するためには、まず、第3章と第4章を通じて示した通り、「授業」で起きているコミュニケーション出来事に対してメタ・レヴェルに位置するコミュニケーション出来事を可能な限り教室の中で特定し、そのような「メタ・レヴェル」で展開するコミュニケーション出来事の連鎖を、同様に「メタ・レヴェル」で展開する他のコミュニケーション出来事の連鎖と区別することができればよいと思われる。本節では、第1章で提示した「間ディスコース性」、「ジャンル」、そして、本章で新たに導入する「クロノトポス」を組み合わせることで、上記のような「特定」と「区別」を可能にする「発見的（heuristic）」枠組みを準備する（「間ディスコース性」と「ジャンル」については、第1章での説明も踏まえつつ、新しい例を使用するなどして再確認し、深化させる）。

5.2.1 「間ディスコース性」

まず、第1章でも言及した、「間テクスト性（intertextuality）」を含み込んだ、コミュニケーション出来事間における「間ディスコース性（interdiscursivity）」を導入する[1]。「間ディスコース性」とは、特定の出来事の参与者の視点から投射される、出来事と出来事の間の指標（指し示し）関係、および「つながり（connectedness）」のことを謂い、他方、「間テクスト性」は、ある出来事と他の出来事の間に跨って観察される、特定のテクストの一定性・不変性のことを指す（Bauman, 2005; Silverstein, 2005, pp. 6-7）。

例えば、ある日、Aという人物が友人のBに出会い、互いに「おっす」と挨拶を交わしたとする（出来事X）。その翌日、偶然再会した2人は、互いに「よぉ」と挨拶を交わしたとする（出来事Y）。この時点で、「今日も、昨日と同じく「挨拶」が交わされた」という解釈が可能である限り、出来事Yと出来事Xとの間には「間ディスコース性」の関係が成立している。しかし、出来事Yと出来事Xで、AとBが異なる表現を使っていることから、(言語的側面のみを考慮した場合) 二つの出来事の間に「間テクスト性」は認められない[2]。

ここで、「今日も、昨日も、2人の間で「挨拶」が交わされた」という「間ディスコース」的事実 (出来事Yと出来事Xのつながり) に大きな社会・文化的重要性があることに留意したい。両人による相互行為は、「以前会った時に「挨拶」を交わした」というコンテクストを前提とし、「次に会った時も「挨拶」を交わす」というコンテクストを新たに生み出すことが予期される。このような「間ディスコース性」の連鎖に身を投じることを通じて、AとBとの間では、「友人同士」というアイデンティティがそのつど前提とされ、更新され、維持されていく。すなわち、実時間で進行する、「出来事」に根ざした社会・文化的実践においては、「言われていること」に関わる「間テクスト性」よりもむしろ、「為されていること」に関わる「間ディスコース性」の方が、より根源的であると言える[3] (Bauman, 2005, pp. 145-146; Silverstein, 2005, p. 7)。

また、出来事の「巡り (circulation)」という観点から見ると、出来事Xが出来事Yに「移った」、と考えがちである。しかしここでは、第1章でモデル化した通り、出来事Yの「オリゴ」を基点として、出来事Xが出来事Yに関連づけられた (コンテクスト化された)、という記号過程が生起している、と考える。つまり、出来事Xは、出来事Yの「オリゴ」から前提的に指し示されており、「次に会った時も挨拶を交わす」というコンテクストを帰結として創出的にもたらす出来事Yは、(恐らく後続する同様の) 出来事Zによってまた、前提的に指し示される。このような類似した出来事の連鎖・連続性が、「間ディスコース性」を支える重要な原理[4]の一つである。

さらに、「間ディスコース性」には、「タイプ」を指向する場合と、「トークン」を指向する場合の2種類がある。例えば、授業中に「“Evaluate”の品詞と意味は何ですか？」と尋ねた教師に対し、生徒が「動詞で、評価する。」と答え、「はい、そうですね。」と教師が返したとする (出来事E)。この時、出来事E

は、「IRE構造」という抽象的な「型（タイプ）」を指し示す1回的・具体的な「現れ（トークン）」であると言える。出来事Eと「IRE構造」との間に成立しているこのような「間ディスコース性」が、「タイプ」指向の「間ディスコース性」である。つぎに、上記のやりとりの数分後、同じ授業で、同じ教師が、今度は他の生徒に向かって「“Initiation”の品詞と意味は何でしたか？」と尋ね、「名詞で、開始。」と答えた生徒に、「はい、OK。」と応じたとする（出来事F）。ここでも、出来事Eと同様、出来事Fと「IRE構造」との間には、「タイプ」指向の「間ディスコース性」が成立しているが、出来事Eと出来事Fとの間には、両者ともが（「IRE構造」の）「トークン」であることから、「タイプ」ではなく、「トークン」指向の「間ディスコース性」も立ち上がっていることになる（Silverstein, 2005, pp. 6–7）。

5.2.2 「ジャンル」

つぎに、「間ディスコース性」の概念を有効に駆使するために、第1章でも言及した「ジャンル」の概念を加える。ロシアの言語哲学者・文芸批評家であるバフチン（Mikhail M. Bakhtin）は、「ジャンル」を以下のように定義している（Bakhtin, 1986, p. 60）。

> Each separate utterance is individual, of course, but each sphere in which language is used develops its own *relatively stable types* of these utterances. These we may call *speech genres*.（強調露文（原文）英訳ママ）

バフチンは、社会の様々な活動の分野における具体的な発話という形で実現されるもの、また、他の具体的な発話との「連鎖（chain）」の中にあるものとして、まず「言語」を捉える[5]。これらの具体的な発話は、(1) 発話の内容、(2) 語彙や表現、文法的資源の選択（スタイル）を通じて、また、(3) 発話の配置の構造（compositional structure）を通じて、各活動の分野における特殊な状況や、活動の目的を映し出す（「IRE」を想起）。これら三つの要素は、発話の全体と不可分に結びついており、コミュニケーションが起こる特定の領域の性質・性格によって決まる。よって、それぞれの発話は確かに1回的で個々別々のものであるのだが、それぞれのコミュニケーションの領域は、特有の「比較的安定した発話の型」を発達させていく。このような「型」を、バフチンは「ジャンル」と呼んだ。

さらに、Bauman（2004, pp. 3-4）が定義するところによれば、「ジャンル」とは「特定の種類のテクストの生成・受容を指向するスピーチ・スタイル」のことである。「ジャンル」のこのような性格により、特定の出来事（発話）が「ジャンル化」された時には、その（行為としての）意味の生成・解釈プロセスが、既に存在するテクストとの「間ディスコース（テクスト）的関係」によって媒介される[6]。また、「ジャンル」は「型」であるため、個々の「出来事」の次元を超越した、より高次（メタ・レヴェル）の現象でもある（ibid., p. 5）。

「ジャンル」は、（イデオロギーを前提とした）様々な社会的領域と結びつくことで、言語（使用）を階層化・序列化するように作用する。バフチンは、演説、宣伝（プロパガンダ）、新聞・報道、大衆（low）文学、芸術性の高い（high）文学などをジャンルの具体例として挙げているが、さらに、ジャンルの階層と絡み合う職業的階層として、弁護士、医師、実業家、政治家、公教育の教師を挙げている。これらの様々な領域における視点、態度、思考方法などは、「ジャンル化」された言語使用・コミュニケーション（への参加）を通じて紡ぎ出されると考えられる（Bakhtin, 1981b, pp. 288-289; Mertz, 2007b）。

上に示した「間ディスコース性」においては、例として使用した「挨拶」が示すように、「ジャンル」が極めて重要な位置にある。ある出来事と別の出来事との間の「間ディスコース性」は、両者が何らかの類の「セット」としてみなされた時に成立する。このような「セット」は、両者が何らかの側面において「似ている」「つながっている」（あるいは、「対照的である」）と理解された時に浮かび上がる「ユニット」である[7]。では、いかなる側面において、それらの出来事は「似ている」（したがって、「つながっている」）と判断されうるのか。この社会・文化的に認識可能な出来事間の「類似性」や「対照性」、「つながり」を担保する枠組みとなるのが、「ジャンル」である（Silverstein, 2005, p. 7）。

さらに、「タイプ指向」と「トークン指向」の「間ディスコース性」との関連で考えると、例えば、路上で起きた特定の出来事の様子が法廷で「証言」される時や、IREのような発話の配置が「授業」ではなく「友人同士のおしゃべり」の中で起こる時などは、特に注目に値する。前者の場合、「証言」という「ジャンル」によって「証人」という役割が配分されたかつての「通りすがりの（たまたま居合わせた）人」は、単なる「冗談」の応酬に対し、「口論」や「喧嘩」というメタ語用的レジスターを通じて、特定の社会的性格を（遡及的に）与える語りを行うかもしれない[8]。また、内容が虚偽でないにもかかわらず、「証言としての体裁」をなしていなければ（当該の社会・文化で共有されている「証言」のステレオタイプにうまく合致していないと判断されれば）、その発言は信憑性を欠いたものとして理解されるかもしれない（cf. 吉田, 2011）。後者の場合、「トークン」指向の「間ディスコース性」を経由して特定のジャンルが強く喚起されることを通じて、「友人同士のおしゃべり」が一瞬、学校で日々体験している「授業」の延長のようなものに変容するかもしれない。そこでは、「友人」たちによって「先生」と「生徒」が演じられることになると考えられるが、当然、実際の学校での「先生／生徒」関係とは異なる関係がそこでは前提とされているため、「学校」とは異なる相互行為の意味や効果が生み出されていくだろう。

このように、社会・文化的に認識可能な「出来事」は、「ジャンル」と密接に関連しており、「ジャンル」の指し示しや変化（再ジャンル化）は、コミュニケーション出来事において「言われていること」の「行為としての意味」（の解釈）、および、そこへ参加するための枠組みの統制・変容・多層性を帰結としてもたらす[9]（Bauman & Briggs, 1990, pp. 63-64, 72-76; Briggs & Bauman, 1995［1992］; Matoesian, 2001）。

5.2.3 「クロノトポス[10]」

上記、「間ディスコース性」と「ジャンル」を踏まえ、ここで「クロノトポス」を導入する。バフチンが文学研究に導入した「クロノトポス」を字義通りにとると、「時空間（time space)」といった意味になる。本章でこの概念を援用するにあたり、もう少し踏み込んで、「クロノトポス」を理解しておきたい。

まず、バフチンが示すところによれば、「クロノトポス」とは、「文学において芸術的に示される、時間的・空間的関係の本来的なつながり」の謂である(Bakhtin, 1981a, p. 84; Bemong & Borghart, 2010, pp. 3-4)。特に注意すべき点は、「クロノトポス」が、ジャンル、およびジャンル間の区別を定義するとともに、形式的な構成的カテゴリーとして、（登場）人物のイメージをかなりの程度、決定するとされていることである（Bakhtin, 1981a, pp. 84-85)。加えて、バフチンは「クロノトポス」という概念を必ずしも狭義の「時空間」に矮小化しておらず、「時空間」を含んだ世界（の理解）の構成として、拡張的に捉えている[11]（Todorov, 1984, p. 83; Holquist, 2010, pp. 21-24)。

「クロノトポス」の一例として、バフチンは「古代ギリシャ小説」というジャンルに特徴的に見られる（このジャンルを定義づけている)、「冒険の時間の中の異世界（an alien world in adventure-time)」を挙げている（Bakhtin, 1981a, pp. 86-110)。2世紀から6世紀の間に書かれたヘリオドロスの『エティオピア物語』、アキレウス・タティオスの『レウキッペとクレイトポン』、クセノポンの『エペソス物語』などの「試練の冒険小説」においては、以下のような、極めて類似した話の筋、および、共通の要素が看取されるという。

美男と芳紀純潔の美女が「偶然」出会い、彼／女らの間には抗し難い、互いへの情熱が瞬間的に、突然、沸き上がる。しかし、2人はすぐには結ばれない。引き裂かれ、離れ離れになった2人は、互いを求め、広範にわたる場所を彷徨い、再会と別離を繰り返すが、その間、難破、誘拐、監禁、襲撃、隷属など、降りかかってくる様々な障害・苦難を乗り越える（奇跡的に、命からがら逃れる)。また、この道程においては、偶然・運よく出会う友や、夢、預言（者）も重要な役割を果たす。そして、これらの障害を克服した男女は、最後にめでたく結ばれ、結婚を果たす。

上記の通り、バフチンはこのような出来事によって構成される「試練の冒険小説」のクロノトポスを「冒険の時間の中の異世界」と特徴づけたが、このクロノトポスの真髄は何か。まず、全てのアクションが、「2人の男女が突然、互いに情熱を燃やす」という出発点、そして「2人が結ばれる」という終着点の「間」で起こることである。しかし、この「間」で何が起ころうとも、いかなる試練によって試されようとも、2人の「情熱」が変化することはなく、それが疑われることもない。すなわち、激しい紆余曲折を経験するにもかかわらず、それは「情熱」に影響を及ぼすどころか、2人の性格や人格（personality）にさえ、何ら痕跡を残すことがない。このような、「日常（日々の具体的な生活や（人・ヒトとしての）成長から成る人生のサイクル）」から完全に遊離した「冒険の時間」は、「偶然」や「運（chance）」によって支配される（ここに、「夢」や「預言」が入り込む）。さらに、様々な「試練」は広範な場所で起こり、場所に関する詳細な記述も提供されるが、その場所の具体性（社会のあり様や政治形態など）は、基本的に、話の「筋」には関係がない。つまりそこは、「抽象的な異世界」なのである。「試練の冒険小説」で描かれる物語は、互いへの激しい情熱に突き動かされた男女が、次々と起こる厳しい苦難を乗り越え、最終的に結ばれる、という一見、ダイナミックな様相を呈している。しかし、その基盤（足場）となっている「クロノトポス」は、極めて抽象的で静的な「冒険の時間の中の異世界」であり、それが、社会性や政治性を持たない「完全に個人的」な「登場人物」のイメージを決定している。

以上、「古代ギリシャ小説」という「ジャンル」を特徴づけている「冒険の時間の中の異世界（an alien world in adventure-time）」を通じて、「クロノトポス」の具体例を見てきたが、以下、Morson & Emerson（1990, pp. 367-369）に依拠し、「クロノトポス」の性格をさらに整理しておく。

1. 「クロノトポス」において、「時間」と「空間」を分析的に分けることはできるが、両者は本来的につながっており、融合した（fused）「全体」としての「時空間」を形成している。

2. 世界は、多様な「時間」や「空間」の解釈を許容する。特定の「クロノトポス」は、絶対的なものではなく、多くの可能性の中の一つに過ぎない。
3. 宇宙の異なる側面や秩序は、同一の「クロノトポス」において作用することはできない（例えば、生物体は、天体とは異なるリズムの内にあり、両者の「クロノトポス」は共約不可能である）。
4. 複数の「クロノトポス」が存在するということは、「クロノトポス」が可変的で、歴史性を秘めていることを示している。よって、それぞれの「クロノトポス」は「共約不可能」ではあるが、互いに競合（compete）し、「対話的」な関係にある。
5. 「クロノトポス」は、行為・実践において、目に見えて「そこにある」というよりも、行為・実践のための「土台（ground）[12]」を提供するものであり、「出来事」の表象可能性（representability）の基盤[13]でもある。

ここまで、本章における分析を担う概念を三つ、提示した。記述から明らかな通り、これらの概念は相互に関係しており、本章における議論はまさに、これらの概念間の相互関連を基盤としている。ここで、次節以降における本章の議論の展開をあらかじめ示しておくと、本章ではまず、(1)「授業」のクロノトポスを出発点とし、そこから、(2)「間ディスコース性」の概念を通じて、「授業」に関する「メタ・コミュニケーション」が生み出す「出来事」と「出来事」との間のつながりを教室の中から特定する。そして、(3) それら「メタ・コミュニケーション」を異なる「ジャンル」に結びつけることで、(4)「授業」を含む複数の「クロノトポス」が併存する場としての「教室」の姿を描き出す。これが、前章までの分析を基盤としながら、教室における複数の「現実」を経験的に同定するために本章が採用する「発見的」枠組み（方略）である。

ではここから、前章までに明らかになったことを十全に踏まえ、授業時間中の教室において併（競）存していると思われる、少なくとも三つの「クロノトポス」の記述に入る。

5.3 「授業」のクロノトポス

まず、授業時間中の教室を観察した際に最も意識に上りやすい「授業」の（意識に上りにくい）「クロノトポス」を特定したい。

図 5.1 と図 5.2 に、「英会話」の 1 学期中間考査までの授業計画と内容が記されたシラバスを示した。第 3 章で扱った、Ryan が「スペシャルゲスト」として教室を訪れた授業は、4 月 14 日の（初回の）授業である。同様に、図 5.3 と図 5.4 には、2 学期中間考査までの授業計画と内容が記されたシラバスを示したが、第 4 章で扱った、新しく着任した Mr. Loper に対して質問をするアクティヴィティ（“Interviewing Mr. Loper”）は、9 月 3 日と 9 月 10 日に跨って行われた。「授業」のクロノトポスは、様々なアクティヴィティのシークエンスから構成される各回の授業、さらに、各回の授業が学期、学年を通じて一つの「講座」を成すことの基盤となっているものである。では、この「授業」のクロノトポスは、どのような「時空間」であるのか。

第 3 章、第 4 章で行った分析と考察、および、図 5.1 から図 5.4 に示したシラバスの内容を踏まえると、この「授業」のクロノトポスは、特定の「メイン・アクティヴィティ」とその準備にあたる「サブ・アクティヴィティ」（Ryan に対する「インタヴュー・タイム」とその準備、Mr. Loper に対する質問（“Interviewing Mr. Loper”）とそれを考えるグループ・ワーク、スピーチとその準備など）にまつわる、コミュニケーションの展開とそこへの参加の仕方の強固な「詩的構造化」、そして、そこにおける「統制された自由」によって、大きく特徴づけられていると思われる。

第 3 章で明確に示した通り、例えば、Ryan という「スペシャルゲスト」を交えた「インタヴュー・タイム」が行われた授業では、「自己紹介によるお膳立て」、「Ryan へのインタヴュー」、「ライティングによる振り返り」という構

English Conversation Class 2009 2009/04/27

English Conversation Class 2009 (Revised Version)

MAIN RULE: SPEAK MAINLY ENGLISH IN CLASS!!

The general philosophy of this class:

-To deepen understandings of language, people and society through participating in communication.

Objectives of this class:

-To have confidence in communicating in English

-To develop our personality through English language learning

Schedule for April and May to Mid-term exam.

			T.T.	JTE only (Mon.)	Assignments
1	4/14	Tue.	①Self-intro.		
2	4/16	Thu.	②Show & Tell ③Interview		
3	4/20	Mon.		Brainstorming for speech	
4	4/21	Tue.	④(L.1) Traveling		
5	4/23	Thu.	⑤(L. 3) Music & Adjectives		
6	4/27	Mon.		Quiz 1	Diary 1
7	4/28	Tue.	⑥ Feelings & Adjectives		Speech script
8	5/7	Thu.	⑦ Song for May		Fair copy
9	5/11	Mon.		-Quiz 2 -Rehearsal of speech	Diary 2
10	5/12	Tue.	Speech		
11	5/18	Mon.		-Quiz 3 -Preparation of Interview test	Diary 3
12	5/19	Tue.	Speech		

☆**Interview test 1 will be given during the mid-term exam, from May 20th to 26th.**

Class No. Name

図 5.1　1 学期中間考査までのシラバス（表面）

English Conversation Class 2009 2009/04/27

Grading

1	Participation	20%
2	Diary 1, 2, 3, 4, 5, 6	20%
3	Quiz 1, 2, 3, 4, 5, 6	20%
4	Script & Presentation (Speech, Group presentation)	20%
5	Interview test 1, 2	20%

Rough plan of each lesson:

Greetings and roll calling	10 min.
Sing a song	
Chat, chat, chat!	
Activities to encourage communication	25 - 20 min.
Preparation of speech or group presentation.	15 - 20 min.

Timetable for Speech

1	Thu.	4/23	Introduction of One Minute Radio Program
2	Mon.	4/27	Revising a speech script
3	Tue.	4/28	Submission of a speech script
4	Thu.	5/7	Making a fair copy of a speech script
5	Mon.	5/11	Rehearsal of speech
6	Tue.	5/12	Speech
7	Tue.	5/19	Speech

Quiz: On JTE only day, you will be given a quiz. This quiz will cover a textbook titled "Forest 23 Lesson 徹底 INPUT!". The quiz will have 10 questions. In the five of them, you will have to complete an English sentence, filling in blanks. In the other five, you will have to make a whole sentence based on its Japanese translation.

Diary: You have to keep a diary twice a week and submit it in class on Monday.

		Submission day	The number of entries
Diary 1	Mon.	4/27	Two entries
Diary 2	Mon.	5/11	Four entries
Diary 3	Mon.	5/18	Two entries

図 5.2　1 学期中間考査までのシラバス（裏面）

English Conversation Class 2009 2009/09/10

English Conversation Class 2009 (2nd term)

MAIN RULE: SPEAK MAINLY ENGLISH IN CLASS!!

The general philosophy of this class:

-To deepen understandings of language, people, and society through participating in communication.

Objectives of this class:

-To have confidence in communicating in English.

-To develop our personality through English language learning.

Objectives of this term:

-To communicate more in English.

-To learn a structure of a speech and develop skill for public speaking.

-To develop understandings of differences and similarities between cultures through learning about American culture.

			Team-teaching	Speech	JTE solo (Mon.)
1	9/3	Thu.	Interviewing ALT		
2	9/10	Thu.	Activity 1 (Interviewing)		
3	9/15	Tue.	Activity 2 (Retelling Stories)	Introduction for writing a script	
4	9/17	Thu.	Activity 3	brainstorming	
5	9/24	Thu.		Outline	Quiz 1
6	9/28	Mon.		1st draft (1)	Quiz 2
7	9/29	Tue.	Activity 4	1st draft (2)	
8	10/1	Thu.	Activity 5	Peer editing	
9	10/5	Mon.		Tips for public speaking	Quiz 3
10	10/6	Tue.	Activity 6	Submission of a 2nd draft	
11	10/13	Tue.	Activity 7	Completion of a final draft	
12	10/15	Thu.	Activity 8 / Diary 2	Rehearsal 1	
13	10/19	Mon.		Rehearsal 2	Quiz 4
14	10/20	Tue.	Speech presentation		
15	10/22	Thu.	Speech presentation		

☆Interview test 1 will be given during the mid-term exam as in the 1st term.

Class No. Name

図 5.3 2学期中間考査までのシラバス（表面）

English Conversation Class 2009 2009/09/10

Grading:（成績）

1	Participation 参加	20%
2	Quiz 小テスト	20%
3	Diary 日記	20%
4	Draft & Presentation プレゼンテーション	20%
5	Interview test 面接	20%

Rough plan of each lesson: 授業の流れ

Greetings & Warm-up (& Chat) 挨拶とウォームアップ（とチャット）	10 min.
Activities to encourage communication コミュニケーション活動	25 - 20 min.
Preparation of speech or group presentation プレゼンテーション準備	15 - 20 min.

Quiz: 小テスト（以下の日程で実施するので、各自準備しておくように）

		Date	Pages	Grammatical points
Quiz 1	Thu.	9/24	pp.14-19	動詞と時制、完了形、助動詞、態
Quiz 2	Mon.	9/28	pp.20-23	態、不定詞、動名詞
Quiz 3	Mon.	10/5	pp.24-27	動名詞、分詞、比較
Quiz 4	Mon.	10/19	pp.28-31	比較、関係詞、仮定法

Diary: 日記（提出日までに最低三日分(three entries)書いて提出）（時間厳守）

		Hand-in day	The minimum number of entries
Diary 1	Thu.	9/24	Three entries 最低、三日分（それ以上書いてもよい）
Diary 2	Thu.	10/15	Three entries 最低、三日分（それ以上書いてもよい）

図 5.4　2 学期中間考査までのシラバス（裏面）

成がとられた[14]。また、このシークエンスの中で最も目立つ（鮮明に浮き立つ）「Ryan へのインタヴュー」では、「質問の内容」に関する自由は比較的許されていたが、その展開の仕方・そこへの参加の仕方は、明瞭な「IRE 構造」の反復を基盤とするものであった。さらに、生徒や Ryan によって、予測不可能な形で「インタヴュー・タイム」に引き込まれた「教育の場に不適切な内容」は、教師による「メタ語用的方略・操作」を通じて適切に、コミュニケーションの「今・ここ」の外（遠く）に追いやられていた。

また、このアクティヴィティにおける教師からの指示は、「まず Ryan に英語で自己紹介をして、一つ質問をする（“first introduce yourself to Ryan in

English, and then ask one question")」というものであったが、Ryanの答えに対してさらに一言("I'm free!")を返したHを除いて、全員の生徒が、自分の質問に対するRyanの答えの後、("Thank you." などと言って)すぐに着席し、さらなるやりとりに従事することはなかった。「自分がした質問に対する相手からの反応に、さらに何らかの反応を(一言)返す」という、日常のコミュニケーションでは全くもって自然であると思われる行為が、ここでは極めて目立つ(有標な)振舞いとなってしまう。つまり、指示されたこと以外は、たとえそれがその場の相互行為に関連が深いこと(日常の相互行為の展開においてはごく自然な流れ)であったとしても、行わなくて良いとされるコミュニケーション上の統制(規範)が、ここでは強く働いている。

このような、Ryanとの「インタヴュー・タイム」においてかなり明瞭に観察された、コミュニケーションの展開・参加の仕方に関する強固な詩的構造化、「教育の場に不適切な内容」の締め出し、そして、指示されたこと以外のことが(たとえ「日常」のコミュニケーションでは極めて自然なことであっても)有標となるようなコミュニケーション上の統制は、筆者の観察が及ぶ限り、(第4章で扱ったMr. Loperとのアクティヴィティも含む)シラバスに沿って展開していく他のアクティヴィティにおいても大きく破られることはなかった[15]。当然のことながら、シラバスが示す通り、すべての授業で同じアクティヴィティが行われたわけではなく、「グループ・ワーク」で組となる生徒の顔ぶれが変わることも多々、あった。しかし、各回の授業、また、一定の期間にわたる(スピーチ等の)特定のアクティヴィティの両者が、上記の基盤の上に展開していたと考えられる。つまり、これらの要素は、この「英会話」の授業・講座「全体」に係ってコミュニケーションを構造化し、「授業」という特殊な状況・活動の目的を映し出す「型」を特徴づけていると考えられる。

バフチンは、「古代ギリシャ小説」のクロノトポスを「冒険の時間の中の異世界(an alien world in adventure-time)」とした。このような仕方に倣い、ここでは、上に示した「型」が明確に示す時間・空間的特徴に基づき、「授業」のクロノトポスを「詩的な時間が刻む教育的非日常」と呼ぶことにしたい。

5.4 「課題・試験と成績」のクロノトポス

前節で示した「授業」のクロノトポスを前提とし、ここから、「メタ・コミュニケーション」を導きの糸として、授業時間中の教室に併存する異なる「クロノトポス」の特定・記述に入る。

ここで、第3章で扱った「インタヴュー・タイム」においてRyanに“Do you have a girlfriend?”と質問し、“I'm free!”と返してクラスの「大爆笑」「大盛り上がり」を誘ったHに再び登場してもらう。

T： H please.
〔H：え？ スタンド アップ？ 周りの女子生徒：きたー.〕
H： my name is H. my birthday is on August 27. I belong to dance club. do you have a girlfriend?
R： no, I don't actually, I'm〔聞取不能〕
〔Hが周りの生徒と答えが“No”であることを確認する〕
H： I'm free.
〔クラス大爆笑（18秒）〕
T： okay, so you don't have boyfriends now. okay. okay.（hh）
〔Naohito：まんざらでもなさそう.〕
all right. next please.
C： any volunteer?
T： raise your hand.

第3章で述べたように、生徒がRyanとの「質問―答え（インタヴュー）」を終えた後、「ネイティヴ・スピーカー」の英語が生徒にとってやや難しかったと判断した高頭先生とCathy先生はその場で相談し、「Ryanからクラスに向けて質問する」という即興のアクティヴィティを導入した。また、それに続くライティングの方針として、Cathy先生は、“Write what you found about Ryan”という既に決まっていた「インタヴュー」に基づく内容だけでなく、「Ryanの印象」を含めても良いことを指示した。これらを受けてHが提出したものが、図5.5である。

English Conversation Class 09

Write what you found about [redacted]

At least (5) sentences are necessary.

[redacted] younger brother, [redacted] came to the first English Conversation class.

He likes sushi baseball まあまあ姉すき. watching animation.

パンとコーヒーにべてきた アニメ PCのことを大学で学んでいる

PCがとくべつな活動、お金が今欲しい。

He doesn't have a girlfriend. He wants a money.

His hobby is watching cartoon films. He plays baseball

He looks like cool and gentle man.

※

2

図 5.5　H が提出したライティング

はじめに、このライティングは、直前に為された「インタヴュー・タイム」を前提としていることを確認しておきたい。すなわち、このライティングでは、何らかの側面において「インタヴュー・タイム」と「似ている」何かを生み出すことが生徒に要請されている。このことを踏まえ、まず着目したいのが、ここに埋め込まれている「IRE 構造」である。タイトルとなっている“Write what you found about Ryan”（および、Cathy 先生が授業の場で即興的に加えた“And you can write about what you think of Ryan”）という“I”、「生徒のライティング」という“R”、そして、「教師による評価」という“E”がここでは観察されるが、通常の「授業」における「IRE 構造」とここに見られるそれとの間には、大きな相違がある。それは、“E”の部分が「素点」（図 5.5 右下）

になっていることである。つまり、この「IRE」は、第3章や第4章の「メイン・アクティヴィティ」で顕著に観察された「授業」中のIREというよりも、「「次の英文を読み（聞き）、以下の問いに答えよ」→解答→素点→成績（合否）」にも似た、「試験」のIREを彷彿とさせる（喚起する）ものである（もちろん、Cathy先生によって描かれた「スマイル・マーク」（図5.5 ※印）は、この課題が「試験」ほど形式的なものではないことを示している）。

また、生徒全員が、Hのように、文を羅列する「箇条書き」に近い構成（配置の構造）を採用していたことも重要な事実であると思われる。プリントでは、“Cathy's younger brother, Ryan came to the first English Conversation class. He…”という「開始」が明確に示されているが、この続きを構成するにあたり、ナラティブ的な展開ではなく、Ryanによる「答え」の内容を羅列する構成が全員によって選択されたことは、「必要最低限の答えを書けばよい（十分である）」という規範がここで生徒によって暗に共有されている、という事実を措定するに十分なパターンである。

このような、ライティングの「ジャンル化」の中で、「インタヴュー・タイム」では発話出来事内の「受け手」を指す“you”という二人称代名詞（ダイクシス）を通じて言及されていたRyanは、発話出来事で前提可能な発話出来事外の対象を指す三人称代名詞、“he”を通じて言及される存在となった（Wortham, 1996）。つまりここは、教室内におけるRyanの空間的並存をよそに、(a)指示する者、(b)指示を受けて特定の活動を行う者、(c)採点する者、以上の三者間の「閉ざされた空間」である（当然、(a)=(c)である）。さらに重要なことに、ここで“he”と結びついているのは、「インタヴュー・タイム」において「言われたこと」である。Hは、“Do you have a girlfriend?”に対して“No”と答えたRyanに“I'm free!”と返し、クラスの「大爆笑」を誘った張本人であるとともに、Ryanの「答え」に対して「さらにもう一言」を返した唯一の生徒でもある。それにもかかわらず、図5.5を見ると、“he”に結びつけられているのは、“No, I don't（have a girlfriend）”というRyanが発した「言及指示的テクスト」の断片のみである。このことは、続く三つの文や、上に書かれているメモにおいても同様である。

このように、「インタヴュー・タイム」で「為されたこと」ではなく、「言われたこと」を特に前景化させるメタ・コミュニケーションの枠組みの中で、Hは、“He said that...”という命題内容の真偽、そして、彼女と教師がこの「ライティング」で生み出す言及指示的テクストの「文法的正しさ」という基準で採点される対象へと変容する。つまり、この「ジャンル化」されたアクティヴィティの「今・ここ」において、「インタヴュー・タイム」は、「言及指示中心の出来事」として「間ディスコース」的に結びつけられ（コンテクスト化され）、「タイプ」（「（試験の）IRE構造」）指向と「トークン」（生徒の質問に対するRyanの「答え」）指向の「間ディスコース性」の正確な同時達成の度合いが、「試験」のミニチュアとでもいえる「課題」の「素点」の大小となり、その積み重ねが、「成績」という特殊なアイデンティティの形につながっていくのである。

ここまでの記述を踏まえて、「授業」のクロノトポスと併（競）存する、「課題・試験と成績」のクロノトポスと名づけることができる「クロノトポス」を提示したい。この「課題・試験と成績」のクロノトポスを特徴づける「型」は、(1)「授業」を特徴づけるものでもある「IRE構造」、(2)「為されたこと」ではなく、「言われたこと」が焦点化される枠組み（それが言われた時に「授業」がどれほど盛り上がったかは関係がない）、そして、(3)「素点」というアイデンティティの断片（の集積）として、「教室」から遊離した「成績表」という「記録」の上で管理・可視化される、という生徒の特異な存在の仕方、である[16]。

「授業」のクロノトポスは、「詩的な時間が刻む教育的非日常」であった。このクロノトポスの下で展開するコミュニケーション出来事と「間ディスコース」的な関係にある（メタ・）コミュニケーション出来事の異なる「ジャンル化」を通じて浮かび上がる、授業中の教室に併存する二つ目の「クロノトポス」、「課題・試験と成績」のクロノトポスの下では、典型的に「課題、中間考査、課題、期末考査」が学期ごとに反復されるとともに、各課題や考査の素点が「学期成績」となり、最終的に「学年成績」となっていく。また、上記の通り、生徒は、「教室」でのアクティヴィティから「素点」として抽象化されるとともに、生徒のアイデンティティは、素点が蓄積しながら「成績表」の上で管理・可視化されていくことで象られていく。このような特徴を明確に示す「課題・試験と成績」のクロノトポスは、「点が刻み込んでいく「表」の異世界」と呼ぶことができるだろう。

5.5 「学校生活」のクロノトポス

ここまで、授業時間中の教室に併（競）存するクロノトポスとして、第3節で「授業」のクロノトポス、第4節で「課題・試験と成績」のクロノトポスを同定した。本節では、再び、Hを巻き込んだ「メタ・コミュニケーション」を手がかりに、もう一つの「クロノトポス」を示したい。

下記は、第4章で提示した、Mr. Loperへの質問を考える「グループ・ワーク」の開始直後、H、M、S、Hacchiの女子生徒4名グループが「ボーナス・クエスチョン」を考え始めた時の様子である。

H：　これでいい？ ［これでいい？ これでいい？
Hacchi：　［あ，いいね．あい．
M：　それボーナス．
S：　え，じゃどうしよう ［ウチ．
Hacchi：　［で noっつったら I'm free.
H：　I'm free. (hh).
Hacchi：　そうそう，あのキャシーの，キャシーの弟の時みたく (hh).
［机間巡視中の高頭先生の指示］
M：　そういえばさあ，キャシーの弟はさあ，ノリよかったけどさあ，なんかお堅くねえ？
H：　お堅い．なんかなかなか落とせなさそう．＝
M：　＝うん．
S：　なに？
M：　お堅いよ．なんか心開 ［かなそうだよ．
Hacchi：　［お堅い．ごいガードは固いよ絶対．

M：　　なんか,［ガードルっつうか，お前ら全然話せねえのかよっ
Hacchi：　　　［心のガードが固い.
M：　　ていう雰囲気出たよさっき．なんもわかんねえのかよっていう.＝
H：　　＝え，どうするどうする？

まず、「あの、キャシーの、キャシーの弟の時みたく」という Hacchi の発話を再確認する。ここでは、第 3 章で示した 4 月の出来事が、「みたく」という類似性に言及する表現とともに、「あの時／今」という直示的な「対照ペア」を生み出す形で、言及されている。つまり、「あの時」の教室で起こった出来事と「今」の教室で（これから）起こる出来事との間の「トークン指向」の「間ディスコース性」が立ち上がるような状況である。

では、「あの時」とは、具体的に、どのような出来事を指すのか。それを示すのが、すぐ前で「直接引用」を通じて再構築された、H と Ryan とのやりとりである。ここで H と Hacchi は、「あの時」起こったことを「今・ここ」で再現しているが、この再現を通じて暗に再現される重要な要素として、前章でも示した通り、“I'm free!” が引き起こした「大爆笑」「盛り上がり」があることは明白である。このことをさらに前提化しているのが、そのあと主に M、H、Hacchi の 3 名によって作り出される「あの時」と「今」の対照性である。「あの時」は「ノリがよかった」のに対し、「今」は「お堅い」教室で、自分たちに向けて措定される「二人称代名詞」は、「君たち」などではなく、「お前ら」である（もちろん、これは彼女ら自身がその場で作り出した Mr. Loper の架空のセリフである）。つまり、ここで問題となっているのは、前節で示した H の「ライティング」において前景化していた「発話の言及指示内容」ではなく、「発話の相互行為的効果」、換言すれば、「これを言ったら、どうなるか」に他ならない。

では、前節で示した「ライティング」とは全く対照的に、4 月の「インタヴュー・タイム」における「相互行為的側面（効果）」を焦点化する枠組みは、そもそもどこからくるのか。この問いに迫るヒントとして、11 月、H、M、S

の3名を対象に、昼休みの食堂で昼食をとりながら行ったインタヴューでのHの発言に耳を傾けてみたい。

> 世界史とか普通の授業は、なんか、「ガリガリ」じゃん？ でも、英会話は「ワー」みたいな、であってほしい。授業が堅くなったから、なんか、行くのが楽しくなくなった[17]。もっとくだけた内容だと、ウチらもやりやすいけど、みたいな。

ここでのHの発言と上記、「グループ・ワーク」でのやりとりとの間には、ある程度の「間ディスコース性」を矛盾なく導き出すことができる。まず、Hの発言から、少なくとも彼女（およびMとS）が前提としている「講座（科目）」についての序列化された「オノミー知識（-onomic knowledge）」（Silverstein, 2007）を特定することができる（図5.6）。

「ワー」は比較的自由でにぎやかに話すことができる（ややくだけた内容の）講座、他方、「ガリガリ」は席について静かに話を聞くことが要請される（堅い内容の）講座であると理解して問題ないだろう。このような、選択講座の「英会話」も含む「講座（科目）」に関するオノミー知識を前提とし、「〜じゃん？」「〜、みたいな」「〜じゃねえ？」「ウチ（ら）」といった若者世代（の女子）を指標する「常体」のレジスター（cf. Agha, 2007；宮崎，2016）の使用を通じて彼女たちが行っていることは、(1)「ワー」と「ガリガリ」を両極とした「講座」に関する「オノミー知識」のもとで、特定の講座を特定のランクに

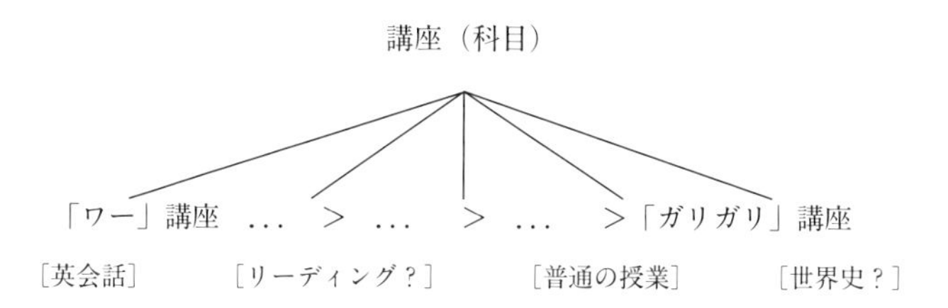

図5.6 H（およびMとS）が前提とする「講座（科目）」に関するオノミー知識

位置づける、(2) そのような「講座（科目)」に関する知識を通じて、「英会話」で起きている出来事を特定の仕方で解釈し、その解釈に基づいて「英会話」に参加する（「英会話」について語る）実践を共有する、少なくとも以上が考えられる。

もちろん、このような「オノミー知識」は、特定の集団、すなわち、H、M、S、Hacchi に特徴的に看取される知識、あるいは、彼女らが「グループ」になったことで偶然、前面化した知識であり得る。9 月以降、課題が増え、やや難易度が上がった「英会話」について、「やるべきことが以前より明確になってよい」(男子生徒）や、「スピーチが好き」(女子生徒）という考えを表明した生徒も現にいた。このような考えを持つ生徒は、講座に関する異なる「オノミー知識（の絡み合い)」を通じて、授業で起きている出来事を解釈し、それに基づいて行動していると考えられる。これを敷衍するならば、生徒の間で前提とされている「講座（科目)」に関する知識の領域は、「受験に役立つ（必要な）講座」「息抜きの講座」「先生が面白い講座」「自分が将来やりたいことに関連する講座」など、図 5.6 に似た異なる複数の「オノミー知識」から構成されており、生徒は、それらのうちのどの「オノミー知識」にどの程度の重みをつけて同調するスタンスをとるか、という「タスク」をこなしながら、学校という特殊な場所における自ら・互いのアイデンティティを示す、という「ジャンル」の行為に従事していると考えることができる。

このことを示す別の事例として、前章で示した Mr. Loper を交えたアクティヴィティにおける、Naohito、Taro、Kenta の男子生徒 3 名による「グループ・ワーク」と「メイン・アクティヴィティ」でのやりとりを見てみる。Cathy 先生がいた 1 学期を通じて、Naohito、Taro、Kenta の 3 人は一緒にアクティヴィティを行うことが多く[18]、少しふざけたり冗談を交えたりしながら、授業を「盛り上げる」役割を果たしていた。また、彼らのそのような振舞い、および役割は、教師のみならず、他の（女子）生徒たちによっても承認されているように見受けられた。ところが、Cathy 先生は 1 学期の終わりに帰国し、2 学期からは Mr. Loper が着任することになった。言うまでもなく、小柄で物腰が柔らか

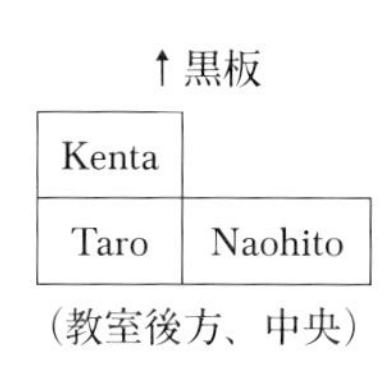

図 5.7　Naohito、Taro、Kenta の机の配置

い Cathy 先生から、迫力がある Mr. Loper への ALT の変化は、「授業の盛り上げ役」を（自ら）演じていた（また、そのような役回りが許される場として「英会話」を位置づけていた）彼らにとって、大きな環境の変化であると思われる[19]。

「グループ・ワーク」に従事している Naohito、Taro、Kenta のグループと机間巡視中の Mr. Loper との間には、以下のやりとりがみられた。なお、3 人の机の配置は図 5.7 の通りである。

ML：　［クラス全体に向かって］think of bonus. bonus topics, bonus questions.
Naohito：　yeah.
ML：　［クラス全体に向かって］you guys should be finished with the original one and ready for the bonus question.
Taro：　okay. =
Naohito：　=bonus, bonus, <u>bonus</u>.
　［3 人笑う］
ML：　［クラス全体に向かって］bonus topic. family, pets, [uh, hobbies.
Naohito：　[and girlfriend.
　yes. girlfriend.
ML：　［Naohito に向かって］that's you.
　（1.5 sec.）
Kenta：　うっ.（hh）おお.（hh）
Taro：　おお.
Naohito：　it's me.
ML：　you winked at me.
Naohito：　thank you.
　［Naohito 以外の 2 人笑う］

(1 sec.)
ML： what was your name again I'm sorry?
Naohito： Naohito.
ML： Naohito.
Naohito： thank you.
ML： can I call you Naohito?
Naohito： yeah.
ML： OK.
Kenta： 興味深々.
ML： Mmmm natto.
Naohito： natto?（hh）no natto. Naohito. natto no.
ML： mmmm, okay.
Naohito： なっ- と（hh）I am
ML： Natto は it's easy to remember though.
Naohito： I am [not natto.
ML： [okay, I have a friend called Nao. so Na [ohito.
Naohito： [oh, thank you.
ML： Nao is okay?＝
Naohito： ＝okay.
ML： but she is a girl.
Naohito： シー イズ ガール？
[他の 2 人笑う]
ML： Nao is a woman. my friend Nao.
Naohito： おお. call me [Nao.
ML： [Naohito. okay. Naohito.
[Mr. Loper 立ち去る]
Naohito： なんだよバッキャロー.
Taro： お前，こわいほんとにその二面性.
Naohito： 知ってる日本語並べりゃいいわけじゃねえんだよ.
Taro： ナオっていう人がいるから，覚え [やすいから，ローパーは
Kenta： [そうそうそうそう.
Taro： Naohitoのこと覚え [やすいよって.
Naohito： [納豆はちげえよ. はいどうするどうする？

上記は、「名づけ（naming）」を巡る Mr. Loper と Naohito との間のやりとりである。Rymes（1996）が指摘する通り、ニックネームを含む「名づけ」は、

社会・文化的コンテクストや個人的経験に深く関わるものである。このやりとりは、Mr. Loper が Naohito を「ファーストネーム」で呼んで良いかと尋ねることから始まるが、その後、「納豆」という名が付けられそうになった Naohito は、“No Natto. Naohito. Natto, no.”、“I am not natto.” と言い、そのように呼ばれることを明確に拒否している。さらに、Mr. Loper は、“Nao” という名の友人がいることを参照し、“Nao” でも良いかと Naohito に尋ねるが、その友人が女性であることから、結局、その呼び名を採用せずに終わる。Mr. Loper とのやりとりの中では “Call me Nao.” と（恐らく、Mr. Loper のその友人が女性であることを知りつつ）“Nao” と呼ばれることを受け容れる Naohito だが、Mr. Loper が立ち去った後、彼は罵倒にも近いような言葉で、特に「納豆」を使った Mr. Loper の名前の付け方に対する強い反発を示す。

その後しばらくして、グループに割り当てられたテーマに沿った質問を考え終えた彼らは、“Tell us your girlfriend's name.” という「ボーナス・クエスチョン」について、机間巡視中の Mr. Loper と以下のようなやりとりを行う。

Naohito： hey.
ML： all finished?
Naohito： yeah.
ML： see for this one though, you're gonna have to make one more question.
Kenta： ワン モア？
Taro： really?
ML： do you have a girlfriend. first you're just guessing. たぶんないだよ．たぶん名前はないでしょ．
Kenta： ない．
ML： that wouldn't have a name.
ML： so you have to- I don't know. [you-
Naohito： [フィアンセフィアンセ．
ML： has to be- [has to be a question.
Naohito： [フィアンセ，フィアン，フィアンセ．
ML： has to be a question, do you have one?
Naohito： フィアンセ．
Taro： [笑う]

ML： then after you have one, you have to tell me the name.
Naohito： I know you are fiancée.
(1 sec.)
ML： no no no no no no. you have to
Naohito： yea.
ML： do you have a. and then question number two would be this one.
Naohito： yea.［べそをかくフリをしながら］うん. I'm sorry.
Taro & Kenta：［笑う］
Naohito：［泣きまねをする］
［Mr. Loper 立ち去る］
Taro & Kenta：［笑う］
Naohito：［泣きまね続く］
Taro & Kenta：［笑う］
Naohito：［泣きまね］うーんめんどくさいもうー［急に泣きまね止める］
do you have でいいの？
Taro： え？
Naohito： do you have girlfriend? でいいの？
Taro： かなあ．そういう，たたたたぶんそんな感じで.
Naohito： もうほんとやってけねえしってもう.

「新任の Mr. Loper に対する質問を考え、余裕があればボーナス・クエスチョンも考える」というアクティヴィティの指示に従い、彼らが質問を考え終えた頃、ここでは、Mr. Loper が「彼女の名前」を尋ねる彼らのボーナス・クエスチョンについて、「名前を聞く前に、まず彼女がいるかどうかを聞かなければならない」と質問の順序に関する指導をしている。これに対し、Mr. Loper にフィアンセがいるという情報を（前章の女子グループ同様）どこかで得ていた Naohito は、「フィアンセ」を連呼し、「指導」という「行為の枠組み」へのフッティングの同調を拒否しているように見える[20]。対する Mr. Loper は、そのような Naohito のフッティングの試みに同調することをさらに拒否し、アドヴァイスを繰り返すことで、「指導」という枠組み（フレーム）を維持しようと努めているようである。ところが、Naohito が「フィアンセ」という語の単なる連呼ではなく、“I” と “you” というコミュニケーション出来事における前提性が極めて高い「送り手（Naohito）」と「受け手（Mr. Loper）」を指す「ダイクシス」を用いた「文（“I know you are fiancée.”）」を使って「フィアンセ」をコミュニケーションの「今・ここ」に引き入れると、Mr. Loper は一瞬、口ごもったあと、さらに強い口調で「指導」を続け、「指導」の枠組みを断固として崩さないのである。Mr. Loper が立ち去った後（つまり、「指導」のフレームが終わった後）、Naohito は「泣きまね」をしながら、「めんどくさい、もうー」とすぐ前に起こったコミュニケーションについて「メタ・コミュニケーション」的に言及したところで急に泣きまねを止め、「質問を考える」という授業のアクティヴィティの枠組みへのフッティングの戻りを突然示しつつ、「もう、ほんとやってけねぇし」と、環境が変わった2学期の授業に対する彼自身の立ち位置に関する認識を吐露する（cf. Davies, 2005）。

「グループ・ワーク」が終わると、授業は、各グループがそれぞれに考えた質問を交代で Mr. Loper に質問していく「メイン・アクティヴィティ」に移行するが（前章参照）、以下、彼らの番の一部を、前章と同じく、彼らのグループのみによって共有されていると思われるやりとりを四角で囲んで提示する。

ML：	all righty Kenta, how about another one for you?
T：	bonus questions. do you have bonus questions?
Kenta：	［Taro と Naohito に向かって］ボーナス・クエスチョンさっき言ったよね.
	［Mr. Loper と高頭先生，Kenta に歩み寄る］
Naohito：	いけ，いけ.
Taro：	いけ.
Naohito：	お前がいけ. お前がいくんだ. お前がいくんだ.
	［Mr. Loper が質問を書いた紙をとり上げ，高頭先生も覗く］
ML：	they've only asked three. one two three four five, they got five six. they have six questions and they only asked three.
	［Mr. Loper のみ立ち去る］
Naohito：	いけ. お前がいくんだ.（hh）お前がいくんだ.
Taro：	［笑う］
T：	［Kenta へ，リストをみながら小声で］don't ask this question ［=“Do you have a girlfriend?”］. so

Naohito： お前がいくんだ.
T： ［笑いながら］don't ask this question.
Naohito： where, where, where のやつだよ where のやつ[21].
ML： ［再び Kenta に歩み寄りながら］that's fine. they can ask whatever they want.
Naohito： where のやつだよ.
T： ［笑いながら］really?
ML： no problem.
Naohito： where のやつだ. お前がいくんだ.
T： really.
ML： no problem. anything you want. this is
T： okay.［Mr. Loper & 高頭 T グループから離れて再び教室前方へ］okay. go ahead.
Kenta： do you have a girlfriend?
Naohito： ちがうやろー.
ML： yes I do.
Naohito： ちがうやろー.
Kenta： oh. who?
［Kenta 振り返って Taro と Naohito に何かを確認する］
ML： what's- her name is Kenta.
［クラス一部笑う］
Naohito： ちがうだろ. where where の［聞取不能］
Taro： これやゆうてんねーん.
Naohito： ［聞取不能］もう，むかつく.
Taro： わかってない.

ここで、二つの点に着目したい。まず、四角で囲んだ、彼らのグループのみによって共有されていると思われるやりとりを抜きにしても、この書き起こしは、クラス全体で共有されている「教室談話」として、整合性を持つと思われることである。そこでは、Mr. Loper の「どんな質問でもよい」という言葉と高頭先生による承認を受け、Kenta が“Do you have a girlfriend?”という「ボーナス・クエスチョン」を尋ねるが、この授業のすぐ前に開催された文化祭で彼が女装していたことから、質問した Kenta 自身にそのアイデンティティが降りかかっていることが見て取れる。

しかし、四角で囲んだ箇所（Naohito と Taro による、主に Kenta が行っていることに対する「メタ・コミュニケーション」）をそれに併置させた場合、前章同様、かなり性格を異にする「相互行為のテクスト」の層が浮かび上がってくる。このすぐ前に、Mr. Loperを指さしながら質問をして注意を受けたNaohito（次章参照）は、意気消沈したせいか、「お前がいくんだ」などと「ボーナス・クエスチョン」質問者の役割を執拗にKentaに振ろうとしている。さらに、"Do you have a girlfriend?" ではなく、「Whereのやつ（"Where does your name come from?"）」を聞くよう[22]、これも執拗に促すのだが、Kentaは "Do you have a girlfriend?" と聞いてしまった。

この行為に対して、NaohitoとTaroは「ちがうやろー」「これやゆうてんねーん」「むかつく」「わかってない」などと、かなりあからさまな表現で、Kentaに対する批判的なスタンスをとっている。上述の、机間巡視中のMr. Loperとのやりとり（そこでは、特定の行為の枠組みにおいてかなり固定化した上下（権力）関係を指標する相互行為と、それに対する特にNaohitoの明確なスタンス（「めんどくさい」など）が垣間見えた）に鑑みるならば、彼らのグループにおいては、1学期と同様の振舞いが2学期には通用しそうにないという認識が共有されていることは明白である。クラス内での振舞いや役割を調整せざるを得ない状況の中で、"Do you have a girlfriend?" と聞いてしまったKentaの行為は、授業内での彼らの「キャラ」や「役割」の調整、ひいては、この「英会話」を「楽しめる授業（講座）」として引き続き位置づけることを妨げるもの（うっかりミス）として理解され、結果、Kentaには（集団の利益に反する行為を行う）「わかっていない者」というアイデンティティが、グループの中で付与されることとなった[23]。「授業」（四角で囲まれていない部分）が特に問題なく進む背後で、別の世界（四角で囲んだ部分）では大問題が起きているかのようである。こうした「大問題」が起きるのは、上に示したような、講座（科目）に関する「オノミー知識」（図5.6）に基づき、この「英会話」という講座そのものに対して特定のスタンスをとる「タスク」をこなしながら、学校という特殊な場所における自らの・互いのアイデンティティを示すという同様の行為の型、すなわち「ジャンル」が、ここでの彼らの実践を枠づけているから、と考えられる。

ここで提示したいのが、「学校生活」のクロノトポスである。各「講座（科目）」や「授業」に関して、どのような「オノミー知識」を通じてどのような重みづけ・価値づけを行い、それに基づいて「授業」にどのように参加し（また、特定の「授業」についてどのように語り）、そのことを通じて自ら・互いのアイデンティティをどのように示すか、という実践は、生徒が時間の経過（学年の進行）とともに経験する（学校）行事（部活動の大会、定期試験、文化祭、体育祭、修学旅行、受験など）や人間関係（友人関係、先輩・後輩関係、恋愛関係、教師との関係など）、そして成績や希望進路（の変化や決まり具合）との関連において推移することが大いに考えられる。つまりそこは、「学校」という場所で、「生徒」という社会的役割に付随する様々な実践との関連において、「講座（科目）」や「授業」の位置づけ・価値が画定される時空間である。授業時間中の教室で、「詩的な時間が刻む教育的非日常」である「授業」のクロノトポス、「点が刻み込んでいく「表」の異世界」である「課題・試験と成績」のクロノトポスと併存し、競合するこのような「学校生活」のクロノトポスは、「「学校」における諸活動と高校生との間の政治的日常」と言えるのではないか。

5.6 「学び」のクロノトポスはどこにあるのか：「パフォーマンス」という補助線

ここまで、(1)「授業」のクロノトポス（詩的な時間が刻む教育的非日常）を出発点として、そこから、(2)「間ディスコース性」の概念に依拠し、「授業」のクロノトポスの下で展開する出来事にまつわる「メタ・コミュニケーション」が生み出す、「出来事」と「出来事」との間のつながりを教室の中から特定した。そして、(3) それらの「メタ・コミュニケーション」を異なる「ジャンル」に結びつけることで、(4)「授業」のクロノトポスを含む複数の「クロノトポス」、すなわち、「課題・試験と成績」のクロノトポス（点が刻み込んでいく「表」の異世界）と「学校生活」のクロノトポス（「学校」における諸活動と高校生との間の政治的日常）が併存する場としての「教室」の姿を描き出し、そのことをもって、授業時間中の教室に複数の「現実」が同時に存在することの証左とした。

このことの図示を試みたものが、図 5.8 である。「間ディスコース性」の原理を核とする「メタ・コミュニケーション」と、それらの異なる「ジャンル化」を通じて、授業時間中の教室という場所における異なる「クロノトポス」の併存は編成されていると考えられる。では、授業時間中の「教室」という場所を、この図に示したような場としてまずもって捉えた場合、「教室で英語を学ぶ」ことのクロノトポスは、どのように措定され得るのだろうか。このことについて考えるために、「ジャンル」とも密接に関わる「パフォーマンス」（Bauman,

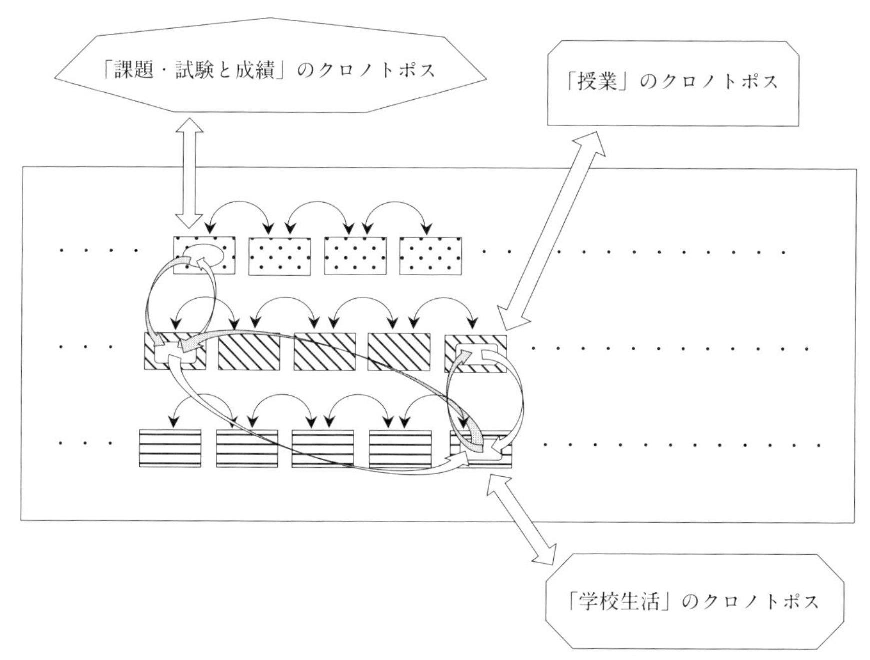

※ 異なる模様の四角は「ジャンル化」されたコミュニケーション出来事[24]、矢印は「タイプ」指向、「トークン」指向を含む「間ディスコース性」を表す。

図 5.8　授業時間中の教室における「クロノトポス」の併存の編成

1984［1977］, 2004; Bauman & Briggs, 1990; Goffman, 1959）という概念の補助線を引きたい。

「パフォーマンス」とは、特定の時と場で、他の参与者に何らかの影響を与えるような、特定の参与者の全ての活動のことである（Goffman, 1959, p. 15）。さらに定義を精緻化すると、パフォーマンスは、特に目立つ（つまり、社会・文化的認識可能性が高い）、技巧に富んだ話し方（コミュニケーションの仕方）であり、それは、それ自体の（行為の）意味が理解されるための「解釈枠組み（フレーム）」をその場で立ち上げたり、指し示したりする。したがって、パフォーマンスは、「話す」などのコミュニケーションに関わる行為を、その「受け手」（オーディエンス）に対して（責任を持って）提示するのみならず、当該の行為がどれほど「上手く」為されたかに関して、オーディエンスからの評価を常に受けるものである（Bauman, 2004, p. 9; Bauman & Briggs, 1990, p. 73）。

本章で特に焦点を当てた女子生徒、H を例に考えてみたい。彼女は、“Do you have a girlfriend?” という質問を Ryan にすることで、「詩的な時間が刻む教育的非日常」というクロノトポスを基盤とする、「授業」としてジャンル化された出来事に参加した（図 5.8 中央）。言い換えるならば、彼女は、「まず英語で自己紹介をして、Ryan に一つ質問をする」ということを一定程度の「上手さ」でもって遂行したという意味で、「授業」の枠組みにおける「生徒」を行って見せた（パフォームした）。しかし、教師の指示を超えて “I'm free!” と返した H には、“Well done.” などの評価が教師から与えられることはなかった。

また、「点が刻み込んでいく「表」の異世界」である「課題・試験と成績」のクロノトポスによって特徴づけられる「ジャンル」のアクティヴィティ（ライティング）では、H は、Ryan に対して行われた「インタヴュー」から、「言及指示的テクスト」に関わる部分のみを取り出し、それを「ライティング」の「今・ここ（オリゴ）」に適切に引き入れ（再コンテクスト化し）（図 5.8 上）、一定の「素点（この「ジャンル」固有のアイデンティティの断片）」を獲得した。そして、「「学校」における諸活動と高校生との間の政治的日常」といえる「学校生活」のクロノトポスを基盤としたコミュニケーション出来事においては、H は M、S、Hacchi とともに、「英会話」の「ワー」(vs.「ガリガリ」) という位置づけに則り、「相互行為上の効果」を考慮して質問を考え（修正し)、他の女子生徒によって期待されている特定の「キャラ」をも引き受けながら、「授業」で起きた／起きていることを（他の女子生徒とともに）解釈し、そこに参加していた (図 5.8 下)。すなわち、ここで H が (英語を使って) 一貫して行っていることは、自分が様々な行為・解釈の枠組みの中に「いる」ことを教師（採点者）や他の生徒に（同時に）提示する「パフォーマンス[25]」に他ならない。

そうであるならば、「教室で英語を学ぶ」ことのクロノトポスは、「複数の「ジャンル」の間を行ったり来たりし、複数の「クロノトポス」に出たり入ったりする「パフォーマンス」を繰り返す」という「ジャンル」を特徴づけるものになると考えられる。それぞれの「クロノトポス」に固有の共訳不可能な「評価」に常に晒されながら、それらのどれにより敏感となるのか、どの評価を自らにとってより重要な「アイデンティティ」に関わる評価として理解するのか、どの評価により権威を付与するのか、これらの問題の動態に、「ジャンル」を指し示す（相互）行為（すなわち、パフォーマンス）を通じて関与しながら、様々な「ジャンル」に異なる程度で精通・熟達し、そのことによって、異なる「クロノトポス」に異なる程度で適応・順応していくプロセスの中に「学び」はあるのではないか。この時、(少なくとも)「授業」のクロノトポス、「課題・試験と成績」のクロノトポス、「学校生活」のクロノトポスが併存・競合する場としての「授業時間中の教室」で「英語を学ぶ」ことのクロノトポスは、「「英語」が媒介する、複数の「ジャンル」・「クロノトポス」の間における「メタ・レヴェル」を巡る運動」と特徴づけることが可能と考えられる。

5.7 授業時間中に併存する「クロノトポス」から「スケール」へ

本章では、第 3 章と第 4 章を通じて積み上げてきた分析と視点を基に、「教室には複数の異なる「現実」が同時に存在している」という事実に原理的、かつ経験的に迫ることを試みた。「メタ・コミュニケーション」を導きの糸として、「メタ語用的機能を果たす諸記号」のうち、特に「間ディスコース性」「ジャンル」「クロノトポス」の三つを組み合わせて「発見的」枠組みを整備し、これまでの章で扱ってきたコミュニケーション出来事に異なる角度から光を当てた。その結果、授業時間中の教室における、「詩的な時間が刻む教育的非日常」である「授業」のクロノトポス、「点が刻み込んでいく「表」の異世界」である「課題・試験と成績」のクロノトポス、「「学校」における諸活動と高校生との間の政治的日常」である「学校生活」のクロノトポス、少なくともこれら三つのクロノトポスの併存・競合を措定することができた。さらに、この洞察を基礎とし、「パフォーマンス」という補助線を引くことで、「教室で英語を学ぶ」ことのクロノトポスを、「「英語」が媒介する、複数の「ジャンル」・「クロノトポス」の間における「メタ・レヴェル」を巡る運動」とした。

さて、第3章と第4章同様、ここで待ち受けているのが、本章で辿り着くことができた結論を相対化する問いである。本章の「ジャンル」に関する記述の中で、注9として、「ジャンル」と実際に起きている「出来事」は直截に一対一対応しないことを確認した。実際、「ジャンル」は、コンテクスト的要素を指し示す他の記号と多層的に絡み合いながら、その場での行為・出来事の意味を立ち上げていく。換言すれば、第1章で示したコミュニケーション論を参照すれば明らかな通り、コミュニケーション出来事の「今・ここ」においては、「ジャンル」の他にも様々な要素が「関連のあるコンテクスト」として指し示されており、コミュニケーション出来事の意味が「ジャンル」という単一の要素のみで決定されることはない。したがって、特定の「ジャンル」が喚起する特定の（行為の）意味の生成・解釈を指向するプロセスには、他の多様な「コンテクスト化」の過程が不可避的に入り込み、そのこと通じて、「ジャンル」とその他のコンテクスト的要素との間には相互作用が生まれることになる(Bauman, 2001, p. 80)。さらに、学校や教室が「社会」の中に存在する限り、授業時間中の教室で起こるコミュニケーション出来事に関連づけられるコンテクスト的要素は、学校の中だけで完結し得るようなものではないと考えられる。

以上を考慮するならば、本章で示した「ジャンル」「クロノトポス」と相互作用すると思われる教室外のコンテクストを辿る道すじを示すことで初めて、「メタ・コミュニケーションの連鎖」が織り成す「教室で英語を学ぶ」ことの諸層は、より精緻に描出され得る。また、図5.8では、授業時間中の教室に併存する「クロノトポス」の編成を「平面的」に示したが、バフチンの「ジャンル」概念が示すように、これらはそもそも「階層化」された(競合する)形で社会に存在しているのだから、本書における記述も、そのような側面をより十全に捉える必要がある。

これらのことを踏まえ、本書の考察部となる次章では、「スケール」という概念を導入することを通じて、「教室」および「学校」の外にあるコンテクストを招き入れつつ、コンテクスト(化)の階層性や流動性にも視点を開放し、ここまでに示してきた「複数の「現実」が併存する授業時間中の教室」をより広い、コミュニケーション論的「全体」の中に置くことを目指す。

注

1 「間テクスト性」という術語は、J. クリステヴァによるものである(cf. Kristeva, 1980, p. 66)。

2 もちろん、出来事X・Y内での2人の挨拶には「間テクスト性」が認められる。

3 さらに、「どのように挨拶するか」(例えば、「こんにちは」「どうも」「やっほ」(第3章注1参照)「お世話になってます」、あるいは「2人で決めた2人だけの挨拶の仕方」のどれを、どのような表情で言うか等)も、特定の社会的関係(どの程度親密な「友人」なのか等)の前提化や創出に貢献する。

4 これはすなわち、出来事・行為の次元における「詩的機能」である。

5 この意味において、バフチンの言語観は極めて語用論的な言語観である(cf. Blommaert, 2015)。

6 例えば、「むか〜し、むかし、あるところに」という表現(フレーミング装置)の使用によって特定の「ジャンル」が喚起されると、それに続く発話は、(すでに存在する)他の「昔話」が参照される(コンテクスト化される)ことを通じて、昔話(のようなもの)になり、またそのようなものとして受容・解釈される(テクスト化される)。

7　繰り返すが、ここに見られるのは、「詩的構造」を通じた出来事間の「つながり」の創出である（第3章図3.7も参照）。

8　前章で、H、M、S、Hacchiが「社交辞令」「冗談」「警告」といったメタ語用的レジスターを使用していたことも想起されたい。

9　しかし、「ジャンル」と実際に起こっている「出来事」は、常に直截に一対一対応するわけではない。「ジャンル」は、コンテクスト的要素を指し示す他の記号と多層的に絡み合いながら（「メタ記号（meta signs）」として相互作用しながら）、その場での行為・出来事の意味を立ち上げていく（Agha, 2007; Briggs, 1993）。

10　「クロノトポス」は英語の複数形（chronotopes）であるが、日本語での表記の際は、単数と複数は区別しないこととする。

11　このような視点に立つならば、バフチンが言う「クロノトポス」は、Goodman（1978）が言う「世界のヴァージョン」とも親和性を示す概念であるように思われる。

12　ここに、「クロノトポス」とGoffman（1981, 1986［1974］）が言う「フッティング」「フレーム」との強い関連を見出すことができる。

13　このことは、「（何が言われているかを含む）何が為されているかに関するモデル・解釈」であるところの「相互行為のテクスト」の創出において、「クロノトポス」が極めて重要な位置にあることを示唆している。

14　一般に教師が準備する「指導案」がしばしば、「導入」「発展」「まとめ」という構成となっていることにも注意。

15　言うまでもなく、筆者はここで、この「英会話」が「悪い授業」であったと主張したいわけではない。ここで目指されていることは、「英語を使う」という実践の足場（ground）となっている「「授業」のクロノトポス」を特徴づけている要素を経験的に同定することである。

16　規律・訓練装置としての「試験」については、フーコー（1977, pp. 188–195）を参照されたい。

17　これは、高頭先生から見た場合、ややアンフェアな話であるかもしれない。第2章で示した通り、生徒は、この「英会話」では「ゲーム」などではなく、「スピーチ」などの「中身がある」アクティヴィティが中心となること、それなりの量の課題が出されることなどについて、事前のガイダンスを受けたうえでこの講座を履修している。また、クラス全員がこのHのような印象を持っていたわけではない。現に、課題が増えた9月以降の「英会話」について、「やるべきことが明確になって良い」や、「スピーチが好き」という声もあった。

18　この講座の男子生徒は、彼らのみである。

19 前章注5で示した彼らの「メタ・コミュニケーション」を見れば、彼らがこの「状況の変化」をいかに敏感に察知していたかが分かる。

20 恐らく、彼らにとって、この指導の内容は、そもそも「どうでもよい」ことであろう。

21 ここでNaohitoがいう「Whereのやつ」とは、"Where does your name come from?"(「名前の由来は何ですか」)である。

22 これは明らかに、"Do you have a girlfriend?" に代わる「「ウチら秀才」みたいな」質問を考えようとした女子生徒4名グループの実践と軌を一にするものであると思われる。

23 "Do you have a girlfriend?" がもたらすと思われる「相互行為上の効果」に対する価値づけが、H、M、S、HacchiのグループとNaohito、Taro、Kentaのグループで大きく異なっていることにも注意されたい。

24 次章の図6.1、図6.2、図6.4も同様。

25 ここでいう「パフォーマンス」は、上記の定義に基づくものであって、例えば政治家が有権者の興味を惹くために行う行為を(しばしば批判的な意味を込めて)「パフォーマンス」と呼ぶこととは全く異なることを確認しておきたい。

第６章
「特定の「学び」を結果としてもたらす出来事の連続性」を見出すために

6.1　前章までのまとめ

第3章から第5章の各章では、教室で実際に起きたコミュニケーション出来事を基点とし、その中／その間で生起したプロセスを「メタ・コミュニケーション」の視点から分析するとともに、そこで得られた一定の結論を同じく「メタ・コミュニケーション」によって相対化する形で、次の章への架橋を行ってきた。

第3章では、Cathy先生の弟・Ryanが「スペシャルゲスト」として教室を訪れた、年度最初の「英会話」の授業において、「生徒とネイティヴ・スピーカーの出会い」が、(1) アイデンティティの対照ペアを駆使したお膳立て、(2)「IRE構造」の反復を含む展開・参与者構造の強固な「詩的構造化」、(3) 教師の「メタ語用的方略・操作」を通じた「教育の場に不適切な内容」の締め出し、以上の特徴を示すコミュニケーション出来事の積み重ねによって刻印された「相互行為のテクスト」であったことを明らかにした。しかし同時に、掬い取ることができた生徒の「メタ・コミュニケーション」は、このような「相互行為のテクスト」が、この授業で起きていたことに関する解釈の一つの可能性に過ぎない、という事実を確かに指し示すものであった。

第3章における分析の結果とその相対化を引き受けた第4章では、2学期最初の授業で新任のALTを交えて行われた同様のアクティヴィティの内実に、H、M、S、Hacchiの女子生徒4名グループを通じて接近した。「グループ・ワーク」内で質問を考える際に彼女らが従事した「メタ・コミュニケーション」と、「メイン・アクティヴィティ」における彼女らの「ボーナス・クエスチョン」をめぐる相互行為の展開を、クラス全体に共有されている（主に教師・生徒間の）談話と、彼女らのみによって共有されている談話の両者から分析すると、“Have you ever eaten tarako?” という彼女らの「質問」が、「授業に正当な手続きで参加する」、「新任の ALT を試しながら、彼女らと教師・他のクラスメートとの間の距離感や関係、および、「英会話」という授業の位置づけとそこへの参加の仕方を操作・調整する」という二つの異なる「行為の枠組み（フレーム）」に同時に働きかけるものであることが明らかとなった。ここから、(1) 教室においては複数の「行為の意味」が同時に、多層的に生み出されていること、(2) そのような複数の「行為の意味」が多層的にもたらされること自体が、教室で生徒が使う「英語」の多機能性を指し示していること、そして、(3) この教室には「授業」に還元され得ない、もう一つの「現実」が確かに存在すること、少なくとも以上が実証的に示された。しかし、これら二つの現実が確かに授業中の教室に併存するとしても、それは、授業中の教室に同時に存在する「現実」がこれら二つのみであることを論理的に意味しない。

そこで、第 6 章では、「間ディスコース性」「ジャンル」「クロノトポス」の分析概念を組み合わせた「発見的」枠組みを整備し、「メタ・コミュニケーション」という実践を通じて、教室における「現実」の複数性がどのように生み出されている（編成されている）のか、具体的、かつ原理的に追究した。「間ディスコース性」を通じて互いに指し示し合う「ジャンル化」された実践を教室の中から特定することで、「詩的な時間が刻む教育的非日常」である「授業」のクロノトポス、「点が刻み込んでいく「表」の異世界」である「課題・試験と成績」のクロノトポス、「「学校」における諸活動と高校生との間の政治的日常」である「学校生活」のクロノトポス、少なくとも以上の極めて異質な、併存（競合）する三つのクロノトポスが、「授業時間中の教室」で起きているコミュニケーションを統制していることが露となった。さらに、このような「クロノトポスの併存」を基礎とし、「パフォーマンス」の補助線を引くことで、「「英語」

が媒介する、複数の「ジャンル」・「クロノトポス」の間における「メタ・レヴェル」を巡る運動」として「教室で英語を学ぶ」ことのクロノトポスを措定した。しかし、この結論も、「ジャンル」が実際に起きている「出来事」と常に直截に一対一対応せず、異なるコンテクスト的要素を指し示す他の記号と多層的に絡み合いながらその場での行為・出来事の意味を立ち上げている、というコミュニケーション論的事実によって相対化され得るものである。コミュニケーション出来事の立ち上げに貢献する多様な「コンテクスト化」の過程が「ジャンル化」のプロセスに不可避的に入り込むことで、「ジャンル」とその他のコンテクスト的要素との間には、相互作用が生まれる。そして、学校や教室が「社会」の中に存在する以上、授業時間中の教室で起こるコミュニケーション出来事に関連づけられるコンテクスト的要素を、学校、特に教室の中だけに求めることはできない。

このようにして経験的、原理的、批判的に積み上げてきた視座を引き受け、最終的な考察を展開する本章では、最近の社会言語学・言語人類学においてコンテクスト（化）の複雑性（complexity）を描出する際に援用される、「スケール」の概念を導入する（Blommaert, 2007, 2010, 2015; Carr & Lempert, 2016a, 2016b）。この概念を通じて、「教室」および「学校」の外にあるコンテクストを招き入れつつ、コンテクスト化のプロセスの階層性や流動性も視野に入れることで、ここまでに示してきた「複数の「現実」が併存する授業時間中の教室」をより広い、かつダイナミックな「コミュニケーション論的全体」の中に置くことを試みたい。

6.2 再提起：教室における「学び」の核としての「パフォーマンス」

「スケール」の記述に入る前に、前章で示した、「学び」の核としての「パフォーマンス」という視座を再度、提起しておく。

前章では、授業時間中の教室に併存する「クロノトポス」を特定し、そこから、「複数の「ジャンル」の間を行ったり来たりし、複数の「クロノトポス」に出たり入ったりする「パフォーマンス」を繰り返す」という「ジャンル化」された行為を「教室で英語を学ぶ」ことの核心に据えた。ここでもう一度確認すると、「パフォーマンス」とは、Goffman（1959）の言を借りれば、特定の時と場で、他の参与者に何らかの影響を与えるような、特定の参与者の全ての活動である。あるいは、「パフォーマンス」は、特に目立つ（社会・文化的認識可能性が高い）、技巧に富んだコミュニケーションの仕方であり、それは、それ自体の（行為の）意味が理解されるための「解釈枠組み（フレーム）」をその場で立ち上げたり、指し示したりするものである（Bauman, 2004; Bauman & Briggs, 1990）。

両者の定義に共通する重要な点は、「パフォーマンス」が「他者」に宛てられている（「オーディエンス」というコンテクストと密接に関連している）ことである。したがって、「受け手」（オーディエンス）に対する責任（responsibility）を持って提示された「パフォーマンス」としての、「ジャンル化」された「話す」「書く」「質問する」「歌う」「踊る」などの行為は、それがどれほど「上手に」「適切に」「効果的に」為されたものであるか、オーディエンスからの評価を常に受ける。

「パフォーマンス」を、それぞれの「ジャンル」や「クロノトポス」に固有の、共約不可能な「評価」に常に晒されるものとして理解した場合、どの「評価」（換言すれば、誰による、どのような帰結につながっていく「評価」）に最も敏感となるのか、どの評価を自らにとってより重要な「アイデンティティ」に関わるものとして位置づけるのか、どの評価により「権威」を付与するのか、といった問題が必然的に生じる。前章では、これらの問題の動態に「ジャンル」を指し示す行為（すなわち、パフォーマンス）を通じて関与しながら、様々な「ジャンル」に異なる程度で精通・熟達し、そのことによって、異なる「クロノトポス」に異なる程度で適応・順応していくプロセスの中に、「学び」の核となる過程を措定した。さらに、そのようなプロセスを「学び」の核として措定するならば、教室での「学び」を根底で支えているものは、ここまでに示したような教室に併存する「ジャンル」や「クロノトポス」のみならず、コミュニケーションの「今・ここ」に不可避的に入り込んでくるその他のコンテクスト化された要素のうちのどの要素が、特定の時点で「メタ・レヴェル」に据えられるか（つまり、「今・ここ」において、最も強くコミュニケーション出来事の意味を統制するか）に関わるプロセス・原理であると思われる。

このことに留意しながら、次節以降、「スケール」の概念を援用して、前章では「平面的」に描き出した複数の「クロノトポス」の併存を「タテ」にし、そこに、授業時間中の教室で為されるコミュニケーションの「今・ここ」に不可避的に入り込んでくると思われる、他のコンテクスト化され得る要素のいくつかを組み入れる作業を行っていく。

6.3 「クロノトポス」、「スケール」、「指標性の階層（orders of indexicality）」

6.3.1 「クロノトポス」と「スケール」が照らし出すコンテクスト化の側面

まず、「クロノトポス」と「スケール」のそれぞれが、「コンテクスト化」というプロセス（第1章で示した「見取図」も参照）のどの側面を照らし出す概念であるのかを見ていく。

前章で示した通り、「クロノトポス」は、バフチンによって文学研究に導入された概念であり、文学において芸術的に示される「時間的・空間的関係の本来的なつながり」を指す（Bakhtin, 1981a, p. 84; Bemong & Borghart, 2010, pp.

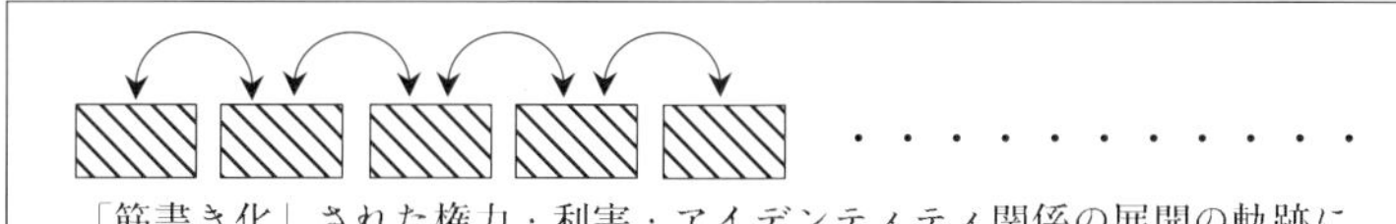

図 6.1　時間的・空間的「包み」としての「クロノトポス」

3-4)。さらに、「クロノトポス」は、「ジャンル」および「ジャンル」間の区別を定義する「形式的な構成的カテゴリー」であり、(登場)人物のイメージをかなりの程度、決定するものでもある(Bakhtin, 1981a, pp. 84-85)。

比喩的に言い換えるならば、「クロノトポス」とは、時間的・空間的な「包み(envelope)」のようなものであり(図6.1)、その「語られた世界」に住まう登場人物たちは、当該のフィクションの世界における(社会的)存在として、「筋書き化」された利害(関係)の展開の軌跡に沿って、コミュニケーションに参加する。我々の社会生活も、「筋書き」のような因果的現実性(例えば、「あの時、○○があったからこそ、今がある」「今、この時のこの選択はきっと、将来につながっていく」など)に即して理解し、語ることが可能である限り、我々個々人が実際に経験する社会生活は本来的に、「クロノトポス」的な様相を呈していると考えられる(もちろん、自分で気づいたり、把握したりすることができないような、複数の「クロノトポス」の絡み合いの軌跡がそれを形作っていることもある)(Silverstein, 2016, p. 210)。

「コンテクスト化」のプロセスとの関連で「クロノトポス」を考えると、特定の相互行為の「今・ここ」において「クロノトポス」が喚起される(コンテクスト化される)とはすなわち、特定の「歴史の片(chunks of history)」や「(一定の「筋書き」の中で認識可能な)出来事と出来事の連続性・つながり」が、相互行為に意味を付与するメタ語用的枠組みとして「今・ここ(オリゴ)」に関連づけられる、ということである(Blommaert, 2015)。では、相互行為の「今・ここ」に関連づけられ得る「クロノトポス」には、すべて同等の社会的価値が付与されているのだろうか。「社会において、言語(使用)は階層化・序列化されている」という(バフチン的な)社会言語理解に基づくならば、その答えは当然、「否」となる。前章では、授業時間中の教室に併存する三つの「クロノトポス」の編成を描出したが(図5.8)、そこでは、本来的に「階層化」「序列化」された(つまり、競存する)ものとしての「クロノトポス」の姿を描き切ることができなかった。この問題に対処すべく、本章では、「スケール」の概念を導入したい。

「スケール」は、最近の社会言語学・言語人類学において、特にグローバル化によってもたらされる「移動（mobility）」やコンテクスト化の「複雑さ（complexity）」を十全に射程に収めるために援用される概念である[1]（Blommaert, 2007, 2010, 2015; Carr & Lempert, 2016a, 2016b）。Blommaert（2010, p. 5）によれば、「移動」「流動」の社会言語学では、「一定の場所に留まることば（language-in-place）」ではなく、「交叉する様々な時間的・空間的フレームを伴う、動きの中のことば（language-in-motion）」に焦点が当てられる。ここで言われている「時間的・空間的フレーム」が「スケール」と呼ばれるもので、それは階層構造を成す（layered）、異なるレヴェルによって編成されている。また、Blommaert（2015, p. 111）は、相互行為を枠づけるように（つまり、メタ語用的に）機能する「クロノトポス」が実際にコミュニケートされる可能性（communicability）の射程を定義するものとして、「スケール」を捉えている。

このことを「クロノトポス」との関連で示したものが、図6.2である。図6.2では、特定のコミュニケーションの「オリゴ」に関連づけられ得る「クロノトポス」をAからDとして示した。そして、それらを「オリゴ」につなぎ止めるように、階層構造を成して構成されるのが、「スケール」である。*a*から*d*で示された個々の「時間的・空間的フレーム」、すなわち「スケール」を通じて「クロノトポス」が喚起される（コンテクスト化される）ことに注意したい。このように、「クロノトポス」と「スケール」を組み合わせた枠組みを敷くことで焦点化されるのは、水平方向への（平面的な）広がり（だけ）ではなく、垂直方向に延びる非単一的な（non-unified）階層化の様相を呈するような「コンテクスト化」が織り成す社会言語空間である。また、このような概念化を行うことで、一つのスケールから他のスケールに飛び移る（scale-jumping）実践や、特定の記号が一つのスケールから取り出されて別のスケールへ埋め込まれるプロセスを射程に収める（より容易に意識化する）ことが可能となる[2]。

さらに、社会に存在する「クロノトポス」と「スケール」が同等でないことは、そこに社会・文化的な「価値づけ」や「区別」に関する規範が関与してい

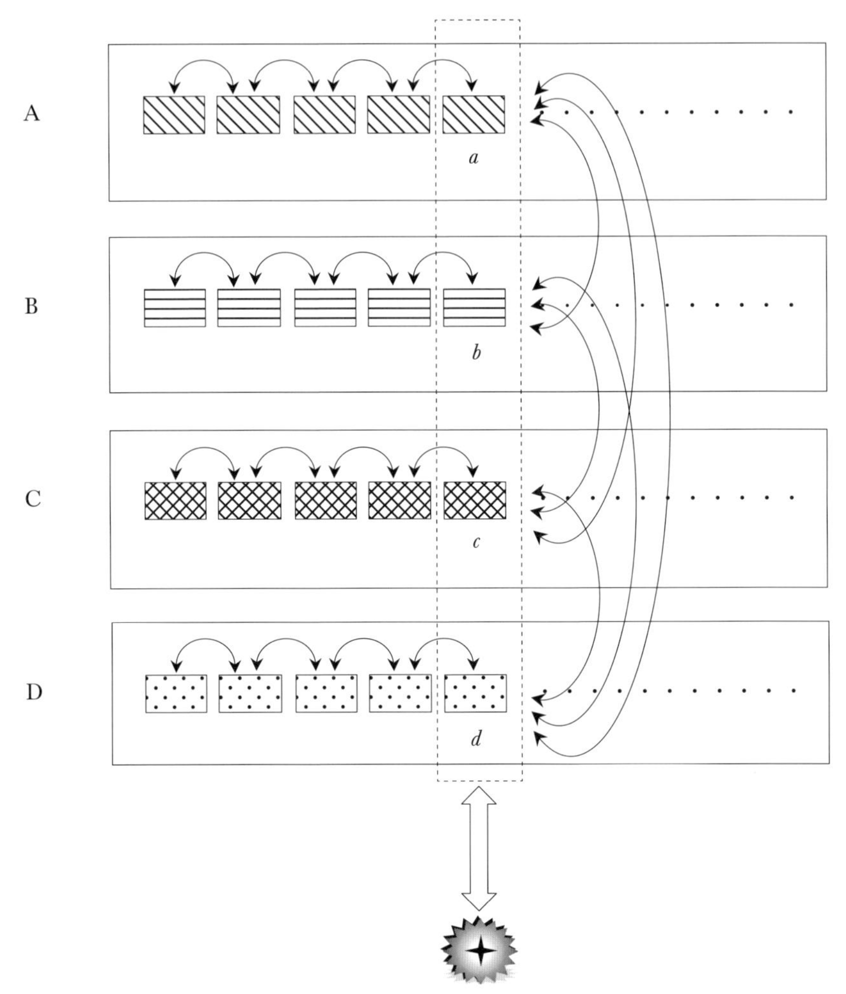

※ この図は、上から見た俯瞰的なものではなく、横から見た、垂直方向の「階層」「序列」を表すものである。

図 6.2　階層構造を成す「クロノトポス」と「スケール」

ることを意味する。そのような「価値づけ」や「区別」に関する規範は、コンテクスト依存性が高いもの、すなわち、「指標的（indexical）」なものである。「クロノトポス」と「スケール」の指標的な「価値づけ」や「区別」が、特定の規範を通じて「階層化（ランクづけ）」されていることを踏まえるならば、図 6.2 に示した時空間は、「指標性の階層（orders of indexicality）」の時空間である、ともいえる（Blommaert, 2005, pp. 73, 103, 2010, pp. 32–38）。そこでは、個人も含むあらゆる記号（出来事）が「良い—悪い」、「正常—異常」、「適切—不適切」、「容認できる—容認できない」「より威信がある—威信がない」などの軸において位置づけられ（社会・文化的に解釈され）、そのことは当然、コミュニケーション参加者のアイデンティティや権力関係に直に結びつく。

ここで留意すべき点は、「スケール」の階層性それ自体にも可変性・流動性がある、ということである。このことは、「スケール」が「アクセス可能性（accessibility）」と大きく関わっていることに関連する。具体的に考えると分かりやすいため、架空の「英語の授業」を例に、このことを示してみたい。

日本で初めて英語を学ぶ生徒にとって、例えば、様々な社会・文化的背景を有する登場人物に彩られた「英語教科書」というテクスト（より厳密には、“text artifact”（cf. Silverstein & Urban, 1996a））、および、それを使って行われる「英語の授業」は、「英語」という言葉や「英語を使ってこれからコミュニケーションができるかもしれない人々」への窓となるかもしれない。また、そのような英語教科書の内容をすべて理解することができ、書かれていることをスラスラと読むことができる英語教師は、「威信」のある存在として理解されるかもしれない。では、同じクラスに、英語でのコミュニケーションに事欠かない、数年にわたる海外在住経験がある生徒（A とする）が入ってきた（転入して来た）時、同じ「英語教科書」、「英語教師」、「英語の授業」は、同じ「評価」や「位置づけ」を被るだろうか。

A にとっては、教科書に載っている「英語」や「コミュニケーション」が、「未知の世界への窓」どころか、そもそも「不自然で滑稽なやりとり」と映るかもしれない。また、「不自然で滑稽なやりとり」をモデルとして展開する「英語の授業」に参加することそのものに対して、違和感を覚えるかもしれない。さらに、初めて英語を学ぶ生徒にとっては「威信」に溢れた英語教師も、A には「大したことない」ように見えるかもしれない。つまりここでは、「海外での生活（の様子）やそこで使われる英語」へのアクセスがあるAと、そのようなアクセスを持たない日本で初めて英語を学ぶ生徒とで、「英語の授業」やそこで使われる・教えられる「英語」、および「教師」と関わりを枠づける「スケール」が大きく異なっている。したがって、同じ「英語教科書」、「英語教師」、「英語の授業」には異なる「価値」や「権威」が付与され、そのこと自体が、Aや他の生徒の異なるアイデンティティを指標する[3]。

しかし、数年にわたる海外在住経験があり、英語でのコミュニケーションに事欠かないAは、「日本の学校・学級でより適切に振舞う」ための知識・規範へのアクセスという意味では、初めて英語を学ぶ他の生徒たちよりも不利な立場にあるかもしれない。そのような状況の中、例えば、Aが教師の英語の発音をクラスメートの前で執拗に正したり、学級内で一目置かれている生徒の英語を小馬鹿にしたりしたら、どうなるであろうか。「海外での生活（の様子）やそこで使われる英語」へのアクセスを可能にする「スケール」は、「日本の学校や学級」へのアクセスを可能にする「スケール」と競合し、後者の「スケール」が、日本の学校・学級という場所で為されるコミュニケーションの「オリゴ」により強く結びつけられた結果、「正しい、本物の英語の発音を説いているに過ぎない」と自らの行為を（イデオロギー的に）解釈するA自身が、クラスにおいて「間違った行動をする生徒」、「ウザい生徒」という位置づけを被ってしまうことも十分、考えられるだろう[4]（cf. Wortham, 2006）。

上記の例が示す通り、「クロノトポス」と「スケール」の概念を同時に導入することで、特定のコミュニケーション出来事に関連づけられるコンテクストの、より複雑な重なりや、より動的な変化をより明確に焦点化・意識化することが可能となる。もう少し具体的に言うならば、1人の話者の（1回の）発話に複数の「声」が同時に折り重なったり、発話が投錨されている空間や時間が必ずしも一つではなかったり、ある時点で「上」だったスケール（および、クロノトポス）が別の時点では（突如）「下」に位置づけられたり、あるいは、特定のコミュニケーション出来事（の連鎖）と別のコミュニケーション出来事（の連鎖）とが交叉したりするようなプロセスが、「クロノトポス」と「スケール」の概念を同時に導入することによって、現れてくると考えられる。また、垂直方向、水平方向ともに、コミュニケーション出来事の間には、もはや固定化され安定した「境界線」を引くことは困難となるが、このことは、特定の時点におけるコンテクスト化が次の瞬間には変容し、新たな「境界」が生まれては消え、それに伴って、コミュニケーション参加者のアイデンティティ・権力関係も変容する、まさに、第1章で示したコミュニケーション論によって示されるような「コミュニケーション出来事」の姿を明瞭に指し示すものである（Carr & Lempert, 2016a, pp. 6–7）。

6.3.2　スケールの飛び移り（scale-jumping）

前項では、前章で分析概念として使用した「クロノトポス」に「スケール」の概念を補うことで、複数の「クロノトポス」間の垂直方向の構成を概念化するための道筋を拓くとともに、コミュニケーション出来事の推移（＝オリゴの推移）に伴って関連づけられる異なるコンテクスト間の「競合」プロセスにも焦点を当てることができるような枠組みを整備した。次節において、本節で整備した枠組みを使い、「教室で英語を学ぶ」ことの諸層を描くことを試みるが、その前に、「スケールの飛び移り（scale-jumping）」に関する例を二つ、本項で確認しておきたい。

S：　I'll start my dissertation with a chapter reporting on my fieldwork.
（フィールドワークに関する章から博士論文を始めようと思います。）

T：　We start our dissertation with a literature review chapter here.
（ここでは先行研究のレヴューの章から博士論文を始めます。／博士論文というのは、先行研究のレヴューの章から始めるものです。）

Blommaert（2010, p. 35）　※筆者意訳

Sで示されているのは博士課程の大学院生（PhD student）、Tで示されているのはその指導教員（tutor）である。ここでTは、Sの発話を通じて喚起された「ローカル」で「(一学生の）個人的」なスケールから、「超ローカル

(translocal)」な、より「一般的」スケールに飛び移り、「今・ここ」を超越した「規範」的な正当性を持つ実践の枠組みを喚起している。このような、Tによる「上方向」に向かうスケールの飛び移り（upscaling）は、下記のような言語的「対照ペア」の創出を通じても指し示されている。

S：　"I"、未来時制の使用
T：　"We"、無時制現在の使用、この指導が為されている場を指す"here"を通じたより大きなコミュニティ（アカデミック・コミュニティ）の指標

Sの発話は、Sという「一学生」の「個人的」な計画に言及するものであるが、その発話は、続くTの発話を通じて喚起された「アカデミック・コミュニティ」というより上位のスケールにおいて、判断の俎上に載せられる。このことによって、Sという「一学生」の「個人的」な計画は、S・Tの両者が属する「アカデミック・コミュニティ」の（「博士論文」に関する）一般的な規範に則してその適切さを測られ、結果的に、却下されてしまう[5]。

また、Tによるこのような「スケールの飛び移り」は、「アカデミック・コミュニティ」における、「学生／教員」「期末レポート／学位論文」などを含む階層化された内部構造を前提とした、「上方向」への「権力的」な動きでもある。「上のスケール」が「下のスケール」に対してより「優位」で「権威的」な位置づけにあることに依拠した、このような「スケールの飛び移り」には、「個別・特定」から「一般」へ、「高いコンテクスト依存性」から「低いコンテクスト依存性」へ、といった、複数の軸における記号論的変容が複合的に伴う（表6.1）。こうして、「スケールの飛び移り（scale-jumping）」は、SとTが従事するコミュニケーションの時間・空間的性格（定義）を変容させ、それに伴い、そこに関連づけられる規範や作法、適切な話題、参加者間の権力関係にも変化が生じる。

さて、上記の例は確かに分かりやすいものであるが、前項で整備した「階層構造を成す「クロノトポス」と「スケール」」（図6.2）の枠組み、および、前

表 6.1 「スケール」の軸[6]

「下」のスケール（Lower scale）	「上」のスケール（Higher scale）
瞬間的（Momentary）	非（超）時間的（Timeless）
ローカル、状況的（Local, situated）	超ローカル、広範（Translocal, widespread）
個人的、個別的（Personal, individual）	非個人的、集団的（Impersonal, collective）
高いコンテクスト依存性（Contextualized）	低いコンテクスト依存性（Decontextualized）
主観的（Subjective）	客観的（Objective）
特定的（Specific）	一般的、範疇的（General, categorical）
トークン（Token）	タイプ（Type）
（一）個人（Individual）	役割（Role）
多様性、変異・変種（Diversity, variation）	均一性、同質性（Uniformity, homogeneity）

章までに分析してきた「英会話」の授業の複雑さ（複数の現実の（競合的）併存）は、この例の複雑さを上回るものであると思われる。その理由は、この例が「アカデミック・コミュニティ」のクロノトポスの中で展開していること、つまり、単一のクロノトポスのもとで展開するコミュニケーションを扱っていることに求められる[7]。

ここで、前章で提示した「授業」のクロノトポスの下で展開するコミュニケーションを取り上げる。「授業」のクロノトポスにおいては当然、上の例のように、生徒よりも高頭先生や Cathy 先生、Mr. Loper の方が「上方向」への「スケールの飛び移り」を行う「力」を持っていると思われる。以下は、2 学期最初と第 2 回の授業での、Mr. Loper にインタヴューを行うアクティヴィティ（第 4 章参照）において、Naohito が Mr. Loper に「質問」をした際のやりとりである。

Naohito： yeah, I'm Naohito, yeah, yeah.
ML： not yeah yeah. I'm Naohito.
Naohito： yeah. where do you live in Japan? ［Mr. Loper を指さす］
ML： I ［live ［Naohito ゆっくりと指を上に向ける］
T： ［no, not pointing. not pointing. that's not polite. okay? (hh)
［高頭先生が歩み寄り，両手で Naohito の手を降ろさせる］

［クラスざわつく］

ML： yeah. in the United States, you can lose your life for pointing at somebody. =

T： = okay.

ML： you have to- Naohito, you have to learn in my country, pointing is very rude. [and

Naohito： [yes I'm sorry.

ML： no no that's fine. no it's- that is quite all right. but in my country, many people have a gun.

T： yeah.

ML： so when you do rude things, sometimes people just break, and［銃を撃つ仕草］life is over. so you have to be- no, I'm very serious. it's- it's dangerous sometimes so you have to really watch what you do to people. like when you drive the car you have to be very safe and stuff. there's many instances where there's big big problems.

T： okay. so [we have to be very careful.

ML： [so what was your question again, please?

Naohito：［1回目よりも小さな声で］yeah. where do you live in Japan?（hh）

起立して自分の名前を言う際、"yeah, yeah" と（「ラップ」のように）"yeah" を繰り返したNaohitoはMr. Loperから注意を受けたが、このことに怯まず、今度はMr. Loperを指さして、"Where do you live in Japan?" と質問する。しかし、ここでNaohitoはすかさず、Mr. Loperに向けていた指先をゆっくりと天井に向けていく。それを見た高頭先生は、"That's not polite." と言いながらNaohitoに歩み寄り、天井を指したままの彼の手をとって、降ろさせる。ここに、年度開始当初から「授業の盛り上げ役」を演じていたNaohitoと新任（新参者）のMr. Loperとの間の「スケールの綱引き」を見て取ることは不合理ではないだろう。

つまり、"yeah, yeah" とふざけたNaohitoへの注意を通じて、Mr. Loperは、上記の例のTのように、「上」のスケールへ飛び移ったように見える。これに対し、Naohitoは、「上方向」に動いたスケールに完全には乗らず、「Mr. Loperを指さす」という行為を通じて、さらなる「スケールの飛び移り」を見せる。しかし、この行動の危険性を敏感に察知してか、Naohitoはすぐに、「指差し」

の方向を徐々に天井の方に変えていく[8]。この「方向転換」を通じて、Naohitoは Mr. Loper によって引き上げられた「スケール」に再び同調するフッティングを見せるが、今度は、高頭先生の注意をすぐに聞かず、「天井をさした指」をなかなか降ろそうとしない[9]。結局、高頭先生は、両手で Naohito の手をとり、彼の手を降ろさせる。そして、そこから始まるのが、「アメリカでは…」という外国の社会に関する Mr. Loper からの説明・指導である。

Mr. Loper は、「アメリカでは、人を指さすことはとても無礼で、もし相手が銃を持っていたら、急にキレて撃たれてしまうことがあるかもしれない。とても危険な場合があるから、他人に対する行動には気をつけ、車を運転する時などは、安全運転を心がけなければならない。」と Naohito に英語で注意・指導（"you have to learn"）する。この時点で、Naohito は "I'm sorry." と言って引き下がり、その後、質問を聞き直す時には、意気消沈したのか、一度目よりもかなり声が小さくなってしまった。

ところが、「スケールの飛び移り」をめぐる相互行為はここでは終わらない。このすぐ後、また、「確認質問」の間、Naohito は隣に座っている Taro と「まじぶっ殺される」「(自分の方が Mr. Loper に) 覚えられてる」「俺が一番嫌われてる」「俺だよ」「指さしたんだよ俺。チャカ持ってたらぶっ殺すぞっ、つって (Naohito)」「お前は好かれてる。俺だよ。ニヤニヤ笑ってるから (Taro)」などと、どちらが Mr. Loper により悪い印象を与えたかを比較するコミュニケーションに従事する。「「チャカ[10]持ってたらぶっ殺すぞ」って」などと、第4章で見た M の「意訳」のように、Mr. Loper に日本語の架空のセリフを話させながら、9月以降の（Cathy 先生がいない）「英会話」の授業における自らの位置づけ、および、自分の中でのこの講座の「位置づけ」と「そこで実際に起きること」との間の乖離に、頭を悩ませているようである。もちろん、ここでのやりとりは、Mr. Loper や高頭先生ではなく Naohito や Taro 自身が、自分たちの「フッティング」や「スタンス」を自分たちで決める「力」を持っている「クロノトポス」の下にある。

ここでは明らかに、上記 T と S の例よりも複雑な「現実」の拮抗が見て取れる。見落としてはならないのは、「英会話」の「授業」のクロノトポスが持つ「力（権威）」の度合いは恐らく、生徒が「学校生活」のクロノトポスにおいてこの講座をどのように位置づけるかによって大きく変化する、という点である。よって、上に示したNaohitoの「スケールの飛び移り」が「下方向」なのか、「上方向」なのかは、クロノトポスの序列が決まらなければ定まらない。つまり、ある特定の「階層化された構造を持つシステム」の内部における権威性は、それ自体に内在しているのではなく、他の「階層化された内部構造を持つシステム」との相対的関係性によって決まる、と理解しておくのが、「クロノトポス」と「スケール」の概念を同時に導入して、特定のコミュニケーション出来事における「コンテクスト化」の複雑性・ダイナミズムを把握する際には有効であろう。

6.4　生徒が授業に持ち込む、教室の「外部」

6.4.1　学校内のカテゴリー

ではここから、これまでに積み上げてきた分析（および、その相対化）と、それをもとに構築してきた「発見的」枠組みを十全に踏まえ、「メタ・コミュニケーションの連鎖が」織り成す、「教室で英語を学ぶ」ことの多層性を描くための、さらなる「発見的枠組み」を築いていく作業に入る。議論の明確化を期すため、展開してきた思考の「現在地」を述べることから始める。

まず、この作業の出発点は、前章までに明らかにした、「授業」のクロノトポス・「課題・試験と成績」のクロノトポス・「学校生活」のクロノトポスが併（競）存する場としての「授業時間中の教室」で「英語を学ぶ」ことのクロノトポス、すなわち、「「英語」が媒介する、複数の「ジャンル」・「クロノトポス」の間における「メタ・レヴェル」を巡る運動」である。この「英語を学ぶ」ことの「クロノトポス」は、「英語」を通じて様々な「ジャンル」に異なる程度で精通・熟達し、そのことによって、異なる「クロノトポス」に異なる程度で適応・順応していく時空間である。

次に経由した点は、「ジャンル」が実際に起きている「出来事」と直截に一対一対応せず、コミュニケーション出来事の「今・ここ」に不可避的に入り込んでくる異なるコンテクスト的要素を指し示す他の記号と多層的に絡み合いながら、その場での行為・出来事の意味を立ち上げている、というコミュニケーション論的事実である。このことによって、上記、「教室で英語を学ぶ」ことのクロノトポスを構成していた（三つの）クロノトポスが相対化される。

そのうえで辿り着いたのが、教室に併（競）存する「クロノトポス」とそれを指し示す「ジャンル」、さらに、コミュニケーションの「今・ここ」に不可避的に入り込んでくる（教室外、学校外も含む）その他のコンテクスト化された要素のうちのどの要素が、特定の時点で「メタ・レヴェル」に据えられるか（「今・ここ」において、最も強くコミュニケーション出来事の意味を統制するか）に関わるプロセス・原理を同定する、という視座である。

このことを目指すために最初に行った作業が、「クロノトポス」と「スケール」を同時に含む、「階層性」をより良く射程に収めた枠組みの構築である（図6.2）。そして、「スケールの飛び移り」という実践を確認したこの時点で為すべきは、コミュニケーションの「今・ここ」に不可避的に入り込んでくるその他のコンテクスト化され得る要素のいくつかを具体的に特定することである。実際は、そのような要素自体が「指標的」なものであるため、個々の出来事において実際に関連づけられる・相互作用するコンテクストの具体的な姿は、最終的には「エスノグラフィック」な問題である（第1章、「コミュニケーションの民族誌」に関する記述を参照）。このことを認識したうえで、本節では、上記の「プロセス・原理」を描き出す「発見的枠組み」を構築することを目標に、ここまでに示してきた分析やフィールドワーク、文献研究からある程度、導出でき、様々な「教室」にも適用可能と思われる要素を特定していく。

では、まず、確かに教室の外にはあるが、「学校」の内に（比較的）留まっていると思われる要素（カテゴリー）から始める。アメリカ・デトロイトの高校において「フル・アクセス」のフィールドワークを行ったEckert（1989）は、アメリカの公立学校、特に中学校入学直後に現れてくる“Jocks”と“Burnouts”

という対照的なカテゴリーについて、詳細な記述を提供している。Jocksは、学校の活動に熱心に参加し、学校からの支援を受ける、いわば「主導的」な立場にいる生徒たちである。他方、Burnoutsは、学校の権威を拒み、そのことを通じて学校から見放されていると自分たち自身でも感じているような、「反抗的」な生徒たちである。

JocksとBurnoutsのアイデンティティは、それぞれに特徴的な服装、姿勢、持ち物、テリトリー（「たむろ」する場所）、口のきき方などを通じて指し示される。また、これらのカテゴリーは、中産階級、労働者階級といった社会的な区別とも緩く、そしてステレオタイプ的につながっているため、より大きな社会的ネットワーク（「大人」の社会）がこれらのカテゴリーを通じて再生産される、という側面も持っている（Willis（1977）も参照）。さらに重要な点は、Burnoutsが「反学校的」であるからといって、それが社会的に重要でないカテゴリーではないということである。JocksとBurnoutsは、互いを定義し合うカテゴリー（対照ペア）でもあり、その意味において、学校という場所における相補的な存在であると言える。

日本においても、類似した学校内のカテゴリーを見ることができる。JocksとBurnoutsとは性格が異なる部分もあるが、「ガリ勉」「不良」「オタッキー」「ヤンキー」「意識高い系」（宮崎，1998；McVeigh, 2000）といったカテゴリー（の一部）は、多くの人によって認知されているところだろう[11]。また、前章までに貴重な「メタ・コミュニケーション」の事例を提供してくれた生徒たちにも関連する、「生徒」にまつわるアイデンティティの要素として、「学校タイプ」に関わるもの（普通高校、単位制高校、工業高校、商業高校、定時制高校、公立高校、私立高校、進学校、エリート校、教育困難校など[12]）が挙げられる。さらに、学校の成績、偏差値、模擬試験の成績など、直接的な「順位・ランクづけ」や「進路」に関わるものもある[13]。多くの場合、これらのカテゴリーのどこに位置づけられるかによって、生徒は学校内・外での「競争」「選抜」「序列化」を異なる形・程度で強いられる（あるいは、自ら そこに入っていくことを選ぶ）ことになる（cf. 古賀，2004）。

行事などを共にする「ホームルーム」や、（退部することがなければ）学年や年度を跨いで共に時間を過ごすことになる「部活動」も、これらが先の章で登場した女子生徒によってもコンテクスト化されていたことに鑑みると、学校における重要なアイデンティティの要素である（ローレン，1988）。さらに、近年では、多くの生徒が携帯電話・スマートフォンを所持しており、ラインやインスタグラム、TikTokなどの「SNS（ソーシャル・ネットワーキング・サービス）」やモバイル・アプリを通じて連絡を取り合ったり、情報を発信したりしている。今日、自宅にインターネットを使用できる環境が整っている生徒も少なくない。このような、コミュニケーションの形態や媒体の変化と連動しつつ、「キャラ」や「スクール・カースト」といったアイデンティティも生み出されている（堀，2015；土井，2009）。

これらを一瞥しただけでも、1人の生徒における「学校」的なアイデンティティの構成は複雑かつ流動的であることが分かる。当然、生徒は、「コミュニケーション出来事」を通じて、特定の時点において特定のアイデンティティ（の組み合わせ）に就くのであり、コンテクスト化されるアイデンティティの要素も、前節のNaohitoの例が示すように、「コミュニケーション出来事」を通じて刻一刻と変容する。

6.4.2　学校外のカテゴリー

第3章から第5章までの記述においても一部、看取されたもので、教育と言語・コミュニケーションに関する（特に海外の）研究で極めて頻繁に取り上げられるのが、ジェンダー、世代、人種、エスニシティといった、アイデンティティに関わるカテゴリーである。これらのカテゴリーが実際の「コミュニケーション出来事」に現れる際は、しばしば、カテゴリーへの直接的な言及のみならず、「スタイル」（Eckert & Rickford, 2001; Eckert, 2000）などの（非言及指示的な）形をとる。また、これらのカテゴリーは、別々（一つのカテゴリーのみが強く前面化された形）ではなく、複数、同時に喚起されることが多いが、このことは、マクロ・レヴェルで共有されているステレオタイプ的な知識を前提としつつ、他の様々なコンテクスト的要素との関連で生み出される、「ローカル」なアイデンティティのカテゴリーの存在を指し示す（Wortham, 2003a, 2006）。

さらに、最近の言語人類学的（教育）研究が示すところによれば、ジェンダー、世代、人種、エスニシティといったアイデンティティに関わるカテゴリーは、個人の中で、あるいは、社会の中で固定化されたものではなく、これらのアイデンティティを指標する「スタイル」をはじめとする様々な記号の使用を通じて構築され、再構築されるものである（第2章の「教育言語人類学」の射程に関する節も参照）。1人の個人は、常に一つのアイデンティティしか持たない、というわけではなく、特定のコンテクストにおいて、特定の相手に向けて、特定のアイデンティティを指標する記号を駆使しながら、社会や社会的関係の荒波の中で「舵取り」している（navigate）、という理解が得られている（Maybin, 2006; McLaughlin, 1993; Rampton, 2005, 2006; Bucholtz, 2011; Reyes, 2012; 宮崎, 2016）。

第3章から第5章で見た、「授業」や「ボーナス・クエスチョン」に対する生徒の「メタ・コミュニケーション」は明らかに、特定の行為にどのような「アイデンティティ」を込めるか、という問題を巡って展開するものであった。生徒が、「教室で英語を学ぶ」際に、ジェンダー、世代、人種、エスニシティといったアイデンティティに関わる語用論的資源の中からどれを選び取り、そして、特定のアイデンティティを纏った（アイデンティティが込められた）「英語」が、どのように教室を巡り、教室において実際にどのような相互行為を誘発する（あるいは、しない）か、といった観点を保持することで、「教室で英語を学ぶ」ことに関する分析は、多様なアイデンティティのカテゴリーのコンテクスト化とテクスト化のプロセスに開いていく。

さらに、アルバイト、ファッション、習い事（学校外での活動）、趣味、および、それらを通じた学校外の（大人との）人脈も、当該の生徒を特徴づける要素になり得る。学校の外部で「評価」や「報酬」を受け取るこれらの活動は、学校におけるアイデンティティや評価を相対化する際にコンテクスト化される要素でもあると考えられる（cf. 大多和，2014）。

最後に、（日本の）「教室で英語を学ぶ」実践に関連づけられる「学校外のカテゴリー」として、「日本人」というカテゴリーを押さえておきたい。日本の英語教育（に関する言説）において、「日本人論」がナイーヴに受け容れられる傾向が強いことは、寺沢（2015）がすでに指摘している。また、「英語」の授業ではないが、ブラジル人児童がクラスにいる小学校において、日本文化（日本人的な振舞い）の習得、日本人らしさの内面化などが、当該のブラジル人児童の「日本語の習得度合い」との関連で理解されていることも明らかになっている（森田，2007）。これらの研究は、「日本語（国語）＝日本語母語話者＝日本文化」という図式が現在も効果を持ち続けていることを示していると思われる。榎本（2016）が論じるとおり、「国語」（および、それを話す「我々」）に関するイデオロギーは、そこからのアナロジー（類推）で「英語」、および「英語話者」を一枚岩的に理解してしまうような思考様式をもたらす可能性がある。その意味において、(1) 同質的な「日本・日本人・日本文化・国語」（および、それに対置される「外国・外国人・外国文化・外国語」）という発想・イデオロギー、(2) 本書でここまでに分析してきた「教室で英語を学ぶ」という「コミュニケーション出来事」、そして、(3) 前項・本項で示した様々なアイデンティティのカテゴリー、少なくともこれら要素間の相互作用は、「英語帝国主義」「グローバル化」「新自由主義」などといった「イデオロギー」を教室の「現実」にそのまま投影しないためにも、特に意識化される必要があるだろう（cf. 吉野，1997；Seargeant, 2013）。

6.4.3 ハビトゥスと社会階層

近年、日本でも「格差」や「学力の階層差」が問題となっているが、そのような社会の実態と「コミュニケーション出来事」で実際に起きること（観察されること）とをつなぐものは、ブルデューが提起した「ハビトゥス」概念であると思われる。

「ハビトゥス」とは、諸々の性向の体系として、ある階級・集団に特有の行動・知覚様式を生み出す規範システム、あるいは、与えられた環境の中で、ほとんど無意識の習得を通じて身につく知覚、評価、行動などへの一定の態度性向である（ブルデュー，1990；ブルデュー・パスロン，1991）。

知覚や評価、行動への「態度性向」である「ハビトゥス」は、「好み」や「感覚」に深く入り込んでいるもので、何を「面白い」と感じるか、何を「美しい」と思うか、どのような食べ物を「美味しい」と感じるか、どのような行動を「かっこいい」と思うか、どのような（生活）習慣を持っているか、といった基本的な意識や行動のあり方が、「階級」によってかなりの程度規定される、とするものである[14]。

「ハビトゥス」は、「教室で英語を学ぶ」こととは直接関係がないと思われるかもしれないが、「英語（外国語）」や「ことば」に対する根本的な意識づけ、「学校」という場所に対する基本的なスタンス、「授業」という実践に参加する際の態度、「進路（将来）」に対する心構えなどがまさに、この「ハビトゥス」の領域であると考えるならば、本書の分析を通じて浮かび上がってきた、特定の「教室で英語を学ぶ」姿そのものが、一定程度、「ハビトゥス」の基盤の上に成り立っている、と考えることもできる。

学習時間（努力量）や、やる気（意欲）の階層差が明らかとなっている今日（苅谷，2001，2008；中澤・藤原，2015）、「教室で英語を学ぶ」ことを媒介する「コミュニケーション出来事」が指し示す「クロノトポス」の競合が、どのような「ハビトゥス」間の競合・せめぎ合いとつながっているのか、という視座は、「教室で英語を学ぶ」ことと教室外の社会・文化的コンテクストとの間のつながりを「コミュニケーション出来事」に投錨した形で描出するために、不可欠である。

6.4.4 「英語（教育）」にまつわる言説・イデオロギー

「教室で英語を学ぶ」ことには、文部科学省や各自治体の教育委員会によって告示されたり発信されたりする（制度的）枠組み・情報の他に、一般に流布する「英語（教育）」にまつわる「言説」も大きく関わっていると思われる（寺沢，2015)。

まず、本書で分析した授業の講座名は「英会話」となっているが[15]、ラミス（1976）は、1970年代の日本において、この「英会話」という言葉が提供する「白人ネイティヴ・スピーカー中心」の世界観を強く批判している。「英会話」は、「追従的で、陳腐で、特別に平坦で、一本調子で、話し手の同一性や性格のヒントすらない」という特徴を帯びており、まさにその特徴によって、「英語」で「会話」することに対する障壁となっている、とラミスは主張する（同上，p. 34)。

さらに、寺沢（2015）は、「日本人の英語力はアジアの中でも最低」、「日本人の英語学習熱は非常に高い」、「女性は英語に対して積極的で、その学習熱は特に高い」、「現代の日本人にとって英語使用は不可欠になっている」、「英語使用ニーズは年々増加している」、「日本人にとって英語力は良い収入・良い仕事を得るための「武器」である」といった、様々なメディア等でしばしば喧伝される「言説」を取り上げ、これらを統計的手法によって検証している。その分析によれば、これらの英語言説は、統計的に支持されるものでは全くない。そうであるならば、当然、「誰がこのようなイデオロギーを発信しているのか」、「このようなイデオロギーは、どのような「コミュニティ」の部分集合なのか」、という視座が不可欠である。

「英会話」を履修していた生徒に対して行ったアンケートやインタヴューにおいても、英語ができると「かっこいい」という意見がしばしば出てきた。しかし、興味深いのは、第3章から第5章で行ってきた分析が示す通り、生徒のメタ・コミュニケーションの随所に、「授業」や「ネイティヴ・スピーカー（の教師)」を相対化する視点が垣間見える点である。生徒が教室で「実際にやっていること」と、アンケートやインタヴューなどで生徒が提示する「意識的な回答」との間には、しばしば（かなり大きな）ズレがある。この「ズレ」を生み出している「コンテクスト化」と「テクスト化」プロセスの分析こそ、「言説」や「イデオロギー」が「教室」に実際に及ぼす効果・影響を捉えようとする際に経なければならない思考のステップである。

6.5 「メタ・コミュニケーションの「オリゴ」」に投錨された「相互行為のテクスト」としての「英語」

第3章から三つの章を費やし、「メタ・コミュニケーション」を導きの糸として、分析の相対化と多層化を重ねながら、「教室で英語を学ぶ」ことの諸層を把握するための「発見的枠組み」を構築してきた。そして本章では、第5章で辿り着いた枠組みを「垂直方向に延びる、非単一的な（non-unified）、階層化された社会言語空間」として描き直すために、「クロノトポス」と「スケール」を組み合わせ、さらなる枠組みを準備した。本章におけるここまでの記述を受け、いよいよ本書における分析と考察を締め括るにあたり、まず、前章からここまでに行ってきた作業の「軌跡」を明示する。

前章においては、「間ディスコース性」を通じて相互に嵌入し合う、「ジャンル化」された実践を教室の中から特定することで、「詩的な時間が刻む教育的非日常」である「授業」のクロノトポス、「点が刻み込んでいく「表」の異世界」である「課題・試験と成績」のクロノトポス、「「学校」における諸活動と高校生との間の政治的日常」である「学校生活」のクロノトポス、少なくとも以上の極めて性格を異にする三つのクロノトポスが、授業時間中の教室におけるコミュニケーションを異なって枠づける形で併存・競存していることを明らかにした。そして、このような「クロノトポスの併存・競存」を基礎とし、「パフォーマンス」の補助線を引くことで、「「英語」が媒介する、複数の「ジャンル」・「クロノトポス」の間における「メタ・レヴェル」を巡る運動」として、「教室で英語を学ぶ」ことのクロノトポスを措定した。

しかし、このような「教室で英語を学ぶ」ことのクロノトポスを構成するクロノトポス自体、「ジャンル」が実際に起きている「出来事」と直截に一対一対応せず、異なるコンテクスト的要素を指し示す他の記号と多層的に絡み合いながらその場での行為・出来事の意味を立ち上げている、というコミュニケーション論的事実によって、相対化される。この「相対化」に真摯に向き合うならば、コミュニケーション出来事が立ち上がる際に「ジャンル化」を含む多様な「コンテクスト化」のプロセスの間に相互作用が生じることを認め、かつ、授業時間中の教室で起こるコミュニケーション出来事に関連づけられるコンテクスト的要素を、教室、そして学校の外にも求めていく必要がある。

個々の出来事において実際に関連づけられる・相互作用するコンテクストの具体的なあり様は、そもそも「指標的（indexical）」な問題である。よって、授業時間中の教室で起こるコミュニケーション出来事に関連づけられるコンテクスト的要素の「網羅的記述」を行うことはできないが、「発見的枠組み」を構築することを目標に、本書で展開した分析や先行研究から、様々な「教室」にも適用可能と思われる要素を特定する（ことを試みる）ことはできる。そのような視座から、前節では、「生徒が授業に持ち込む、教室の「外部」」として、(1) 学校内のカテゴリー、(2) 学校外のカテゴリー、(3) ハビトゥスと社会階層、(4)「英語（教育）」にまつわる言説・イデオロギー、これら四つの要素を措定した。

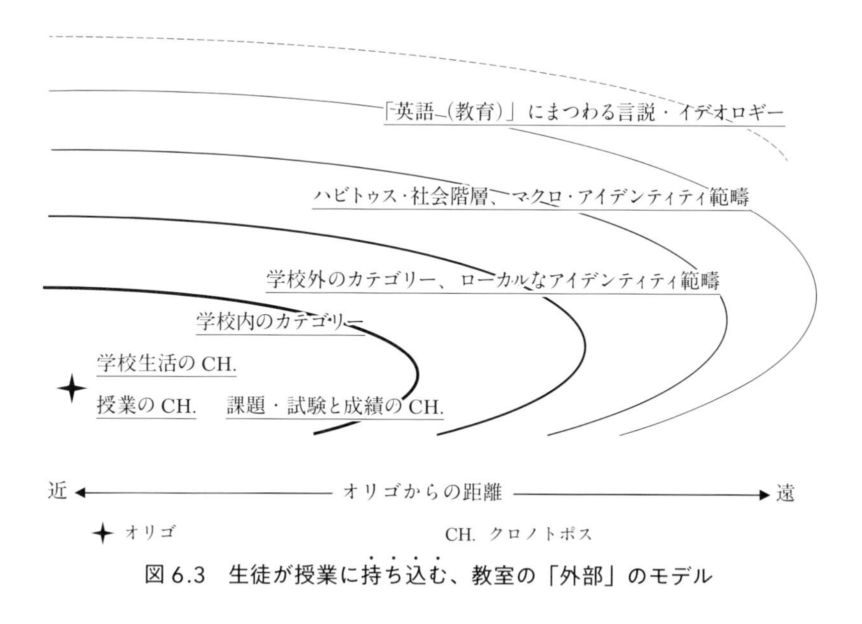

図 6.3　生徒が授業に持ち込む、教室の「外部」のモデル

以上の道程を経て、授業時間中の教室に併存・競存する「ジャンル」や「クロノトポス」、および、コミュニケーションの「今・ここ」に不可避的に入り込んでくるその他のコンテクスト化された要素のうちのどの要素が、特定の時点で「メタ・レヴェル」に据えられるか（「今・ここ」において、最も強くコミュニケーション出来事の意味を統制するか）に関わるプロセス、すなわち、「教室で英語を学ぶ」ことが「多層性」を含み込む社会・文化的実践であることのそもそもの所以となっている過程を、「更新可能な発見的枠組み」として、本章の最後に提示する。

前節で特定した、(1) 学校内のカテゴリー、(2) 学校外のカテゴリー、(3) ハビトゥスと社会階層、(4)「英語（教育）」にまつわる言説・イデオロギー、以上の「生徒が授業に持ち込む、教室の「外部」」は、第1章で示した「言語人類学」のコミュニケーション論に則していえば、「教室」におけるコミュニケーション出来事を取り巻き包含する「コンテクスト」、また、コミュニケーション出来事が立ち上がる際に「コンテクスト化」され（得）る要素である。「コンテクスト」の地平が、「オリゴ」を中心として広がっているとするならば、「生徒が授業に持ち込む、教室の「外部」」のコンテクストは、図6.3のように図示（モデル化）できる[16]。

ここで、「生徒が授業に持ち込む」とする理由は、図6.3はあくまで、指標性の原理に基づく「コンテクスト」の潜在的なあり様に関するモデルであり、必ずしも、これらがコミュニケーション出来事において実際に喚起された時の動態を表しているとは言い切れないことにある（本章で「スケール」概念を導入したことの意義はまさに、ここにある）。

Blommaert（2010）によるS（PhD student）とT（tutor）のやりとりの例が示す通り、「スケール」は、階層化された「コミュニケーションのグラウンド」として、コミュニケーション出来事の場（オリゴ）に投錨される。また、コミュニケーション出来事の参加者たちは、「指標性」の記号論的原理に基づいて編成された「スケール」を上下方向に行き来することで、異なる「規範（性）」の下に置かれる。S（PhD student）とT（tutor）の場合、Tによる「上方向」

への「スケールの飛び移り（upscaling）」を通じて、Sの「個人的」な計画は、「アカデミック・コミュニティ」の規範によって評価を受ける対象となり、結果、却下されることとなった。

さらに、Naohito、Mr. Loper、高頭先生による「スケールの飛び移り」に目を向けると、特定のクロノトポスのもとにおいて「上」であった「スケール」（「授業」のクロノトポスの下にある「アクティヴィティ」や「指導」）は、別のクロノトポスの下で展開するコミュニケーションにおいては、「操作」や「（再）解釈」、あるいは、新たな「価値づけ」や「スタンス」の対象となっていることが分かる。すなわち、特定の「スケール *a*」が「上」であることは、そのような「階層性」を担保する、「クロノトポスA」の優位性を前提としており、別の「クロノトポスB」が関連づけられ、「クロノトポスA」が「クロノトポスB」の下位に位置づけられるや、「スケール *a*」の権威性はたちまち、揺らいでしまう。

このことを踏まえ、「生徒が授業に持ち込む、教室の「外部」」ではなく、「生徒が授業に持ち込んだ、教室の「外部」」のモデル化を、前章で特定した三つのクロノトポスも含めて試みるならば、図6.2を基盤とした図6.4のようになろう。上述の通り、この図が示すのは、コミュニケーション出来事に関連づけられたコンテクストの複雑な重なり、「階層」の動的な変化である。便宜上、図6.3に示した「指標性」に基づく階層を「デフォルト」としたが、上記の通り、この階層は流動的である。また、「階層化された内部構造」を含むA〜Dそれぞれの「クロノトポス」内の「スケール」間の上下関係は比較的、安定しているかもしれないが、「クロノトポス」自体が流動的な階層化のプロセスの中にあることから、必然的に、あらゆる「スケール」間の上下・権力関係（権威）は不安定となる。

そして、前章で示した通り、生徒は、「スケール化」されたコミュニケーションの社会言語空間において、いずれかの「クロノトポス」の中にいることを示す（見せる）「パフォーマンス」を通じて、常に共約（還元）不可能な「評価」に晒されている。図6.4のそれぞれの「スケール」「クロノトポス」のうち、

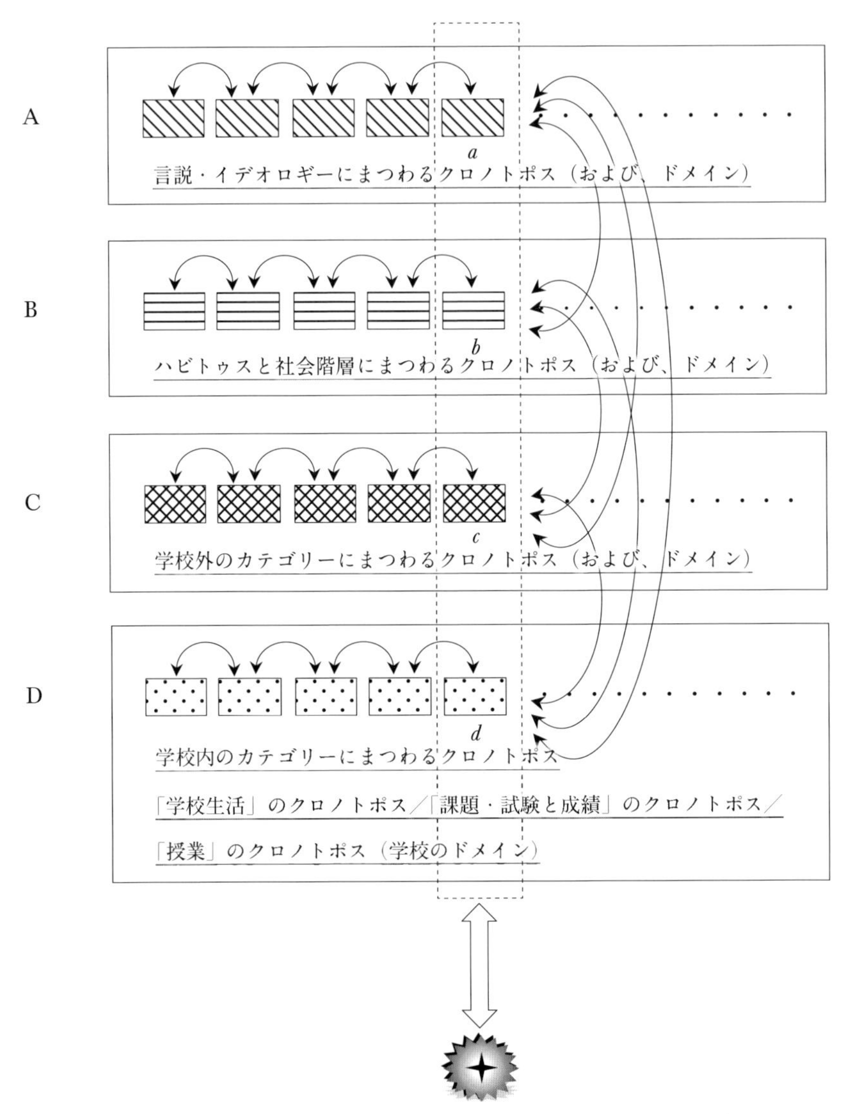

※A、B、C、D それぞれの中にも、階層化された「スケール」があることに注意。

図 6.4　生徒が授業に持ち込んだ、教室の「外部」のモデル

自らにとってより重要な「アイデンティティ」に関わるのはどれか、どの評価が（自分にとって）より権威のあるものなのか、どこで「より良い」評価を受けたい（あるいは、受ける必要がある）のか、という問題の動態は、「教室で英語を学ぶ」生徒に常に、ついて回る。

これまでの分析・考察から言えることは、教室で英語を学んでいる生徒たちは、「メタ・コミュニケーション」を通じて、上記のような問題の真っ只中にいる、ということである。そして、そのような「メタ・コミュニケーション」の「オリゴ」こそが、「クロノトポス」と「スケール」が流動的に階層化されるプロセスの「基点」である。そうであるならば、「教室で英語を学ぶ」ことの奥深くにおいては、社会の「諸相」が、「メタ・コミュニケーションの「オリゴ」」の刻一刻の変化を通じて競合し、「コミュニケーションのグラウンド」の「諸層」となる過程が関与していると考えられる。この限りにおいて、生徒が教室で学ぶ（あるいは、使う）「英語」は、そのようなプロセスがその時、その時で再帰的に刻印する「相互行為のテクスト」の一部として現れていると言える。

注

1 「スケール」概念そのものは、ブローデルの歴史学、ウォーラースティンの社会学（世界システム論）にその濫觴を見ることができる（Blommaert, 2015）。

2 「脱コンテクスト化（decontextualization）」と「再コンテクスト化（recontextualization）」のプロセスについては、Bauman & Briggs,（1990）、Bauman（1996）などを参照。

3 当然、「海外」や「英語」についても、どの国のどの地域か、どのような英語かに関する（序列化された）区別がある。このような知識を喚起できる生徒・教師・保護者がもしいた場合、「スケール」の階層はさらに（複雑に）変化することになると思われる。

4 そして、このような出来事自体も、それぞれの参加者（教師、生徒、保護者、研究者）がアクセスできる世界とその「クロノトポス」を喚起する「スケール」を通じて、コミュニケーションの都度、（再）解釈されていくものである。

5 このことはまさに、「コンテクスト化の打消し可能性（defeasibility of contextualization）」（Silverstein, 1992, pp. 71-73）がもたらす帰結である。

6 Blommaert（2010, p. 35）に記載されている表の拙訳である。「「下」の（Lower）スケール」

と「「上」の（Higher）スケール」が左右に並べられているが、これらを極として、間に様々なスケール・レヴェルが在るものと理解できる。これらの分類の基盤にある原理を記号論的に言えば、それは明らかに、「指標性」である（つまり、「「下」のスケール」の方が、指標性が高く、「「上」のスケール」の方が、指標性が低い）。

7 しかし、このことは、同一の「クロノトポス」内においても異なるスケールのレヴェルがあることを明確に指し示す点において、重要である。すなわち、厳密に考えれば、図6.2の各スケール（*a*〜*d*）の中にも階層構造が存在する、ということである。

8 まさに、教師が「大事なポイント」を伝える時のように。

9 ここは、Naohitoによる「フッティング」（「（ふざけて）盛り上げる場」としての授業、「英語でのコミュニケーションを学ぶ場」としての授業）と「スタンス」（試す対象としてのMr. Loper、この授業でふざけ役・盛り上げ役でいることを許してくれる高頭先生）が絶妙なバランスで表出している場面である。

10 「拳銃」を指す隠語。

11 学校や教室でのフィールドワークにおいては、その場で働いている（at work）これらの「カテゴリー」をできるだけ早く同定することが重要である。

12 これらの「学校タイプ」は、（中学校時代の）学力ともしばしば結びついている。

13 これらは、「課題・試験と成績」のクロノトポスにもつながっている。

14 このことを前章と関連づけるならば、どの「クロノトポス」に「価値」や「居心地の良さ」を見出す・感じるか、という問い方ができる。当然ながら、このような問題は「言語社会化」と連続している問題である。

15 高頭先生から後日聞いたところによれば、英語教論の間でこの「英会話」という名前が問題となり、この講座名は変更された。

16 図6.3において、オリゴから遠いマクロ（外円）に「ハビトゥス」を位置づけたが、基本的な意識や行動のあり方・態度性向として「ハビトゥス」を理解するならば、コミュニケーションの「今・ここ」において、「コンテクスト化」の階層をもたらすものこそが「ハビトゥス」である、という理解を押さえておく必要がある。

第７章
結論と展望：「コミュニケーション論」が切り拓く「英語教育」の可能性

7.1 「コミュニケーション論」から見た「教室で英語を学ぶ」こととは？

ここまで、教室で実際に起こった出来事を出発点に、言語人類学のコミュニケーション論を案内図、そして、「メタ・コミュニケーション」と「メタ語用的機能を果たす諸記号」を導きの糸としながら、「教室で英語を学ぶ」ことの奥底にある、「競合するコミュニケーションのグラウンド」である「スケール」と「クロノトポス」の相互作用を通じて社会の「諸相」がコミュニケーションの「諸層」になるプロセスを描出した。生徒が教室で学ぶ「英語」とは、すなわち、このようなプロセスが再帰的に生み出す「相互行為のテクスト」の一部である。

分析、相対化、発見的枠組みの構築を通じて、（経験的に議論を積み重ねてきたとはいえ）かなり複雑な、込み入った記述を行ってきたが、特に第３章から第６章に関しては、前の章の内容に執拗に言及しながら展開してきたので、各章の要点については、当該の章の最後、および、すぐ後の章の冒頭を参照されたい。

そのうえで、「結論と展望」を述べる本章では、ここまでに明らかにしたことを前提として、より分かりやすい言葉で、「「教室で英語を学ぶ」こと」についてどのようなことが言えるか、考えてみたい。そのことを通じて、本書で明らかになったことが、社会言語学、語用論、（教育）言語人類学の研究者だけでなく、（英語）教育研究者、学校で英語を教える教師、ひいては、英語に関わる教育政策・組織内方針の策定・推進等に関わる者にとってもアクセス可能な「議論の叩き台」となることを期待したい。

本書で展開した議論、および、構築した「発見的枠組み」を前提とした時に言えることは、「生徒は、英語の授業中、何を学んでいるのか？」という（極めて素朴な）問いに対する明確な回答を与えることは、思いの外、難しい、ということに収斂する。

「英語の授業」であるのだから、生徒が教室で学んでいるのは「英語」である、と言ってしまうことは容易いし、そのように言いたくなることも理解できる。しかし、そのような（安易な）「英語学習観」は、(1)「学ばれるもの（対象）」として、コミュニケーションに先立って存在する「英語」なるものを実体化し、(2) そのような「実体化」された「英語」がそのまま生徒に内面化されることを前提とし、(3) そのように内面化された「英語」が「4 技能」を通じてそのまま表出される、という（本書に即して言えば）極めて非現実的なプロセスを想定していることに注意しなければならない。

つまり、本書で十全に示した通り、生徒が「コミュニケーションの結果（帰結）」として「学ぶ」ことになる「英語」は、様々な「コンテクスト化」のプロセスを経て「テクスト化」されるものであり、そのような「テクスト」は、「学ぶ対象」としてあらかじめ存在するとされる英語の文法項目や表現（だけ）にではなく、教室で起こる「コミュニケーション出来事」の意味を枠づけ、階層化する「フレーム」、「ジャンル」、「スケール」、「クロノトポス」、そして、それらの相互作用を通じて創出される「相互行為のテクスト」に、まずもって、投錨されている。

教室において、生徒は、「ジャンル化」され、「スケール化」されたコミュニケーションを通じて、複数の「クロノトポス」に（異なる程度で）足場を置き、それらの競合を通じて、「英語」を経験している。このようなプロセスを、「教室で英語を学ぶ」ことの核心に置くならば、生徒が学んでいる（はずの）「英語」なる実体をあらかじめ措定することは、そもそも「コミュニケーションの原理」

的に困難である。言い換えるならば、しばしば「単語」「フレーズ」「文法項目」という名を与えられ、すでにそこに「在る」ものとして理解されている英語が、いかなるコンテクストにも投錨されることなく、そのまま、純粋な「単語」「フレーズ」「文法項目」などとして教室に、まして生徒の「頭の中」に舞い降りて来て棲み着くことは、コミュニケーションの原理上、極めて想定しにくいのではないか。

では、どうすれば、「英語の授業」における生徒の学びをより良く把握し、それに働きかけることができるのだろうか。この問いに関する実践的な回答を導き出すことは本書の目的（および、筆者の現在の力量）を超えているが[1]、少なくとも、教室で教えられることになっている「英語」の断片として理解可能なものが、どのように枠づけられたコミュニケーションを通じて経験されているか、また、「スケール化」されたコミュニケーション出来事において経験される「英語」の断片に対し、生徒がどのような「パフォーマンス」を通じて、どのような「クロノトポス」の住人として、どのような「スタンス」をとっているか、という視点（つまり、「英語」そのものを「コンテクスト化」と「テクスト化」の動的なプロセスの産物（効果）として見る視点）は有効であると思われる。

このように考えると、例えば、「中学・高校の6年間英語をやっても、全然話せるようにならない」というしばしば耳にする（飽くことなく繰り返される）英語教育批判は、「教室で英語を学ぶ」ことに関するコミュニケーション論的理解をかなり欠いた批判（イデオロギー的歪曲）であるように見える。こうした批判は、上述の通り、学ぶ対象としての「英語」がまずあり、そのような「英語」が、あたかもパソコンにインストールされるソフトであるかのように、学習者の「頭」にそのまま「設定」され得る、といった類の言語観を前提としている。

本書で展開した議論と考察に基づけば、上記のような英語教育批判において主張されていることは、「中学・高校の6年間、主に「教室」という特定の場所で、特定の「ジャンル化」を被ったメタ言語的コミュニケーション[2]を通じて「英語」を特定の形でテクスト化し続け、さらに、そのようなコミュニケーションを優位に置く「スケール」への（飽くなき）同調を通じて、特定の「クロノトポス」（たとえば、「受験戦争」）の住人として社会化（socialize）された結果、（まったく健全に）「英語が話せない」ということが上手に出来るようになっている」というふうに、学校や教室におけるコミュニケーションの社会・文化的（あるいは、制度的）様態とその帰結の問題として、言い換えることができる。このような問題の言い換えができれば、「大学入試への「英語民間試験」の導入」などといった、教室の現実の複雑さを完全に無視した「(似非)処方箋」的対応策に淫することなく、そもそも「英語教育」そのものが、「学校」という制度を持つ日本の近現代社会の構造、および、そのような制度的な場における「コミュニケーション」の様態（そして、限界）に深く根を張ったものである、という認識から出発できるのではないだろうか。

7.2　本書の視座の限界と今後の展望

本書では、「メタ・コミュニケーション」の連鎖・つながりに着目し、分析の結果を相対化しながら、「発見的枠組み」の構築に向けて、より「体系性」を志向した議論と思考を積み重ねてきた。しかし、まさにそのことによって、身振り（の同期）、視線、間合いなど、マルチモーダルなインタラクション分析、会話分析、談話分析の研究においてしばしば研究される多くの非言語的記号を犠牲にしていることは否めない（cf. 高梨，2018）。微視的な事象に特化した研究では決して辿り着くことができないような、「教室で英語を学ぶ」ことをもたらすコミュニケーションの微妙な部分、および、その体系性に光を当てることができた自負はあるが、もし、非言語的記号の分析も含んだ、より精緻な（メタ・）コミュニケーション分析に基づいて同様の研究ができていたならば、厚みが増した（あるいは、様相のかなり異なる）記述になっていたことは明白である。

また、本書では、「教室で英語を学ぶ」ことにまつわるコミュニケーションに関連づけられる教室外のコンテクストを同定する際、先行研究に拠った。このような「コンテクスト」こそ、(言語) 人類学の研究 (者) が明らかにしなければならないことである。調査には様々な制約があるが、「教室で英語を学ぶ」ことの現実により肉迫するためには、学校の中、学校の外、家庭やコミュニティでの活動も実際に、できるだけ長期的に調査したうえで、より多くの回の授業を基盤とした分析を行う必要があることは言うまでもない。

そして、本書の限界として、本書で提示した「発見的枠組み」それ自体が「特定の視点から為された、コミュニケーションについてのコミュニケーション」によって紡ぎ出された「テクスト」であることを忘れてはならない。本書で記述し得たことは、筆者が行った「研究」という実践と無関係に、客観的に「そこにある」ものではなく、(特定の歴史的、社会・文化的コンテクストの中で生まれた) 特定の理論的枠組みを援用し、かつ「教室」、特に「生徒」を中心に据えたが故に見えてきたものである。例えば、生徒の「家庭」、および、そこで起きるコミュニケーション出来事を中心に据えた (そこに「オリゴ」を据えた) 場合、その視点から浮かび上がってくる「(教室で) 英語を学ぶこと」の諸層は、本書で明らかにした諸層とはかなり異なるものになることが考えられる[3]。「教室」も含む、生徒が生きる様々な場所・社会的領域を中心に据えた時に浮かび上がってくる多様な「諸層」のあり様の相互作用を記述することで、「生徒として、教室で英語を学ぶ」ことの社会・文化的実践としての全体像がより「リアル」な形で明らかになるものと思われる。

今後の展望として、本書で示した「教室で英語を学ぶ」ことの諸々の側面は、「言語社会化」の視点を通じて、最近の第二言語習得研究の流れと密な接点を持つことができる。「ジャンル」や「クロノトポス」へのアラインメント、および、「スケール」を通じた「コンテクスト化」の複雑性・多層的競合といった、本書で明らかにできた「コミュニケーション論」的事象が、特に言及指示に関わる「コード」としての「言語」の習得とどのような関係にあるのか[4]、言語人類学におけるパース記号論を巡る動き (Harkness, 2015)、文化人類学における日常的な相互行為を通じた「心」と「文化」の捉え直し (高田, 2019)、教育学における「学習」と「出来事論」との接合（佐藤・長橋，2019）も視野に入れながら、経験的に研究する方法を確立していくことが望まれる。

7.3 「コミュニケーション論」が切り拓く「英語教育」の可能性

最後に、本書の締め括りとして、「日本の英語教育」という大きなスケールで、結語を残したい。

今日、日本の英語教育においては、「コミュニケーション」という言葉が氾濫しているように見える。もちろん、そこに深い意味や欠陥を読み取る必要などなく、単に「英語が使えるようになること」程度に理解しておけばよいのかもしれない。しかし、「では、コミュニケーションとは何か」と聞かれて、原理的な説明を加えることができないような「コミュニケーション」という言葉（俗説）が、様々なレヴェルで英語教育を牛耳り、その行く末を左右するのは望ましいことではない。

当たり前のことだが、「政策」の策定も（江利川，2018）、「授業」の実践も、「教室で英語を学ぶ」ことも、コミュニケーションを通じて行われる。そして、「教える内容」もコミュニケーションであるならば、英語教育で語られる「コミュニケーション」は、教える内容を構想する際に参照できる枠組みとなると同時に、特定の政策が生み出されるプロセスや教室で実際に起きていることを精緻に分析するための枠組みとしても機能できなければならない。また、学校で行われる授業、英語や英語教育について考える・語るという実践、すべてがコミュニケーションであるとするならば、英語教育で語られる「コミュニケーション」は、それらがどのような時代的、社会・文化的制約の中にあるかを再帰的に反省する契機ともならねばならない[5]。

コミュニケーションは極めて複雑で、多層的で、動的な社会・文化的実践、記号論的プロセスである。そもそも「コミュニケーション」をこのように捉えた時、そこには、明治期から脈々と続く「日本の英語教育」（cf. 小林・音在，2009）が未だ発掘し得ていない可能性があるのではなかろうか[6]。この意味において、筆者は、「コミュニケーション論」こそが、歴史的に構築されてきた「英語教育」を批判し、乗り越え、更新し、そして、再興していくための統合的な枠組みであると考える。

注

1 厳密にいえば、本書で筆者が目指した「仕事」は、教室で実際に起きているコミュニケーションとその参加者、あるいは、そこへの「英語」の関わりなどに関する様々な（願わくは、有効な）「問い」をそもそも可能にする「視点」「枠組み」の創出である。

2 たとえば「英語」など、特定の言語について行われるコミュニケーションのこと。「文法用語」（言語についての言葉）を使って行われる説明、所謂「英文和訳」や「和文英訳」がこれに当たる。

3 「教師」を中心に据えた場合も、同様である。

4 Atkinson（2011）に倣って敢えて命名すれば、“scalar-chronotopic approach”となろう。

5 すなわち、まず追究（及）されねばならないのは、「グローバル化が急速に進展する中で、英語によるコミュニケーション能力の向上が課題となっている」などといった言葉が「枕詞」のように使われるコミュニケーションがなぜ、この社会において跋扈できるのか、それはどのようなコンテクストに根ざしているのか、という問題である。

6 榎本（2018）も含む、佐藤・村田（2018）所収の論文を参照されたい。

参考文献

Agha, A.（2004）. Registers of language. In A. Duranti（Ed.）, *A companion to linguistic anthropology*（pp. 23–45）. Oxford, UK: Blackwell.

Agha, A.（2005）. Voice footing, enregisterment. *Journal of Linguistic Anthropology*, 15（1）, 38–59.

Agha, A.（2007）. *Language and social relations.* Cambridge, UK: Cambridge University Press.

Ahearn, L. M.（2017）. *Living language: An introduction to linguistic anthropology*（2nd ed.）. Malden, MA: Wiley-Blackwell.

アルチュセール，L.（2010）.『再生産について：イデオロギーと国家のイデオロギー諸装置 上』（西川長夫・伊吹浩一・大中一彌・今野晃・山家歩・訳）. 平凡社. ［原著：Althusser, L.（1995）. *Sur la reproduction.* Paris, France: PUF］.

有本真紀（2013）.『卒業式の歴史学』講談社.

浅井優一（2017）.『儀礼のセミオティクス：メラネシア・フィジーにおける神話／詩的テクストの言語人類学的研究』三元社.

Atkinson, D.（Ed.）.（2011）. *Alternative approaches to second language acquisition.* London, UK: Routledge.

Austin, J. L.（1962）. *How to do things with words.* Cambridge, MA: Harvard University Press.

Bakhtin, M. M.（1981a）. Forms of time and of the chronotope in the novel: Notes toward a historical poetics. In M. Holquist（Ed.）, *The dialogic imagination*（pp. 84–258）. Austin, TX: University of Texas Press.

Bakhtin, M. M.（1981b）. Discourse in the novel. In M. Holquist（Ed.）, *The dialogic imagination*（pp. 259–422）. Austin, TX: University of Texas Press.

Bakhtin, M. M.（1986）. The problem of speech genres. In M. Holquist & C. Emerson（Eds.）, *Speech genres & other late essays*（pp. 60–102）. Austin, TX: University of Texas Press.

Bateson, G.（2000［1972］）. *Steps to an ecology of mind.* Chicago, IL: The University of Chicago Press.

Bauman, R.（1984［1977］）. *Verbal arts as performance.* Long Grove, IL: Waveland Press.

Bauman, R.（1996）. Transformation of the word in the production of Mexican festival drama. In M. Silverstein & G. Urban（Eds.）, *Natural histories of discourse*（pp. 301–327）. Chicago, IL: The University of Chicago Press.

Bauman, R. (2001). Genre. In A. Duranti (Ed.), *Key terms in language and culture* (pp. 79–82). Malden, MA: Blackwell.

Bauman, R. (2004). *A world of others' words: Cross-cultural perspectives on intertextuality.* Malden, MA: Blackwell.

Bauman, R. (2005). Commentary: Indirect indexicality, identity, performance: Dialogic observations. *Journal of Linguistic Anthropology*, 15(1), 145–150.

Bauman, R., & Briggs, C. L. (1990). Poetics and performance as critical perspectives on language and social life. *Annual Review of Anthropology*, 19, 59–88.

Bauman, R., & Briggs, C. L. (2003). *Voices of modernity: Language ideologies and the politics of inequality.* Cambridge, UK: Cambridge University Press.

Bauman, R., & Sherzer, J. (Eds.). (1989). *Explorations in the ethnography of speaking* (2nd ed.). Cambridge, UK: Cambridge University Press.

Bayley, R., & Schecter, S. R. (Eds.). (2003). *Language socialization in bilingual and multilingual societies.* Clevedon, UK: Multilingual Matters.

Bemong, N., & Borghart, P. (2010). Bakhtin's theory of the literary chronotope: Reflections, applications, perspectives. In N. Bemong, P. Borghart, M. De Dobbeleer, K. Demoen, K. De Temmerman & B. Keunen (Eds.), *Bakhtin's theory of the literary chronotope: Reflections, applications, perspectives* (pp. 3–16). Gent, Belgium: Academia Press.

Block, D. (2003). *The social turn in second language acquisition.* Washington, DC: Georgetown University Press.

Blom, J. P., & Gumperz, J. J. (1986 [1972]). Social meaning in linguistic structure: Code-switching in Norway. In J. J. Gumperz & D. Hymes (Eds.), *Directions in sociolinguistics: The ethnography of communication* (pp. 407–434). New York, NY: Basil Blackwell.

Blommaert, J. (1999). *State ideology and language in Tanzania.* Cologne, Germany: Rüdiger Köppe Verlag.

Blommaert, J. (2005). *Discourse: A critical introduction.* Cambridge, UK: Cambridge University Press.

Blommaert, J. (2007). Sociolinguistic scales. *Intercultural Pragmatics*, 4(1), 1–19.

Blommaert, J. (2010). *Sociolinguistics of globalization.* Cambridge, UK: Cambridge University Press.

Blommaert, J. (2015). Chronotopes, scales, and complexity in the study of language in society. *Annual Review of Anthropology*, 44, 105–116.

Blount, B. G. (Ed.). (1995). *Language, culture, and society: A book of readings* (2nd ed.). Long Grove, IL: Waveland Press.

ブルデュー, P. (1990).『ディスタンクシオン：社会的判断力批判Ⅰ・Ⅱ』(石井洋二郎・訳).

藤原書店．［原著：Bourdieu, P.（1979）. *La distinction: Critique sociale du jugement.* Paris, France: Editions de Minuit］.

ブルデュー，P.・パスロン，J. C.（1991）．『再生産：教育・社会・文化』（宮島喬・訳）．藤原書店．［原著：Bourdieu, P., & Passeron, J.-C.（1970）. *La reproduction: Éléments pour une théorie du système d'enseignement.* Paris, France: Editions de Minuit］.

Brenneis, D., & Macaulay, R. K. S.（Eds.）.（1996）. *The matrix of language: Contemporary linguistic anthropology.* Boulder, CO: Westview Press.

Briggs, C. L.（1986）*Learning how to ask: A sociolinguistic appraisal of the role of the interview in social science research.* Cambridge, UK: Cambridge University Press.

Briggs, C. L.（1993）. Generic versus metapragmatic dimensions of Warao narratives: Who regiments performance? In J. A. Lucy（Ed.）, *Reflexive language: Reported speech and metapragmatics*（pp. 183–212）. Cambridge, UK: Cambridge University Press.

Briggs, C. L., & Bauman, R.（1995［1992］）. Genre, intertextuality, and social power. In B. G. Blount（Eds.）, *Language, culture, and society: A book of readings*（2nd ed.）（pp. 567–608）. Long Grove, IL: Waveland Press.

Bucholtz, M.（2011）. *White kids: Language, race, and styles of youth identity.* Cambridge, UK: Cambridge University Press.

Canagarajah, S., & De Costa, P. I.（2016）. Introduction: Scales analysis, and its uses and prospects in educational linguistics. *Linguistics and Education*, 34, 1–10.

Carr, E. S., & Lempert, M.（2016a）. Introduction: Pragmatics of scale. In E. S. Carr & M. Lempert（Eds.）, *Scale: Discourse and dimensions of social life*（pp. 1–21）. Oakland, CA: University of California Press.

Carr, E. S., & Lempert, M.（Eds.）.（2016b）. *Scale: Discourse and dimensions of social life.* Oakland, CA: University of California Press.

Caton, S. C.（1990）. *"Peaks of Yemen I summon": Poetry as cultural practice in a North Yemeni tribe.* Berkeley, CA: University of California Press.

Caton, S. C.（1993）. The importance of reflexive language in George H. Mead's theory of self and communication. In J. A. Lucy（Ed.）, *Reflexive language: Reported speech and metapragmatics*（pp. 315–337）. Cambridge, UK: Cambridge University Press.

Cazden, C. B.（2001）. *Classroom discourse: The language of teaching and learning*（2nd ed.）. Portsmouth, NH: Heinemann.

Cazden, C. B., John, V. P., & Hymes, D.（Eds.）.（1972）. *Functions of language in the classroom.* Prospect Heights, IL: Waveland Press.

Chomsky, N. (1965). *Aspects of the theory of syntax.* Cambridge, MA: MIT Press.

Cook, H. M. (2008). *Socializing identities through speech style: Learners of Japanese as a foreign language.* Bristol, UK: Multilingual Matters.

Davies, J. (2005). *'We know what we're talking about, don't we?'*: An examination of girls' classroom-based learning allegiances. *Linguistics and Education*, 15(3), 199–216.

土井隆義（2009).『キャラ化する／される子どもたち：排除社会における新たな人間像』岩波書店.

Duff, P. A. (2002). The discursive co-construction of knowledge, identity, and difference: An ethnography of communication in the high school mainstream. *Applied Linguistics*, 23(3), 289–322.

Duff, P. A., & Talmy, S. (2011). Language socialization approaches to second language acquisition: Social, cultural, and linguistic development in additional languages. In D. Atkinson (Ed.), *Alternative approaches to second language acquisition* (pp. 95–116). London, UK: Routledge.

Duranti, A. (1997). *Linguistic anthropology.* Cambridge, UK: Cambridge University Press.

Duranti, A. (Ed.). (2001). *Linguistic anthropology: A reader.* Oxford, UK: Blackwell.

Duranti, A., & Goodwin, C. (Eds.). (1992). *Rethinking context: Language as an interactive phenomenon.* Cambridge, UK: Cambridge University Press.

Duranti, A., Ochs, E., & Schieffelin, B. B. (Eds.). (2011). *The handbook of language socialization.* Malden, MA: Wiley-Blackwell.

デュルケム，E.（2010).『道徳教育論』（麻生誠・山村健・訳）講談社.［原著：Durkheim, É. (1925 [1903]). *L'éducation morale: Cours dispensé en 1902–1903 à la Sorbonne.* Paris, France: Librairie Félix Alcan］.

Eckert, P. (1989). *Jocks and burnouts: Social categories and identity in the high school.* New York, NY: Teachers College Press.

Eckert, P. (2000). *Linguistic variation as social practice.* Malden, MA: Blackwell.

Eckert, P., & Rickford, J. R. (Eds.). (2001). *Style and sociolinguistic variation.* Cambridge, UK: Cambridge University Press.

遠藤宏美（2004).「学年制を崩すシステムと共生への試み：単位制高校を事例に」古賀正義（編）『学校のエスノグラフィー：事例研究から見た高校教育の内側』(41-61 頁). 嵯峨野書院.

榎本剛士（2009a).「Dell Hymes における“Communicative Competence”の可能性：教育的再コンテクスト化から「出来事」中心のコミュニケーション・モデルに向けて」『異文化コミュニケーション論集』第 7 号，119-133 頁.

榎本剛士（2009b）.「言語教育研究における Dell Hymes の位置づけの再検討：教育言語人類学の視点から」『立教・異文化コミュニケーション学会第 6 回大会発表論文集』11-14 頁. 立教・異文化コミュニケーション学会.

榎本剛士（2010a）.「"Do you have a girlfriend?"：高校生の「メタ教師談話」と学校生活」『社会言語科学会第 26 回大会発表論文集』118-121 頁. 社会言語科学会.

榎本剛士（2010b）.「高校生、英会話、メタ・コミュニケーション」『立教・異文化コミュニケーション学会第 7 回大会発表論文集』3-6 頁. 立教・異文化コミュニケーション学会.

榎本剛士（2011）.「アイデンティティを語るアイデンティティを語ることができるか：教室と研究を接続することばを目指すための序論」『自律した学習者を育てる英語教育の探究：小中高大を接続することばの教育として』研究報告 No. 75，7-22 頁. 中央教育研究所.

榎本剛士（2012a）.「多層的相互行為としての「ボーナス・クエスチョン」：教室におけるメタ語用的言語使用という視点から」『社会言語科学』第 14 巻第 2 号，17-30 頁.

榎本剛士（2012b）.「「教室談話」という抽象物：教室を取り巻くメタ・コミュニケーションの連鎖とアイデンティティの諸相」『社会言語科学会第 29 回大会発表論文集』138-141 頁. 社会言語科学会.

榎本剛士（2013）.「「教室談話」を創出する視点：コミュニケーションを基点とした、『学び』の再帰的研究に向けて」『ことばと人間』第 9 号，99-113 頁.

榎本剛士（2014）.「行為の中の「英会話」：間ディスコース性が織りなす教室の多重的時空間」『異文化コミュニケーション論集』第 12 号，85-102 頁.

榎本剛士（2016）.「「英語」と「国語」の対（ペア）を問う：「他者の言葉」のさらなる意識化に向けて」『自律した学習者を育てる英語教育の探究⑧：小中高大を接続することばの教育として』研究報告 No. 87，66-75 頁. 中央教育研究所.

榎本剛士（2018）.「教室における「授業」と「英語」の非自明性から考える」英語教育「の再帰的批判と「ことばの教育」の再興」佐藤慎司・村田晶子（編著）『人類学・社会学的視点からみた過去、現在、未来のことばの教育：言語と言語教育イデオロギー』（146-169 頁）. 三元社.

榎本剛士・永井那和（2009）.「「言われていること」と「為されていること」：マンガと映画からみるコミュニケーションの多層性」『第 35 回春期セミナーハンドブック』18-20 頁.「言語と人間」研究会.

Erickson, F.（1996）. Ethnographic micro analysis. In S. L. McKay & N. H. Hornberger（Eds.）, *Sociolinguistics and language teaching*（pp. 283-306）. New York, NY: Cambridge University Press.

Erickson, F., & Mohatt, G.（1982）. Cultural organization of participation structure in two classrooms of Indian students. In G. Spindler (Ed.), *Doing the ethnography of schooling: Educational anthropology in action* (pp. 132–174). Prospect Heights, IL: Waveland Press.

Erickson, F., & Shultz, J. (1982). *The counselor as gatekeeper: Social interaction in interviews.* New York, NY: Academic Press.

江利川春雄（2018).『日本の外国語教育政策史』ひつじ書房.

Firth, A., & Wagner, J. (1997). On discourse, communication, and (some) fundamental concepts in SLA research. *Modern Language Journal*, 81(3), 285–300.

フーコー，M.（1977).『監獄の誕生：監視と処罰』(田村俶・訳). 新潮社. ［原著：Foucault, M. (1975). *Surveiller et punir: Naissance de la prison.* Paris, France: Gallimard］.

藤田敏明（1997).『単位制は教育改革の切り札か？』洋泉社.

Goffman, E. (1959). *Presentation of self in everyday life.* New York, NY: Anchor Books.

Goffman, E. (1961). *Encounters: Two studies in the sociology of interaction.* Indianapolis, IN: Bobbs-Merrill Company.

Goffman, E. (1967). *Interaction ritual: Essays on face-to-face behavior.* New York, NY: Pantheon Books.

Goffman, E. (1981). *Forms of talk.* Philadelphia, PA: University of Pennsylvania Press.

Goffman, E. (1986 [1974]). *Frame analysis: An essay on the organization of experience.* Boston, MA: Northeastern University Press.

Goodman, N. (1978). *Ways of worldmaking.* Indianapolis, IN: Hackett Publishing.

Gumperz, J. J. (1982). *Discourse strategies.* Cambridge, UK: Cambridge University Press.

Gumperz, J. J. (1986 [1972]). Introduction. In J. J. Gumperz & D. Hymes (Eds.), *Directions in sociolinguistics: The ethnography of communication* (pp. 1–25). New York, NY: Basil Blackwell.

Gumperz, J. J., & Cook-Gumperz, J. (2006). Interactional sociolinguistics in the study of schooling. In J. Cook-Gumperz (Ed.), *The social construction of literacy* (2nd ed.) (pp. 50–75). Cambridge, UK: Cambridge University Press.

Halliday, M. A. K., & Hasan, R. (1976). *Cohesion in English.* London, UK: Longman.

ハミルトン，D.（1998).『学校教育の理論に向けて：クラス・カリキュラム・一斉教授の思想と歴史』(安川哲夫・訳). 世織書房. ［原著：Hamilton, D. (1989). *Towards a theory of schooling.* London, UK: The Falmer Press］.

Hanks, W. F. (1987). Discourse genre in a theory of practice. *American Ethnologist*, 14(4), 668–692.

Hanks, W. F. (1990). *Referential practice: Language and lived space among the Maya.* Chicago, IL: The University of Chicago Press.

Hanks, W. F. (1992). The indexical ground of deictic reference. In A. Duranti & C. Goodwin (Eds.). *Rethinking context: Language as an interactive phenomenon* (pp. 43–76). Cambridge, UK:

Cambridge University Press.

Hanks, W. F. (1996). *Language and communicative practices.* Boulder, CO: Westview.

Harkness, N. (2015). The pragmatics of qualia in practice. *Annual Review of Anthropology*, 44, 573-589.

Heath, S. B. (1982). What no bedtime story means: Narrative skills at home and school. *Language in Society*, 11(1), 49-76.

Heath, S. B. (1983). *Ways with words: Language, life, and work in communities and classrooms.* New York, NY: Cambridge University Press.

Heller, M. (1999). *Linguistic minorities and modernity.* Paramus, NJ: Prentice Hall.

Heller, M., & Martin-Jones, M. (Eds.). (2001). *Voices of authority: Education and linguistic difference.* Westport, CN: Ablex Publishing.

Holquist, M. (2010). The figure of chronotope. In N. Bemong, P. Borghart, M. De Dobbeleer, K. Demoen, K. De Temmerman & B. Keunen (Eds.), *Bakhtin's theory of the literary chronotope: Reflections, applications, perspectives* (pp. 19-33). Gent, Belgium: Academia Press.

堀裕嗣 (2015).『スクールカーストの正体：キレイゴト抜きのいじめ対応』小学館.

Hornberger, N. H. (2003). Linguistic anthropology of education (LAE) in context. In S. Wortham & B. Rymes (Eds.), *Linguistic anthropology of education* (pp. 243-270). Westport, CT: Praeger.

Hymes, D. (1964a). Introduction: Toward ethnographies of communication. *American Anthropologist*, 66(6), 1-34.

Hymes, D. (Ed.). (1964b). *Language in culture and society: A reader in linguistics and anthropology.* New York, NY: Harper & Row.

Hymes, D. (1971). Competence and performance in linguistic theory. In R. Huxley & E. Ingram (Eds.), *Language acquisition: Models and methods* (pp. 3-28). New York, NY: Academic Press.

Hymes, D. (1974). *Foundations in sociolinguistics: An ethnographic approach.* Philadelphia, PA: University of Pennsylvania Press.

Hymes, D. (1986 [1972]). Models of the interaction of language and social life. In J. J. Gumperz & D. Hymes (Eds.), *Directions in sociolinguistics: The ethnography of communication* (pp. 35-71). New York, NY: Basil Blackwell.

Hymes, D. (2001 [1972]). On communicative competence. In A. Duranti (Ed.), *Linguistic anthropology: A reader* (pp. 53-73). Oxford, UK: Blackwell.

井出里咲子・砂川千穂・山口征孝 (2019).『言語人類学への招待：ディスコースから文化を読む』ひつじ書房.

Jackson, P. W. (1990). *Life in classrooms.* New York, NY: Teachers College Press.

Jacoby, S., & Ochs, E. (1995). Co-construction: An introduction. *Research on Language and Social Interaction*, 28(3), 171–183.

Jaffe, A. (1999). *Ideologies in action: Language politics on Corsica*. Berlin, Germany: Mouton de Gruyter.

Jaffe, A. (2009). Introduction: The sociolinguistics of stance. In A. Jaffe (Ed.), *Stance: Sociolinguistic perspectives* (pp. 3–28). New York, NY: Oxford University Press.

Jakobson, R. (1960). Closing statement: Linguistics and poetics. In T. A. Sebeok (Ed.), *Style in language* (pp. 350–377). Cambridge, MA: MIT Press.

Jakobson, R. (1971 [1957]). Shifters, verbal categories, and the Russian verb. In *Selected writings*, Vol. 2 (pp. 130–147). The Hague, The Netherlands: Mouton.

ジョーンズ，D.（1999）.「都市の学校教師：その系譜学」S. J. ボール（編著）（稲垣恭子・喜名信之・山本雄二・監訳）『フーコーと教育：〈知＝権力〉の解読』（84–112頁）．勁草書房．［原著：Jones, D. (1990). The genealogy of the urban schoolteacher. In S. J. Ball (Ed.), *Foucault and education: Disciplines and knowledge* (pp. 57–77). London, UK: Routledge］.

苅谷剛彦（2001）.『階層化日本と教育危機：不平等再生産から意欲格差社会へ』有信堂.

苅谷剛彦（2008）.『学力と階層：教育の綻びをどう修正するか』朝日新聞出版.

Kiesling, S. F. (2009). Style as stance: Stance as the explanation for patterns of sociolinguistic variation. In A. Jaffe (Ed.), *Stance: Sociolinguistic perspectives* (pp. 171–194). New York, NY: Oxford University Press.

小林敏宏・音在謙介（2009）.「「英語教育」という思想：「英学」パラダイム転換期の国民的言語文化の形成」『人文・自然・人間科学研究』第21号，23–51頁.

古賀正義（編）（2004）.『学校のエスノグラフィー：事例研究から見た高校教育の内側』嵯峨野書院.

Koyama, W. (1997). Desemanticizing pragmatics. *Journal of Pragmatics*, 28, 1–28.

小山亘（2008）.『記号の系譜：社会記号論系言語人類学の射程』三元社.

小山亘（2009）.「シルヴァスティンの思想」小山亘（編）（榎本剛士・古山宣洋・小山亘・永井那和・共訳）『記号の思想：現代言語人類学の一軌跡―シルヴァスティン論文集―』（11–233頁）．三元社.

小山亘（2011）.『近代言語イデオロギー論：記号の地政とメタ・コミュニケーションの社会史』三元社.

Kramsch, C. (Ed.). (2002). *Language acquisition and language socialization: Ecological perspectives*. London, UK: Continuum.

Kristeva, J. (1980). *Desire in language: A semiotic approach to literature and art*. New York, NY: Columbia University Press.

Kroskrity, P. V. (Ed.). (2000). *Regimes of language: Ideologies, politics, and identities.* Santa Fe, NM: School of American Research Press.

Kroskrity, P. V. (2001 [1998]). Arizona Tewa Kiva speech as a manifestation of a dominant language ideology. In A. Duranti (Ed.), *Linguistic anthropology: A reader* (pp. 403–419). Oxford, UK: Blackwell.

Kulick, D., & Schieffelin, B. B. (2004). Language socialization. In A. Duranti (Ed.), *A companion to linguistic anthropology* (pp. 349–368). Oxford, UK: Blackwell.

Larsen-Freeman, D. (2007). Reflecting on the cognitive-social debate in second language acquisition. *Modern Language Journal*, 91, 773–787.

Lee, B. (1997). *Talking heads: Language, metalanguage, and the semiotics of subjectivity.* Durham, NC: Duke University Press.

Leech, G. N. (1983). *Principles of pragmatics.* London, UK: Longman.

Levinson, B. (1999). Resituating the place of educational discourse in anthropology. *American Anthropologist*, 101(3), 594–604.

Levinson, S. (1983). *Pragmatics.* Cambridge, UK: Cambridge University Press.

Lucy, J. A. (1993a). Reflexive language and the human disciplines. In J. A. Lucy (Ed.), *Reflexive language: Reported speech and metapragmatics* (pp. 9–32). Cambridge, UK: Cambridge University Press.

Lucy, J. A. (Ed.). (1993b). *Reflexive language: Reported speech and metapragmatics.* Cambridge, UK: Cambridge University Press.

Lucy, J. A. (2001). Reflexivity. In A. Duranti (Ed.), *Key terms in language and culture* (pp. 208–211). Malden, MA: Blackwell.

ラミス, D. (1976). 『イデオロギーとしての英会話』晶文社.

Matoesian, G. M. (2001). *Law and the language of identity: Discourse in the William Kennedy Smith rape trial.* New York, NY: Oxford University Press.

Maybin, J. (2006). *Children's voices: Talk, knowledge and identity.* Basingstoke, UK: Palgrave.

McHoul, A. W. (1978). The organization of turns at formal talk in the classroom. *Language in Society*, 7(2), 183–213.

McLaughlin, M. W. (1993). Embedded identities: Enabling balance in urban contexts. In S. B. Heath & M. W. McLaughlin (Eds.), *Identity and inner city youth: Beyond ethnicity and gender* (pp. 36–68). New York, NY: Teachers College Press.

McVeigh, B. (2000). *Wearing ideology: State, schooling and self-presentation in Japan.* Oxford, UK: Berg.

Mehan, H. (1979). *Learning lessons: Social organization in the classroom.* Cambridge, MA: Harvard

University Press.

Mertz, E. (1985). Beyond symbolic anthropology: Introducing semiotic mediation. In E. Mertz & R. Parmentier (Eds.), *Semiotic mediation: Sociocultural and psychological perspectives* (pp. 1-19). Orlando, FL: Academic Press.

Mertz, E. (2007a). Semiotic anthropology. *Annual Review of Anthropology*, 36, 337-353.

Mertz, E. (2007b). *The language of law school: Learning to "think like a lawyer."* New York, NY: Oxford University Press.

Mey, J. L. (2001). *Pragmatics: An introduction* (2nd ed.). Oxford, UK: Blackwell.

Michaels, S. (1981). "Sharing time": Children's narrative styles and differential access to literacy. *Language in Society*, 10(3), 423-442.

宮崎あゆみ（1998）.「ジェンダー・サブカルチャー：研究者の枠組みから生徒の視点へ」清水宏吉（編著）『教育のエスノグラフィー：学校現場のいま』(275-301 頁). 嵯峨野書院.

宮崎あゆみ（2016）.「日本の中学生のジェンダー一人称を巡るメタ語用的解釈：変容するジェンダー言語イデオロギー」『社会言語科学』第 19 巻第 1 号, 135-150 頁.

文部科学省（2016 年 5 月 10 日）.「教育の強靭（じん）化に向けて（文部科学大臣メッセージ）について」 http://www.mext.go.jp/b_menu/houdou/28/05/1370648.htm より情報取得.

森田京子（2007）.『子どもたちのアイデンティティー・ポリティックス：ブラジル人のいる小学校のエスノグラフィー』新曜社.

Morson, G. S., & Emerson, C. (1990). *Mikhail Bakhtin: Creation of a prosaics.* Stanford, CA: Stanford University Press.

中河伸俊（2015）.「フレーム分析はどこまで実用的か」中河伸俊・渡辺克典（編）『触発するゴフマン：やりとりの秩序の社会学』(130-147 頁). 新曜社.

中澤渉・藤原翔（編）（2015）.『格差社会の中の高校生：家族・学校・進路選択』勁草書房.

Ochs, E. (1986). Introduction. In B. B. Schieffelin & E. Ochs (Eds.), *Language socialization across cultures* (pp. 1-13). Cambridge, UK: Cambridge University Press.

Ochs, E., & Schieffelin, B. B. (2011). The theory of language socialization. In A. Duranti, E. Ochs & B. B. Schieffelin (Eds.), *The handbook of language socialization* (pp. 1-21). Malden, MA: Blackwell.

大多和直樹（2014）.『放課後の社会学』北樹出版.

Parmentier, R. J. (1997). Pragmatic semiotics of culture. *Semiotica*, 116, 1-115.

Peirce, C. S. (1932). *Collected papers of Charles Sanders Peirce*, vol. 2. (C. Hartshorne, P. Weiss & A. Burks (Eds.)). Cambridge, MA: Harvard University Press.

Philips, S. U. (1983). *The invisible culture: Communication in classroom and community on the Warm Springs*

Indian Reservation. Prospect Heights, IL: Waveland Press.
Pressman, J. F. (1994). Pragmatics in the late twentieth century: Countering recent historiographic neglect. *Pragmatics*, 4(4), 461-489.
Putnam, H. (1975). The meaning of 'meaning.' In *Philosophical papers*, vol. 2*: Mind, language, and reality* (pp. 215-271). Cambridge, UK: Cambridge University Press.
Rampton, B. (2005). *Crossing: Language and ethnicity among adolescents* (2nd ed.). Manchester, UK: St. Jerome Publishing.
Rampton, B. (2006). *Language in late modernity: Interaction in an urban school.* New York, NY: Cambridge University Press.
Reddy, M. J. (1979). The conduit metaphor: A case of frame conflict in our language about language. In A. Ortony (Ed.), *Metaphor and thought* (pp. 284-310). Cambridge, UK: Cambridge University Press.
Reyes, A. (2012). *Language, identity, and stereotype among Southeast Asian American youth.* New York, NY: Routledge.
ローレン, T. P. (1988). 『日本の高校：成功と代償』(友田泰正・訳). サイマル出版会. [原著：Rohlen, T. P. (1983). *Japan's high schools.* Oakland, CA: University of California Press].
Rymes, B. (1996). Naming as social practice: The case of Little Creeper from Diamond Street. *Language in Society*, 25(2), 237-260.
Rymes, B. (2008). Language socialization and the linguistic anthropology of education. In P. A. Duff & N. H. Hornberger (Eds.), *Encyclopedia of language and education* (2nd ed.), Vol. 8*: Language socialization* (pp. 29-42). New York, NY: Springer.
佐藤公治・長橋聡 (2019). 『ヴィゴツキーからドゥルーズを読む：人間精神の生成論』新曜社.
佐藤慎司・村田晶子 (編著) (2018). 『人類学・社会学的視点からみた過去、現在、未来のことばの教育：言語と言語教育イデオロギー』三元社.
Saville-Troike, M. (1989). *The ethnography of communication: An introduction.* New York, NY: Blackwell.
Schieffelin, B. B., Woolard, K. A., & Kroskrity, P. V. (Eds.). (1998). *Language ideologies: Practice and theory.* New York, NY: Oxford University Press.
Seargeant, P. (2013). Ideologies of nativism and linguistic globalization. In S. A. Houghton & D. J. Riers (Eds.), *Native-speakerism in Japan: Intergroup dynamics in foreign language education* (pp. 231-242). Bristol, UK: Multilingual Matters.
Searle, J. R. (1969). *Speech acts: An essay in the philosophy of language.* Cambridge, UK: Cambridge University Press.

Searle, J. R. (1976). A classification of illocutionary acts. *Language in Society*, 5(1), 1-23.

Silverstein, M. (1976). Shifters, linguistic categories, and cultural description. In K. Basso & H. A. Selby (Eds.), *Meaning in anthropology* (pp. 11-55). Albuquerque, NM: University of New Mexico Press.

Silverstein, M. (1979). Language structure and linguistic ideology. In P. R. Clyne, W. Hanks & C. L. Hofbauer (Eds.), *The elements: A parasession on linguistic units and levels* (pp. 193-247). Chicago, IL: Chicago Linguistics Society.

Silverstein, M. (1985a). On the pragmatic "poetry" of prose: Parallelism, repetition, and cohesive structure in the time course of dyadic conversation. In D. Schiffrin (Ed.), *Meaning, form, and use in context: Linguistic applications* (pp. 181-199). Washington, DC: Georgetown University Press.

Silverstein, M. (1985b). Language and the culture of gender: At the intersection of structure, usage, and ideology. In E. Mertz & R. Parmentier (Eds.), *Semiotic mediation: Sociocultural and psychological perspectives* (pp. 219-259). Orlando, FL: Academic Press.

Silverstein, M. (1987). Cognitive implications of a referential hierarchy. In M. Hickmann (Ed.), *Social and functional approaches to language and thought* (pp. 125-164). Orlando, FL: Academic Press.

Silverstein, M. (1992). The indeterminacy of contextualization: When is enough enough? In A. Di Luzio & P. Auer (Eds.), *The contextualization of language* (pp. 55-76). Amsterdam, The Netherlands: John Benjamins.

Silverstein, M. (1993). Metapragmatic discourse and metapragmatic function. In J. A. Lucy (Ed.), *Reflexive language: Reported speech and metapragmatics* (pp. 33-58). Cambridge, UK: Cambridge University Press.

Silverstein, M. (1997). The improvisational performance of culture in realtime discursive practice. In R. K. Sawyer (Ed.), *Creativity in performance* (pp. 265-312). Greenwich, CT: Ablex Publishing.

Silverstein, M. (2004). "Cultural" concepts and the language-culture nexus. *Current Anthropology*, 45(5), 621-652.

Silverstein, M. (2005). Axes of evals: Token versus type interdiscursivity. *Journal of Linguistic Anthropology*, 15(1), 6-22.

Silverstein, M. (2007). How knowledge begets communication begets knowledge: Textuality and contextuality in knowing and learning. 『異文化コミュニケーション論集』第5号, 31-60頁.

Silverstein, M. (2016). Semiotics of vinification and the scaling of taste. In E. S. Carr & M. Lempert

(Eds.), *Scale: Discourse and dimensions of social life* (pp. 185–212). Oakland, CA: University of California Press.

Silverstein, M., & Urban, G. (1996a). The natural history of discourse. In M. Silverstein & G. Urban (Eds.), *Natural histories of discourse* (pp. 1–17). Chicago, IL: The University of Chicago Press.

Silverstein, M., & Urban, G. (Eds.). (1996b). *Natural histories of discourse.* Chicago, IL: The University of Chicago Press.

Singer, M. (1984). *Man's glassy essence: Explorations in semiotic anthropology.* Bloomington, IN: Indiana University Press.

Spindler, G., & Spindler, L. (2000). *Fifty years of anthropology and education, 1950–2000: A Spindler anthology.* Mahwah, NJ: Laurence Erlbaum.

Spolsky, B. (1974). Linguistics and education: An overview. In T. A. Sebeok (Ed.), *Current trends in linguistics*, Vol. 12 (pp. 2021–2026). The Hague, The Netherlands: Mouton.

高田明 (2019).『相互行為の人類学:「心」と「文化」が出会う場所』新曜社.

高梨克也 (編) (2018).『多職種チームで展示をつくる:日本科学未来館「アナグラのうた」ができるまで』ひつじ書房.

武黒麻紀子 (編) (2018).『相互行為におけるディスコーダンス:言語人類学からみた不一致・不調和・葛藤』ひつじ書房.

寺崎弘昭 (1995).「近代学校の歴史的特異性と〈教育〉:「学校」の近代を超えて」堀尾輝久・奥寺康照・田中孝彦・佐貫浩・汐見稔幸・太田政男ほか (編)『〈講座学校 第1巻〉学校とは何か』(97–142頁). 柏書房.

寺沢拓敬 (2015).『「日本人と英語」の社会学:なぜ英語教育論は誤解だらけなのか』研究社.

Todorov, T. (1984). *Mikhail Bakhtin: The dialogical principle.* (Trans. W. Godzich). Minneapolis, MN: The University of Minnesota Press. (Original work published 1981).

坪井睦子 (2013).『ボスニア紛争報道:メディアの表象と翻訳行為』みすず書房.

Verschueren, J. (1999). *Understanding pragmatics.* London, UK: Arnold.

Watson-Gegeo, K. A., & Nielsen, S. (2003). Language socialization in SLA. In C. Doughty & M. Long (Eds.), *Handbook of second language acquisition* (pp. 155–177). Oxford, UK: Blackwell.

Willis, P. (1977). *Learning to labor: How working class kids get working class jobs.* New York, NY: Columbia University Press.

Woolard, K. A. (1998). Introduction: Language ideology as a field of inquiry. In B. B. Schieffelin, K. Woolard & P. V. Kroskrity (Eds.), *Language ideologies: Practice and theory* (pp. 3–47). New York, NY: Oxford University Press.

Woolard, K. A. (2013). Is the personal political? Chronotopes and changing stances toward Catalan language and identity. *International Journal of Bilingual Education and Bilingualism*, 16(2), 210–224.

Wortham, S. (1996). Mapping participant deictics: A technique for discovering speakers' footing. *Journal of Pragmatics*, 25, 331–348.

Wortham, S. (2003a). Accomplishing identity in participant-denoting discourse. *Journal of Linguistic Anthropology*, 13(2), 189–210.

Wortham, S. (2003b). Linguistic anthropology of education: An introduction. In S. Wortham & B. Rymes (Eds.), *Linguistic anthropology of education* (pp. 1–29). Westport, CT: Praeger.

Wortham, S. (2006). *Learning identity: The joint emergence of social identification and academic learning.* New York, NY: Cambridge University Press.

Wortham, S. (2008a). Linguistic anthropology of education. *Annual Review of Anthropology*, 37, 37–51.

Wortham, S. (2008b). Linguistic anthropology of education. In M. Martin-Jones, A. M. de Mejía & N. H. Hornberger (Eds.), *Encyclopedia of language and education* (2nd ed.), Vol. 3*: Discourse and education* (pp. 93–103). New York, NY: Springer.

Wortham, S. (2008c). Linguistic anthropology. In B. Spolsky & F. Hult (Eds.), *The handbook of educational linguistics* (pp. 83–97). Malden, MA: Wiley-Blackwell.

Wortham, S. (2012). Introduction to the special issue: Beyond macro and micro in the linguistic anthropology of education. *Anthropology and Education Quarterly*, 43(2), 128–137.

Wortham, S., & Reyes, A. (2015). *Discourse analysis beyond the speech event.* Oxon, UK: Routledge.

柳治男 (2005).『〈学級〉の歴史学：自明視された空間を疑う』講談社.

吉田理加 (2011).「法廷談話実践と法廷通訳：語用とメタ語用の織り成すテクスト」『社会言語科学』第 13 巻第 2 号, 59–71 頁.

義永美央子 (2009).「第二言語習得研究における社会的視点：認知的視点との比較と今後の展望」『社会言語科学』第 12 巻第 1 号, 15–31 頁.

吉野耕作 (1997).『文化ナショナリズムの社会学：現代日本のアイデンティティの行方』名古屋大学出版会.

あとがき

本書は、2016年度に立教大学大学院異文化コミュニケーション研究科へ提出した博士論文、『教室の談話と再帰的言語―メタ・コミュニケーションの連鎖が織り成す「教室で英語を学ぶ」ことの諸層』を改稿したものである。基本的な展開、分析、考察の方向性に変更は加えていないが、論の緻密さや概念間の整合性に注意を払いながら、軽微ではない加筆・修正を施した。その際、2016年度から2018年度に科学研究費補助金（若手研究（B）、JP16K17415）を受けて行った研究を通じての再考察が大きな助けとなった。本書の以下の章の内容は、一部、発表済である。

第1章　記号論的出来事としての「コミュニケーション」と言語使用のコンテクスト指標性：言語人類学の一般コミュニケーション論

榎本剛士（2009a）.「Dell Hymesにおける“Communicative Competence”の可能性：教育的再コンテクスト化から「出来事」中心のコミュニケーション・モデルに向けて」『異文化コミュニケーション論集』第7号，119-133頁.

榎本剛士・永井那和（2009）.「「言われていること」と「為されていること」：マンガと映画からみるコミュニケーションの多層性」『第35回春期セミナーハンドブック』18-20頁.「言語と人間」研究会.

第2章「教育言語人類学」という視座

榎本剛士（2009b）.「言語教育研究におけるDell Hymesの位置づけの再検討：教育言語人類学の視点から」『立教・異文化コミュニケーション学会第6回大会発表論文集』11-14頁．立教・異文化コミュニケーション学会.

第４章　IREとその分身：生徒のメタ語用的言語使用から迫るもう一つの現実

榎本剛士（2010a）.「“Do you have a girlfriend?”：高校生の「メタ教師談話」と学校生活」『社会言語科学会第26回大会発表論文集』118-121頁．社会言語科学会.

榎本剛士（2011）.「アイデンティティを語るアイデンティティを語ることができるか：教室と研究を接続することばを目指すための序論」『自律した学習者を育てる英語教育の探究：小中高大を接続することばの教育として』研究報告 No. 75, 7-22頁．中央教育研究所.

榎本剛士（2012a）.「多層的相互行為としての「ボーナス・クエスチョン」：教室におけるメタ語用的言語使用という視点から」『社会言語科学』第14巻第2号, 17-30頁.

第５章　「出来事」と「出来事」が入り組むところ：間ディスコース性、ジャンル、クロノトポス

榎本剛士（2010b）.「高校生、英会話、メタ・コミュニケーション」『立教・異文化コミュニケーション学会第7回大会発表論文集』3-6頁．立教・異文化コミュニケーション学会.

榎本剛士（2012b）.「「教室談話」という抽象物：教室を取り巻くメタ・コミュニケーションの連鎖とアイデンティティの諸相」『社会言語科学会第29回大会発表論文集』138-141頁．社会言語科学会.

榎本剛士（2013）.「「教室談話」を創出する視点：コミュニケーションを基点とした、「学び」の再帰的研究に向けて」『ことばと人間』第9号, 99-113頁.

榎本剛士（2014）.「行為の中の「英会話」：間ディスコース性が織りなす教室の多重的時空間」『異文化コミュニケーション論集』第12号, 85-102頁.

第６章　「特定の「学び」を結果としてもたらす出来事の連続性」を見出すために

榎本剛士（2016）.「「英語」と「国語」の対（ペア）を問う：「他者の言葉」のさらなる意識化に向けて」『自律した学習者を育てる英語教育の探究⑧：小中高大を接続することばの教育として』研究報告 No. 87, 66-75頁．中央教育研究所.

榎本剛士（2018）.「教室における「授業」と「英語」の非自明性から考える「英語教育」の再帰的批判と「ことばの教育」の再興」佐藤慎司・村田晶子（編著）『人類学・社会学的視点からみた過去、現在、未来のことばの教育：言語と言語教育イデオロギー』（146-169頁）．三元社.

＊＊＊＊＊＊＊＊＊＊＊＊＊＊＊

少し時間がかかってしまったが、ようやく、自分の小さな石を一つ、置くところまで来ることができたような気がする。本書を世に出す準備を終えた今、ふと、そんなことを思う。

「教育」という営みに対して疑問を抱き始めたのは、中学校3年生の時だった。1993年の夏、愛知県豊田市中学生海外派遣団の一員に選ばれ、アメリカ合衆国に2週間、滞在した。滞在の後半には、ケンタッキー州・レキシントン市でのホームステイがあり、現地の中学校に2日間だけ通う機会を得た。帰国後、毎日通っていたはずの「学校」とそこで起きていることが全く違って見え、妙な違和感と絶望感を覚えたことを今でもはっきりと思い起こすことができる。

高校卒業後、高校英語教師になることを夢見て、アメリカ合衆国南部、アラバマ州にあるアラバマ大学（The University of Alabama）に4年間、留学した。そこで出会ったJames Otteson先生（現Wake Forest University教授）のセミナーでDavid Humeを読んだ時の驚き（ショック）が、今の自分の学問を遠くから支えてくれている気がする。日本で大学院修士課程に進学して間もない頃に受けた、後に私の指導教員となる小山亘先生のレクチャー、情報満載の「英語のハンドアウト」で行われた「ヤコブソンの6機能モデル」に関するあのレクチャーの後に覚えた興奮は、未だ熱を失わず、私の心に、在る。修士課程1年の時、これも小山亘先生のレクチャーで、「社会史（リアリティの所在）・言語理論・言語教授法の記号論的相関」がおぼろげながら見えた時の戦慄を思い出すだけで、胸がざわざわと音を立てる。そして、同じく修士課程1年の時に平賀正子先生から授かった、人間のことばの奥底にある「詩」と「遊び（playfulness）」を指し示す羅針儀と、「問いは裏切らない」という松明は、「学問」という先の見えない航海へ向かう勇気を私に変わらず与えてくれる伴侶であるとともに、暗中での孤独を和らげてくれる温もりでもある。

修士論文では、中学校英語教科書の批判的談話分析（critical discourse

analysis）を行った。教科書に現れる「登場人物」たちの「コミュニケーション」を通じて、（当時の）日本の教育改革のイデオロギー（「新自由主義」とそれを補完する「（新）国家主義」）が英語教育に入り込んでいることを論じたものだった。文部科学省検定教科書なのだから、国家の教育改革イデオロギーをそこに読み取ることができるのは当然といえば当然で、話としては小奇麗にまとまったが、「教室で、教科書が実際にどのように使われているか」という問題を完全に捨象していたことに気づいた時、そして、自分自身の「批判」という態度に根本的な疑念を抱いた時、教室に行くことの必要性を強く感じた（本当は、「教科書作成の現場」にも行かなければならないのだが）。

博士後期課程進学後の研究は、明治期の英語教科書の分析から始まった。明治22年から23年にかけて出版された外山正一編纂の『正則文部省英語読本』を、外山の社会・教育・人間思想の観点から分析し、それが初めての学会誌掲載論文となった。荒削りな議論ではあったが、明治期の英語教科書の研究を通じて、日本の英語教育が近代化のプロセスと切り離せない関係にあることが分かった時、「人間そのものが作り変えられる現場」を目撃したような、背筋が凍る感覚を覚えた。「日本の英語教育」のイデオロギーの問題は、修士論文で論じたような次元の話ではなく、近代の「言語」イデオロギー、「人間」イデオロギー、つまり、それによって我々自身がすでに「生かされて（しまって）いる」イデオロギーに深く、深く根を張っているのではないか、そんなふうに思い始めた。

博士後期課程1年の時、パース・ヤコブソン記号論を十全に展開した言語人類学の第一人者の1人であるマイケル・シルヴァスティン先生（シカゴ大学）が初来日された。“How Knowledge Begets Communication Begets Knowledge” と題された講演も含むシルヴァスティン先生の論文、シルヴァスティン先生が（名刺の裏にメモして）薦めて下さった Stanton Wortham 氏による *Learning Identity: The Joint Emergence of Social Identification and Academic Learning* をはじめ、言語人類学の文献の精読を繰り返し、翌年度には、書評執筆のために、シルヴァスティン先生の直弟子である Asif Agha 氏による *Language and Social Relations* を文字通り「カヴァー・トゥ・カヴァー」で読んだ。「こんな方向で、英語教育の研究ができないだろうか」と考え出した時、ようやく本書の「卵」を産み落とすことができたのだと思う。

本書は「理論実践」の色合いが強いものとなった。教室で起きていることを「言語人類学のコミュニケーション論」という色眼鏡で見た時、そこには複数の現実に同時に投錨されたコミュニケーションを通じて浮かび上がる「社会言語実践的出来事」としての生徒たち（そして、自分自身）が確かにいる（と思う）。この「人間のメイキング」の一端に迫らんとする試みがどれほど功を奏しているか、本書を目にして下さった諸賢からのご批判を乞いたい。もちろん、援用した理論それ自体に対する再帰的批判、本書で論じたことと「言語（外国語）習得」との間の実質的な関連・接点（あるいは、両者の相互自律性）の解明など、手つかずのままの（かなり大きな）課題を本書は残している。また、最新の学術的知見を盛り込めていない部分も多々、あると思う。しかし、本書が誰かからの批判を喚起でき、その批判が、さらなる研究や議論、そして何より、変化の激しい今日の社会・文化の中に生きる「人間」（すなわち、我々自身）の儚いあり様に関する息の長い「問い」につながっていくのならば、また、誰かのために（良い悪いは別として）一つの研究の「モデル」めいたものを提供できるのであれば、それは筆者にとって、この上ない喜びである。そんな想いを胸に、ここからまた、自分で自分の研究を批判しながら、色々な人や分野の考え方・発想を取り入れながら、進んでいきたい。

＊＊＊＊＊＊＊＊＊＊＊＊＊＊＊

録音された授業の音声を聞くたびに、あの「英会話」の教室にいた先生と生徒たちの顔が脳裏に鮮明に浮かび上がってきます。フィールドワークから10年の月日が流れ、20代後半を迎えている（当時の）生徒の皆さん、みんな、元気でやっていますか。

この研究は、教室に入ることができなければ、そもそも存在すらできなかったものです。フィールドワークに協力して下さった学校関係者の皆様、そして、高頭先生、Cathy 先生、Mr. Loper、生徒の皆さんに、まず心から御礼の言葉をお贈りします。高頭先生は真面目で心優しく、熱心で、ユーモアと批判精神に溢れた先生です。本書が、そんな高頭先生の（当時の）ご苦労や想いを十分に汲み取ることができるものになっていないのであれば、それはひとえに、私の力不足によるものです。高頭先生と生徒たちから「可能性は教室にある」ことを学び、その想いは増すばかりです。この想いが本書に滲み出ていることを願ってやみません。

そして、私が一つの問題意識をこれまで大切に育んでくることができた理由は、師、友、そして家族との出会いに恵まれたこと、この一点に尽きます。

小山亘先生、平賀正子先生、鳥飼玖美子先生。特に大学に就職してから、先生方を師として仰ぐことができる私はなんと幸せで、運が良いのだろう、とつくづく感じます。小山先生。毎年々々、研究室に積みあがっていく、膨大な量の、背の傾いた、うっすらとタバコの匂いがする本たち。先生から、先生を通じて得た記号論の、言語人類学の、批判的・社会指標的語用論の言葉をどれほど内面化できているか、甚だ心もとないですが、これだけは断言できます。今、私の学問があるのは、立教大学という「自由の学府」で、小山先生に出会うことができたからです。

平賀先生。志をともにする国内外の研究仲間、学生、そして学問への誠実さと愛情に溢れる言語学者・記号論者、平賀先生。私は、平賀先生から、研究者として生きることが豊かな人生につながることを教えて頂きました。「問いは裏切らない」。この言葉を強い説得力を持って語れる、平賀先生のような人に、私はなりたい。

鳥飼先生。いつもフェアな視点で、（私が「シルヴァスティン先生の講演のようなことを英語教育でやってみたい」と相談した時も）「面白そうね」と背中をポンと押してくれる鳥飼先生。日本の英語教育の第一線で奮闘する先生のお姿はいつも、「自分は研究を通じてどのような社会的責任をどのように果たすのか」という厳しい問いに私を向き合わせてくれます。

世界に通用する超一流の学者、社会の第一線で戦う研究者である先生方のご指導と薫陶を間近で享受することができたことは、何にも代え難い私の財産であり、同時に、私の誇りでもあります。この薫陶を、学恩を、誰かに分け与えることができるよう、研究者として、教育者として、人として、精進を重ねる所存です。

博士論文の外部審査委員をお引き受け下さった、吉武正樹先生。客員研究員として立教大学にいらっしゃったのがご縁でした。コミュニケーション論の視点から、言語イデオロギーの知見も取り入れて、英語教育の批判的研究を展開されている先生にぜひ外部審査委員をお願いしたい、と早い時期から心に決めていました。大変お忙しい中、私の論文を丁寧に、細かくお読み下さり、他分野の視点からみた本研究の問題点、踏み込めていないところを的確に指摘して下さった吉武先生、これからの研究の指針を示して下さったこと、衷心より御礼申し上げます。

片岡邦好先生（愛知大学）、藤井洋子先生（日本女子大学）、篠原和子先生（東京農工大学）、関山健治先生（中部大学）、江利川春雄先生（和歌山大学）、寺沢拓敬先生（関西学院大学）、高梨克也先生（京都大学）をはじめとする学会や研究会などでお世話になっている先生方。折に触れて、学問的な、また職業人としての貴重な刺激を頂いています。国内外に向けて研究を発信なさっているお姿、多産なお仕事ぶりから、自分の世界だけに閉じこもっていてはいけないことをいつも学ばせて頂いています。

また、澤田茂保先生をはじめとする金沢大学国際基幹教育院外国語教育系（旧外国語教育研究センター）の先生方からは、初めての専任の職場で、大学の仕事を一から教えて頂きました。2017年度からは違う職場に移ることになりましたが、先に就職が決まった私の学位取得のことまで気にかけて下さり、感謝の想いでいっぱいです。

そして、永井那和さん、浅井優一さん、吉田理加さん、坪井睦子さん、岡部大祐さん、野村佑子さんをはじめとする学友の皆さん、細田篤志さん、斉藤貴子さん、武田博行さん、中川万里子さんをはじめとする大学院修士課程同窓の皆さん、加藤健司さん、宮田真路さん、酒井泰一さん、長谷川智一さんをはじめとする高校時代のラグビー部同期の皆さん、故小山博仁さん、阪田威一郎さん、松島亮さんをはじめとするアメリカ留学時代からの友人の皆さん、宗田敏一さん、一色祐介さん、山口学さん、土田隆さんをはじめとする草野球仲間の皆さん、瀬川秀隆先生、篠崎文さんをはじめとする金沢のジャズ仲間の皆さん。何かが分かった時の喜びや興奮を分かち合い、夢や志を語り合い、うまくいかない時には励まし合える方たち、過ぎ去った「懐かしい時間」に一緒に想いを馳せ、好きなことを一緒に楽しみ、学問とは異なるところにも深い、面白い世界があることをいつも教えてくれる方たちがいてくれるからこそ、私は今、前を向いてこの仕事ができているのだと思います。

最後に、小さな頃から「一度言いだしたらきかない」私を大きな愛で包み込み、新しい経験・さらなる教育の機会をどんな時でも与えて下さった父・勝則、母・恵子、自由奔放な兄をいつも慕ってくれる妹・育美、義弟・佑希、新たに生を受けた甥・一真。そして、歌声の綺麗な妻・明子。これまで、そしてこれからも、私の心の支えでいてくれて、本当にありがとう。

2016 年 10 月 26 日、本書の元となる博士学位申請論文の提出を間近に控えた私のもとに、高校時代のラグビー部顧問、恩師、榎本充宏先生の訃報が舞い込んできました。論文執筆の手を止め、研究室で一人涙したことが昨日のことのように思い出されます。教育に対する私の問題意識をいつも真正面から受け止めてくれた先生、「名前」で大学を選ぶことを変わらず戒めてくれた先生、私のアメリカ留学を誰よりも喜び、応援してくれた先生、「エノさん」に、本書を捧げます。

＊＊＊＊＊＊＊＊＊＊＊＊＊＊＊

2017 年 4 月から始まった大阪大学大学院言語文化研究科での生活も、早いもので、3 年目に入った。同僚、学生、研究仲間に恵まれた環境で仕事に取り組むことができる、「今」という途方もない奇跡は、なんと尊いのだろう。

着任後、初めの2年は、科研費を受け、新しいフィールドワークに取り組みながら、本書で展開した視座を次に進めるための大切な時間を得ることができた。今後は、その成果を国内外で精力的に発表し、調査に協力してくれた方々へお返しをしていく所存である。また、本書でも扱った「ポエティックス」に正面から取り組む新たな研究チームに参加させて頂けることになった。「言語人類学」のことばを共有する気鋭の研究者たちと、本書に結実する研究の中で抱いてきた疑問や問題意識を記号論的に深化させることができる（夢にも思っていなかった）機会に、胸が躍る。

そして、本書を世に問うことができるのは、平成30年度、大阪大学出版会教員出版支援制度のお力添えを頂くことができたお陰である。担当の板東詩おりさんには色々と心配をおかけしてしまったが、採択後、初めてのミーティングの際に言って下さった「面白かった」という言葉が、院生の頃、よく「分かりにくい」と言われていた筆者をずっと陰で励ましてくれた。この貴重な、有難い支援に、衷心からの御礼を申し上げる。

これからやってくる、人との、学問との新たな出会い、また、再会に期待し、感謝して。

2019年6月、少路にて

榎本剛士

索　引

人名

Agha, Asif（アガー）　31-32, 45, 48, 63, 175
Althusser, Louis（アルチュセール）　4
Atkinson, Dwight（アトキンソン）　12, 64
Austin, John（オースティン）　37
Bakhtin, Mikhail（バフチン）　46, 157-158, 160, 197
Bateson, Gregory（ベイトソン）　11, 46
Bauman, Richard（バウマン）　34, 46-47, 56, 155-156, 158-159, 185-186, 188, 196, 221
Block, David（ブロック）　8, 64
Blommaert, Jan（ブロマート）　60-61, 195, 198-201, 203, 218
Bourdieu, Pierre（ブルデュー）　213-214
Briggs, Charles（ブリッグズ）　34, 75, 159, 186, 190, 196, 221
Bucholtz, Mary（バコルツ）　62, 212
Cazden, Courtney（キャズデン）　6, 58, 110
Chomsky, Noam（チョムスキー）　7, 25
Durkheim, Émile（デュルケム）　4
Eckert, Penelope（エッカート）　61, 209, 211
Erickson, Frederick（エリクソン）　57
Firth, Alan（ファース）　8
Foucault, Michel（フーコー）　17, 190
Goffman, Erving（ゴフマン）　41, 46, 49, 54, 151, 186, 190, 196
Gumperz, John（ガンパーズ）　24, 34, 43, 57
Hanks, William（ハンクス）　31, 45, 47
Heath, Shirley（ヒース）　59
Heller, Monica（ヘラー）　60
Hornberger, Nancy（ホーンバーガー）　56
Hymes, Dell（ハイムズ）　23-27, 32, 56
Jackson, Philip（ジャクソン）　3-4
Jaffe, Alexandra（ジャッフェ）　49, 60,
Jakobson, Roman（ヤコブソン）　20-23, 25, 27, 40, 79
Kiesling, Scott（キースリング）　49
小山 亘　20-21, 24, 28, 34, 40, 43, 60
Kulick, Don（クリック）　64
Lucy, John（ルーシー）　11, 45
Mehan, Hugh（メーハン）　110
Ochs, Elinor（オックス）　64, 79
Peirce, Charles（パース）　20-21, 53, 110, 227
Philips, Susan（フィリップス）　58
Rampton, Ben（ランプトン）　61, 212
Rymes, Betsy（ライムズ）　55, 57, 64, 178
Schieffelin, Bambi（シェフェリン）　64
Searle, John（サール）　37, 53, 151
Silverstein, Michael（シルヴァスティン）

事項

【あ】

【か】

【さ】

【た】

【な】

【は】

【ま】

【ら】

榎本剛士（えのもと　たけし）

大阪大学大学院言語文化研究科准教授。立教大学大学院異文化コミュニケーション研究科博士後期課程満期退学。博士（異文化コミュニケーション学）。専門は語用論、記号論、教育言語人類学。

［著書］『言語人類学から見た英語教育』（共著、ひつじ書房、2009）
［論文］「教室における「授業」と「英語」の非自明性から考える「英語教育」の再帰的批判と「ことばの教育」の再興」（佐藤慎司・村田晶子編著『人類学・社会学的視点からみた過去、現在、未来のことばの教育：言語と言語教育イデオロギー』三元社、2018）、「ここに書かれていることは、嘘です：フレーム、あるいは「ことばの使用」をめぐるこの身近な大問題」（『日本語学』、2017）、「多層的相互行為としての「ボーナス・クエスチョン」：教室におけるメタ語用的言語使用という視点から」（『社会言語科学』、2012）など。

学校英語教育のコミュニケーション論

「教室で英語を学ぶ」ことの教育言語人類学試論

発行日	2019年9月30日　初版第1刷発行
著者	榎本剛士
発行所	大阪大学出版会 代表者　三成賢次 〒565-0871 大阪府吹田市山田丘2-7　大阪大学ウエストフロント 電話 06-6877-1614（直通）　FAX 06-6877-1617 URL　http://www.osaka-up.or.jp
装丁	小川順子
印刷・製本	尼崎印刷株式会社

ISBN 978-4-87259-689-2　C3080